Mit ihrer Unterschrift zur Adoptionsfreigabe verwirkt eine Mutter jegliche Rechte an ihrem Kind, das verwandtschaftliche Verhältnis ist – rechtlich gesehen – beendet. Die emotionale Beziehung allerdings läßt sich nicht einfach ausradieren. Fast alle Mütter zweifeln ein Leben lang an ihrer Entscheidung. Sie trauern um einen Verlust, der fast so endgültig ist wie der Tod, doch auf Mitgefühl können sie nicht bauen. Selbst Freunde und Verwandte wenden sich vorwurfsvoll ab von der »herzlosen Rabenmutter«.

Was sind das für Frauen, die ihr Kind fortgeben? Welche Lebenssituation, welche Gründe bringen sie dazu, wie verarbeiten sie ihre Entscheidung und die irreversible Trennung vom Kind? Gespräche mit diesen Müttern und mit AdoptionsvermittlerInnen bilden die Grundlage, um das herauszufinden.

Da ist die schwangere Sechzehnjährige, die von ihren Eltern gezwungen wird, den »peinlichen Schandfleck« auf unauffällige Weise zu beseitigen. Da ist die alleinerziehende Mutter, die selbst vernachlässigt, vielleicht sogar mißhandelt wurde. Da ist die frisch Verliebte, deren Partner mit der Trennung droht, falls sie das Kind behalten sollte. Da ist die Prostituierte, die sich für ihre Kinder nicht verantwortlich fühlt.

Das Buch konfrontiert die Empfindungen der abgebenden Mütter mit den Ansichten und Gefühlen von Adoptivkindern und Adoptiveltern und behandelt auch aktuelle Fragen wie die »offene Adoption« und die Adoption als Alternative zur Abtreibung.

Ursel Sieber, geboren 1957, lebt als freie Journalistin in Berlin.
Sabine Stamer, geboren 1956, lebt als freie Journalistin für Presse, Funk und Fernsehen in Köln und Washington.

Ursel Sieber/Sabine Stamer

Rabenmütter?

Von Frauen, die ihr Kind weggeben

Fischer Taschenbuch Verlag

Die Frau in der Gesellschaft
Herausgegeben von Ingeborg Mues

Originalausgabe
Veröffentlicht im Fischer Taschenbuch Verlag GmbH,
Frankfurt am Main, April 1996

Gesamtherstellung: Clausen & Bosse, Leck
Printed in Germany
ISBN 3-596-12415-8

Gedruckt auf chlor- und säurefreiem Papier

Inhalt

Einleitung

Kinderlose Paare sind überglücklich, wenn ihnen endlich ein Adoptivkind vermittelt wird. In den Jugendämtern stehen die Bewerber Schlange, dreißig Paare reißen sich um einen Säugling. Wer ein Kind adoptiert, erhält von allen Seiten Beifall. Das ist die gute, die gesellschaftlich anerkannte Seite der Medaille. Auf der anderen, der dunklen Seite finden sich die »abgebenden Mütter« – wie sie im Fachjargon genannt werden. Sie ermöglichen das Glück der Adoptiveltern, doch mit Dank oder Verständnis dürfen sie nicht rechnen. Im Gegenteil, eine Mutter, die ihr Kind weggibt, wird verachtet und verurteilt, auch wenn die Umwelt ihre Motive gar nicht kennt.
Eine Frau trennt sich nicht von ihrem Kind – das ist eine der unmoralischsten Taten, die unsere Gesellschaft kennt. Wenn sie es zu Verwandten gibt, das mag noch angehen. Aber in fremde Hände, endgültig und auf Dauer? Eine Mutter, die so etwas tut, ist selber schuld, wenn sie nachher darunter leidet!
Viele Frauen, die ihr Kind zur Adoption freigeben, erleben diesen Schritt, der jeglichen weiteren Kontakt zum Kind verbietet, wie den Tod eines Kindes. Doch spricht ihnen ihre Umgebung das Recht zu trauern ab, denn schließlich haben sie aus eigener, freier Entscheidung gehandelt.
Wie frei sind die Mütter in ihrer Entscheidung wirklich? Hätten sie Hilfen, Alternativen gehabt, die es ihnen ermöglicht hätten, ihr Kind zu behalten? Was sind ihre Motive für die Adoptionsfreigabe? Wir haben versucht, das herauszufinden, in zehn langen Gesprächen mit Frauen, die ein Kind oder sogar mehrere zur Adoption freigegeben haben. Von Adoptiveltern wollten wir wissen, was sie über diese Mütter denken. Wir haben die Namen aller Gesprächspartnerinnen geändert, denn die Interviews enthalten oft sehr intime Informatio-

nen über dritte Personen. Vor allem aber möchten die meisten abgebenden Mütter anonym bleiben, denn selbst Verwandte und Bekannte wenden sich häufig von der »herzlosen Rabenmutter« ab. Die meisten Frauen verheimlichen die Weggabe ihres Kindes, manche verschweigen sie sogar ihrem Partner, wenn sie eine neue Bindung eingehen.

Noch in den siebziger Jahren konnten auch Adoptiveltern nicht mit gesellschaftlicher Anerkennung rechnen, denn erstens gaben sie durch die Adoption zu verstehen, daß sie selbst nicht in der Lage waren, Kinder zu bekommen, und zweitens: Wer wußte schon, aus welchen Verhältnissen das Kind stammte, welche Erbanlagen es mitbrachte? Aus »gutem Hause« konnte es jedenfalls nicht sein, denn eine »anständige« Mutter hätte ihr Kind schließlich nicht fortgegeben.

Ende der siebziger Jahre entstanden die ersten Selbsthilfegruppen von Adoptiveltern. Wenig später schlossen sich auch Adoptivkinder auf der Suche nach ihrer Herkunft zusammen. Von den abgebenden Müttern, ihren Motiven und Gefühlen war dabei noch nicht die Rede. Erst seit wenigen Jahren gründen auch sie hier und da, immer noch vereinzelt, Selbsthilfegruppen und gehen an die Öffentlichkeit.

Langsam verändert sich auch das Selbstverständnis der Jugendämter. Wesentlich stärker als früher berücksichtigen die Vermittlungsstellen die Beweggründe der abgebenden Mütter. AdoptionsvermittlerInnen schlagen neue Wege ein und fördern offene und halboffene Adoptionen, die den leiblichen Müttern wenigstens Informationen über den Lebensweg ihrer Kinder gewähren oder sogar Kontakte zur Adoptivfamilie und zu den Kindern ermöglichen.

Das Verständnis für die Situation der Frauen wächst. Und schon werden Befürchtungen laut, das Pendel könne nun in die andere Richtung ausschlagen. Man solle aufpassen, warnt die Soziologin Beate Szypkowski, daß nicht plötzlich aus der »Missetat« eine gute Tat gemacht werde, aus der »Rabenmutter« ein in die Ecke gedrängtes Opfer.

Wir, die Autorinnen, sind selbst Mütter. Wir können uns – wie fast alle Mütter – absolut nicht vorstellen, unsere Kinder für immer in fremde Hände zu geben. Oft konnten wir nach unseren Gesprächen mit den abgebenden Müttern verstehen, warum diese so und nicht anders gehandelt haben, doch gab es auch Fälle, in denen uns die Beweggründe der Frauen für einen solchen Schritt nicht schwerwiegend genug erschienen. Wir wollen nicht über einzelne Frauen urteilen, wir wollen vor allem eines: ihre Motive und ihre Situation transparenter machen, das Tabu brechen, mit dem die bewußte Trennung von einem Kind behaftet ist. Denn nur das macht es den Müttern, den Kindern und anderen Beteiligten möglich, über diese lebensbestimmende Enscheidung und ihre Konsequenzen nachzudenken.

Dagmar:
»Immer dieses schlechte Gewissen«

Das Telefon klingelt. Dagmar meldet sich, eine gute Bekannte, wir kennen uns seit Jahren.

– »Hallo, hier ist Dagmar. Sucht ihr immer noch nach Frauen, die ihr Kind zur Adoption freigegeben haben? Ich.... ich bin so eine...«

– »Du?!«

– »Ja. Ich habe eine Tochter. Sie ist vor 28 Jahren auf die Welt gekommen. Ich habe sie weggegeben.«

Dagmar redet weiter, ohne Pause und so schnell, als müßte sie gegen eine innere Stimme ansprechen. Manchmal unterdrückt sie beim Reden ein leises Schluchzen. Obwohl wir mit Dagmar befreundet sind, wußten wir von nichts. Sie glaubte offenbar, die Adoption ihrer Tochter verheimlichen zu müssen, obwohl sie an dieser Entscheidung fast verzweifelt ist. Jetzt ist sie entschlossen, ihrem Herzen Luft zu machen, ja, sie wäre zu einem Interview bereit. »Niemand wußte bisher davon«, sagt sie, »ich habe es nicht einmal dem Christian erzählt, meinem langjährigen Freund.« 1966 kam ihre Tochter zur Welt. Ihre Eltern haben sie gleich nach der Geburt zur Adoptionsfreigabe gezwungen. Trotzdem hat sich Dagmar für diese »Tat« unendlich geschämt. Eine Mutter gibt ihr Kind nicht weg – die gesellschaftliche Norm, die Gebären und Erziehung als natürliche Einheit betrachtet, hat auch Dagmar verinnerlicht. Sie fühlte sich als Inbegriff der schlechten Frau. »Wie ein Verbrechen« lastete die Einwilligung zur Adoption all die Jahre auf ihr.

Wir verabreden uns am Tag darauf in Dagmars Wohnung. Dagmar ist 47 Jahre alt, wirkt aber sehr viel jünger. Eine mittelgroße, attraktive Frau mit schwarzen Haaren und ausdrucksvollen dunklen Augen. In einer schwarzen Lederhose und einem pinkfarbenen Pullover steht sie am Herd und brät Spaghetti mit Zwiebeln und Käse an. Sie

muß noch schnell etwas essen und kurz telefonieren, ehe wir anfangen können. Dagmar ist gerade erst von der Arbeit nach Hause gekommen. Sie ist als Buchhalterin angestellt. Zur Zeit ist sie ziemlich eingespannt, weil sie abends noch eine Fortbildung in Buchhaltung absolviert und außerdem einen Fotokurs an der Volkshochschule besucht. Früher hat sie einmal Kunstgeschichte studiert. Das Studium hat ihr aber nicht gefallen, und irgendwann hat sie es aufgegeben. Sie lebt mit drei Frauen in einer großen Berliner Altbauwohnung. Als wir Dagmar kennenlernten, wohnte sie noch in einer anderen Wohngemeinschaft, mit einer Freundin und deren Tochter Tina. Dagmar hing sehr an dem Mädchen. Die Tochter der Freundin war wie eine Ersatztochter für sie.
Aufgewachsen ist Dagmar in Mannheim. Die Familie lebte zuerst in einfachen Verhältnissen, doch dann arbeitete sich der Vater vom kleinen kaufmännischen Sachbearbeiter zum leitenden Angestellten hoch. Die Mutter war Hausfrau. Die Ehe der Eltern war nicht glücklich, und Dagmar entwickelte sich zu einem stillen, zurückhaltenden Kind. Die Mutter hatte noch einen Sohn aus erster Ehe, aber Dagmars Vater duldete ihn nicht in seinem Haus; der Stiefbruder wuchs bei der Großmutter auf. Der Vater war laut und streng, und die Kinder in der Straße liefen vor Angst davon, wenn sie »den Heinze« kommen hörten. Wenn der Vater zum Fleischer ging, nahm er von allem das Beste und kaufte zehnmal mehr, als die Familie essen konnte. Abends holte er manchmal riesige Portionen Eis. Wenn Dagmar schon schlief, wurde sie aufgeweckt, und wehe, sie freute sich nicht über das viele Eis. Die Angst vor dem Vater verband Mutter und Tochter.
Dagmar machte eine kaufmännische Lehre. Im dritten Lehrjahr verliebte sie sich und wurde wenig später schwanger. Sie war 18 Jahre alt – nach damaligem Recht also noch nicht volljährig. Für Dagmar begann eine schreckliche Zeit:
»Als ich merkte, daß ich schwanger war, habe ich das verdrängt. Die Vorstellung, mit meinem Vater darüber zu reden, war so angstbesetzt, daß ich ein Gespräch darüber immer weiter hinausgezögert habe. Im fünften Monat vertraute ich mich schließlich meinem Freund Billy an. Ich habe gesagt: ›Ich bin schwanger, was machen wir jetzt?‹ Er hat ganz toll reagiert und gleich von Heirat gesprochen. Das war sehr schön für mich. Dennoch hatte ich weiterhin panische Angst

vor meinem Vater. Ich habe mich ganz furchtbar geschämt, ein Kind zu bekommen. Ich wußte genau: Das gibt ein absolutes Familiendrama, in den Augen meiner Eltern würde ich eine Hure sein. Ich hatte solche Angst, und schließlich habe ich versucht, mir das Leben zu nehmen. Ich meine, ich lebe ja noch (sie lacht), aber dadurch haben meine Eltern von der Schwangerschaft erfahren.
So kam es dann zu einem Gespräch zwischen meinem Freund Billy und meinen Eltern. Ich mußte derweil in der Küche sitzen, über mich wurde verhandelt wie über einen Schrank. Dann hieß es: Ja, ihr könnt heiraten. Ich war so erleichtert. Aber als ich eine Woche später von der Arbeit nach Hause kam, packte meine Mutter meine Koffer. Sie sagte: ›Wir bringen dich in ein Wohn- und Entbindungsheim nach Kassel‹. Bei uns gab es keine Fragen. Ich habe also nicht gefragt, warum aus der Heirat mit Billy nichts würde. Ich wußte einfach: Ich muß gehorchen, obwohl ich mit meinen 18 Jahren doch schon relativ alt war. Das war auch mein ganzer Kampf die Jahre danach. Ich dachte immer: Warum habe ich mir das bloß gefallen lassen? Warum habe ich mich nicht gewehrt? Das saß mir immer im Nacken. Dafür habe ich mich furchtbar geschämt.
Meine Eltern haben mich nach Kassel gefahren, in dieses Heim für schwangere Mädchen. Da waren noch mehr junge ledige Frauen, die ihr Kind heimlich bekommen sollten, um es dann zur Adoption freizugeben. Meine Eltern und ich haben nie über die Adoption gesprochen. Auch über meine Schwangerschaft nicht. Eine Szene werde ich nie vergessen: Meine Mutter hat mir einen Umstandsrock genäht, ein häßliches Ding, und sie nestelt und stickt an meinem Bauch, und wir tun so, als sei gar nichts, als sei das gar kein besonderer Rock.
Bis zum Ende der Schwangerschaft war ich allein. Ich hatte ein kleines Zimmer und habe für ein Taschengeld im Büro dieses Heims gearbeitet. Ich war vollkommen mir selbst überlassen. Kein Mensch hat mit mir gesprochen, niemand hat mich besucht, auch meine Eltern nicht. Die Frauen aus dem Büro waren ganz nett, aber das war doch irgendwie nichts (sie weint). Ich war so isoliert, so dumpf, ich war nur damit beschäftigt, mich am Leben zu halten, indem ich mich wie tot gestellt habe. Es war wie eine Verbannung.
Auch mit Billy hatte ich in dieser Zeit keinen Kontakt mehr, mein Vater hat es verboten. Billy war ja ein Farbiger und »nur« Dekorateur

von Beruf. Ich dachte: Ich habe ihn zwar verlassen, aber er hätte mich ja suchen können. Da war ich auch enttäuscht. Ich habe ihn danach nicht wiedergesehen.
Erst vor ein paar Monaten, als ich angefangen habe, nach meiner Tochter zu suchen, habe ich auch Billy ausfindig gemacht. Da habe ich endlich erfahren, was damals vorgefallen war: Nachdem Billy bei uns zu Hause war und seinen Heiratsantrag gemacht hatte, ist mein Vater nämlich in Billys Familie aufgetaucht, mit einer Pistole in der Hand, und hat herumgebrüllt: ›Wo ist der Kerl, ich bringe den um!‹ Das wußte ich damals nicht. Daraufhin hat Billy nicht mehr nach mir gesucht.
An die Geburt kann ich mich noch gut erinnern. Ich habe mich sehr gefreut, als sie sagten, das Kind sei gesund und hübsch. Ich durfte es noch eine Weile auf meinen Bauch legen, das war sehr schön. Dann habe ich meine Eltern angerufen und ihnen erzählt: ›Es ist ein Mädchen, es ist alles gutgegangen, sie ist so süß.‹ Meine Mutter hat geantwortet: ›Ach, das ist aber schade. Wir haben uns so gewünscht, daß das Kind tot zur Welt kommt, daß es an der Nabelschnur aufgehängt zur Welt kommt.‹ Ich setzte unser altes Familienschema fort, erwiderte nur: ›Ach ja?‹ und legte den Hörer auf.
Die Schwestern und Ärzte im Krankenhaus verhielten sich sehr abweisend, weil bekannt war, daß ich mein Kind hergebe. Ich mußte abstillen, weil es hieß: Es ist besser für sie, wenn sie zu dem Kind keinen Kontakt mehr hat. Die anderen jungen Mütter im Zimmer bekamen ihre Babys zum Stillen und ich eben nicht. Das fand ich ganz furchtbar. Ich bin immer rausgegangen. Ich habe so gelitten. Es war wie eine Strafe: Ich war die Frau, die das tat, was keine Frau tun darf in dieser Gesellschaft, nämlich ihr Kind verlassen. Das ist etwas ganz Unehrenhaftes und etwas ganz Grausames. Warum ich das tue, hat aber niemanden interessiert.
Eigentlich wollte ich dieses Kind behalten, nachdem es für eine Abtreibung zu spät war. Aber wie ich diesen Wunsch durchsetzen sollte, konnte ich mir nicht vorstellen. Ich war noch sehr unsicher und unselbständig. Als es hieß, daß Billy und ich heiraten könnten, habe ich gedacht, na gut, dann heiraten wir eben. Wir mieten uns eine kleine Wohnung, und irgendwie wird es klappen. Ich war gegen die Adoption, aber ich habe mich nicht gewehrt, weil ich dachte, ich hätte mei-

nen Eltern eine so fürchterliche Schande angetan, daß ich jetzt genau das tun müsse, was sie verlangten. Außerdem war ich nicht gewöhnt, etwas zu wollen und das auch durchzusetzen. Es gab immer nur diese Gottesurteile von meinem Vater, und die wurden ausgeführt. Mein Vater sagte natürlich, die Adoption meiner Tochter sei nur zu meinem Besten. Aber es ging nur um ihn. Ich war der Besitz meines Vaters. In meiner frühen Kindheit wurde ich mißbraucht. Mein Vater hat sich an mir befriedigt, als ich noch ein kleines Mädchen war. Ich war die Frau meines Vaters, ich durfte keinem anderen Mann gehören. Deshalb durfte ich Billy nicht heiraten und mußte meine Tochter weggeben.
Nach der Geburt hat mich meine Mutter in Kassel abgeholt. Es war eine verrückte Situation, denn während der Fahrt haben wir mit keinem Wort darüber gesprochen, daß sie jetzt Großmutter geworden war. Mit meinem schlechten Gewissen, das Baby einfach im Ungewissen zurückgelassen zu haben, war ich allein. Meine Trauer über den Verlust war groß und unfaßbar, ich fürchtete, mir nie verzeihen zu können. Auch in den Jahren danach sprachen meine Eltern und ich nie über die Adoption und das Kind. Nur meine Mutter machte manchmal eine Anspielung, indem sie sagte: ›Was bist du bloß für ein Pechvogel.‹ Sehr viele Jahre später, als ich mit einem Mann in einer engen Beziehung lebte und meine Eltern auf Heirat hofften, hieß es manchmal: ›Dagmar, wann bringst du uns ein Enkelchen?‹ Wir haben alle immer so getan, als gäbe es kein Kind. Ich merkte dann nur, wie ich bis aufs Blut erstarrte. Aber äußerlich blieb ich ganz ruhig und ließ mir nichts anmerken.«

Zweimal ist Dagmar noch schwanger gewesen, aber sie entschied sich jedesmal für eine Abtreibung. »Mein erster Impuls war immer, nein, ich möchte kein Kind. Ich konnte mir nicht vorstellen, noch einmal ein Kind in meinem Bauch wachsen zu lassen. Wahrscheinlich wären die ganzen unverarbeiteten Erinnerungen wieder hochgekommen, und das wollte ich nicht. Ich dachte, jetzt müßte ich alles an diesem zweiten Kind wiedergutmachen. Das habe ich mir nicht zugetraut. Als eine Art Selbstbestrafung habe ich dann jedesmal abgetrieben. Hätte ich früher darüber gesprochen, hätte ich mich früher jemandem anvertraut, wäre vielleicht alles anders gekommen.

Das ist ein ganz großes Unglück für mich. Oft glaubte ich, wahnsinnig zu werden, weil ich nicht mehr wußte, habe ich nun ein Kind geboren oder nicht. Dann hab ich an meinem Körper nachgesehen, weil ich ein paar Schwangerschaftsstreifen habe. Ich sagte mir: Du hast ein Kind, und du hast es verlassen. Ich habe wirklich gedacht, ich stehe vor dem Wahnsinn.«

Mehr als zwei Jahrzehnte lang lebte Dagmar mit starken Schuldgefühlen. Das schlechte Gewissen versiegelte ihr den Mund und verbaute ihre Zukunft. Immer beherrschten sie quälende Gedanken an ihre Tochter. »Ständig diese Phantasien: Wie mag es ihr wohl gehen? Wie hat sie ihre Kindheit verlebt, hat sie offene Eltern gefunden, was ist aus ihr geworden? Weiß sie, daß sie adoptiert wurde? Wie geht sie in Gedanken mit ihrer leiblichen Mutter um? Ich fürchte, sehr ablehnend. Ich würde ihr so gerne erklären, wie es zu dieser Adoption gekommen ist. Dann hätte ich das Gefühl, wenigstens ein bißchen Wiedergutmachung zu leisten. Ich würde mich ihr so gerne zeigen, würde ihr gerne sagen, daß ich mich damals sehr auf sie gefreut hatte und daß ich vieles unendlich bedaure.«

Vor ein paar Jahren hat Dagmar eine Therapie angefangen. Auch ihrem Therapeuten erzählte sie anfangs mit keinem Wort von der Adoption. Aber ihr kamen jedesmal die Tränen, wenn sie die Treppen zur Praxis hinaufging. Irgendwann schrieb sie ihm einen langen Brief und schickte ihn auch ab. Der Therapeut schrieb ihr sofort zurück und versuchte mit ihr darüber zu sprechen. Aber das vermied Dagmar noch ein halbes Jahr lang. Dann fing sie langsam an zu erzählen. Weitere sechs Jahre hat es gedauert, bis sie auch mit anderen Menschen darüber reden konnte.

Unterstützt von ihrem Therapeuten begann Dagmar mit der Suche nach ihrer Tochter Panja. Ein schwieriges Unterfangen, hatte Dagmar doch damals einer anonymen Adoption zugestimmt. Mit der Unterzeichnung der Abtretungsurkunde beim Notar hatte sie für immer auf alle Rechte und Ansprüche gegenüber dem Kind verzichtet. Somit konnte sie eigentlich auch keinerlei Informationen über ihre mittlerweile volljährige Tochter verlangen. 1966, kurz nach der Geburt der Tochter, hatte sie das Jugendamt ein einziges Mal um ein Foto ihres Kindes gebeten. Die Adoptivfamilie wünsche das nicht, hatte ihr das

Jugendamt in Kassel damals zurückgeschrieben. Trotzdem wandte sich Dagmar rund zwanzig Jahre später erneut an das Kasseler Jugendamt, das ihre Tochter damals in die Adoptivfamilie vermittelt hatte. Die zuständige Sachbearbeiterin erklärte ihr, daß sie von solchen Kontaktversuchen überhaupt nichts hielte. Aber Dagmar ließ nicht locker. Sie fuhr nach Kassel, bat die Sozialarbeiterin persönlich um Unterstützung. Diese gab schließlich nach, versprach Dagmar, trotz ihrer Bedenken mit der Adoptivfamilie Kontakt aufzunehmen. Da die Familie mittlerweile verzogen war, wurden ein anderes Jugendamt und ein weiterer Sozialarbeiter eingeschaltet. Der besuchte die Familie und übermittelte einen Brief, den Dagmar der Tochter geschrieben hatte. Einige Wochen später erhielt Dagmar eine knappe Mitteilung vom Jugendamt: Die Tochter wünsche keinen Kontakt zu ihr und lehne es ab, weiterhin von ihr »behelligt« zu werden. Mit dieser heftigen Ablehnung hatte Dagmar nicht gerechnet. Außerdem konnte sie sich den schroffen Tonfall kaum erklären. Also versuchte sie, den Sozialarbeiter, der die Familie aufgesucht hatte, persönlich zu sprechen. Doch da stellte sich das Kasseler Jugendamt endgültig quer. Weil die Anonymität der Familie gewahrt werden müsse, könne man auf diesen Wunsch keinesfalls eingehen, teilte ihr die Sozialarbeiterin mit. Dagmar erlebt diese Antwort als überaus demütigend. »Ich darf bis heute nicht einmal wissen, ob meine Tochter den Brief erhalten hat, ob sie ihn überhaupt gelesen oder ungeöffnet wieder zurückgegeben hat. Ich darf im Prinzip gar nichts wissen.« Hilflose Wut und die alte Scham überkommen Dagmar erneut, als wir uns zum Interview treffen. Sie überlegte lange, ob sie eine Detektei beauftragen sollte. Jetzt, da sie endlich den Entschluß gefaßt hat, nach der Tochter zu suchen, will sie nicht mehr aufgeben.

Ein paar Wochen später hat Dagmar eine neue Idee. Ein privater Fernsehsender plant eine Sendung zum Thema Adoption. Dagmar will sich für ein Interview zur Verfügung stellen. Sie ist ängstlich und euphorisch zugleich. Vielleicht kann sie Panja, ihre Tochter, ja auf diesem Wege ausfindig machen? Im Dezember 1992, einen Tag vor dem Weihnachtsfest, läuft die Sendung.

In der Tat: Sechs Wochen später ruft zuerst die Adoptivmutter an, dann der Adoptivvater, am Abend ist schließlich die Tochter selbst am

Telefon. Aus Panja wurde Anja – diesen Namen haben die Adoptiveltern für sie ausgesucht. Anja, die erst mit 17 Jahren erfuhr, daß sie adoptiert wurde, hat die Sendung und das Interview mit Dagmar gesehen. »Ich habe gedacht, Sie wären eine Barfrau, hätten rote Fingernägel und ganz viele Männer.« Das ist Anjas erster Satz, als sie mit Dagmar spricht. Anja und ihre Adoptiveltern pflegten genau die Klischees, vor denen Dagmar sich so gefürchtet hat, das Bild der herzlosen und leichtfertig handelnden Frau. Die Familie mußte sich fortan mit einer abgebenden Mutter auseinandersetzen, die nicht mehr so einfach dämonisiert werden konnte. Besonders die Adoptivmutter fühlte sich anfangs dadurch sehr bedroht.

Trotz aller Ängste der Adoptivmutter halten Dagmar und ihre Tochter Anja seitdem vorsichtig Kontakt. Anja ruft regelmäßig an – sie wahrt aber auch Distanz. Dagmar darf ihr bisher nur postlagernd schreiben; Anja rückt weder mit ihrer Adresse noch mit ihrer Telefonnummer heraus. Auch siezt Anja ihre leibliche Mutter, das vertrauliche Du schlägt sie aus. Eine persönliche Begegnung lehnt sie ab. Trotzdem fühlt Dagmar sich sehr befreit. Die Schuldgefühle, mit denen sie sich 28 Jahre lang so gequält hat, sind wie weggeflogen. »Ich bin richtig dankbar, daß ich endlich weiß, was aus ihr geworden ist. Sie ist anders als ich, sie wählt zum Beispiel CDU und ist auch sonst eher konservativ, aber ich bin wahnsinnig erleichtert, daß es ihr gutgeht.« Dagmar weiß mittlerweile, daß ihre Tochter ein gutes Zuhause hatte. »Vielleicht«, sinniert sie, »war es sogar besser, daß Anja nicht bei mir, sondern bei ihren Adoptiveltern aufgewachsen ist, weil ich ihr auch materiell vieles gar nicht hätte bieten können.« Sie hat Angst, daß der Kontakt wieder einschläft und Anja sich einfach nicht mehr bei ihr meldet. Aber solche Gedanken versucht sie schnell beiseite zu schieben. Noch fast zwei Jahre vergehen, bis Anja schließlich zu einem Treffen mit ihrer leiblichen Mutter bereit ist.

Gina:
»Diesen Schmerz würde ich kein zweites Mal verkraften«

Gina hätte am liebsten sechs Kinder, mindestens. Das weiß sie seit ihrem 16. Lebensjahr. Zwei hat sie schon, beide leben nicht bei ihr. Ihr Sohn Julian, 9 Jahre alt, lebt bei den Eltern seines Vaters und verbringt nur die Wochenenden bei ihr. Ihre 6jährige Tochter Anna, Ergebnis einer flüchtigen Beziehung mit einem Asylbewerber aus Togo, hat sie gleich nach der Geburt zur Adoption freigegeben. Der Mann, mit dem sie jetzt verheiratet ist, will überhaupt keine Kinder. »Das habe ich vor der Hochzeit nicht gewußt. Wir haben über alles gesprochen, darüber nicht. Er kommt aus Jordanien, und ich habe einfach angenommen: Jeder wahre Araber will viele Kinder haben.« Aber ausgerechnet ihr Partner macht nun die Ausnahme.

Zur Zeit ist sie nicht allzu unglücklich darüber. Sie ist 34 Jahre alt, ihre Arbeit als Speditionskauffrau lastet sie aus, und außerdem hat sie die Hoffnung, ihr Sinologiestudium fortzusetzen, das sie abbrechen mußte, als sie ihren Sohn bekam.

Es ist jetzt sechs Jahre her, daß Gina sich von Anna getrennt hat. »Das erste Jahr nach der Abgabe war ein Trauma. Ich habe nie nachvollziehen können, wieso ich laut Gesetz keine verwandtschaftlichen Beziehungen mehr zu dem Kind haben soll. Ich habe mich gefühlt wie in einem Nebel, weil ich ständig an das Kind gedacht habe, aber nicht wissen durfte, wo es geblieben ist.« Wenn sie beim Jugendamt anrief, versicherte man ihr, dem Kind gehe es gut, es wachse und gedeihe. Aber diese Auskünfte waren Gina zu oberflächlich, fortan hat sie sich nicht mehr erkundigt.

Gina erzählt ihre Geschichte schnoddrig und mit rauher Stimme. Bloß keine Gefühle zeigen, man kann schließlich nicht erwarten, daß andere Mitgefühl äußern. Sie gibt sich schroff und unverletzlich, damit ihr niemand zu nahe kommt.

In der ersten Zeit half ihr Julian, über die Adoption hinwegzukommen. Er lebte damals noch bei ihr. »Passenderweise hatte er Windpocken, als Anna geboren wurde, und so mußte ich das Krankenhaus sehr schnell verlassen und wieder nach Hause, um ihn zu pflegen.« Julian hat sie also in den ersten Wochen abgelenkt. Auf Dauer allerdings ließ sich die Trauer um Anna nicht verdrängen. Besonders schlecht ging es Gina, als Julian zwei Jahre später den Wunsch äußerte, bei seinem Vater zu leben. Sie wollte ihm das nicht verwehren, Julian zog in eine andere Stadt und kommt seither nur noch am Wochenende. »Da hatte ich plötzlich überhaupt kein Kind mehr.«
Eigentlich hat sie sich über ihre zweite Schwangerschaft gefreut, obwohl sie sich darüber im klaren war, daß sie mit einem farbigen Kind auf ganz besondere Probleme stoßen würde. »Guck mal, die Hure, ein Kind ist schwarz und das andere blond, werden die Nachbarn sagen. Aber ich habe gedacht, damit werde ich fertig.« Doch als sie dann im achten Monat ihrer Schwangerschaft mit einer schweren Erkältung im Bett lag und nicht mehr aufstehen konnte, um Julian zu versorgen, wurde ihr bewußt, daß sie im Falle eines Falles niemanden hätte, der sich um Anna kümmern würde. »Für meinen Sohn würde sofort dessen Vater das Sorgerecht übernehmen, besser gesagt, die Großmutter würde sich um ihn kümmern, aber für mein zweites Kind wäre niemand da. Es kann ja jede Minute irgend etwas passieren, ein Verkehrsunfall zum Beispiel. Wenn ich die Verantwortung für einen anderen Menschen übernehme, muß ich wissen, was geschieht, wenn ich mal ausfalle.«
Die fixe Idee vom plötzlichen Unfall steht bei Gina als Symbol für die Angst, sie könnte die Erziehung eines zweiten Kindes alleine nicht bewältigen. »Ich muß das Gefühl haben, ich schaffe das, und das war bei der zweiten Geburt nicht so.« Mit Annas Vater hat sie überhaupt nicht darüber gesprochen. Sie hatte nicht das Vertrauen, daß er verantwortungsvoll für die Tochter sorgen könnte. »Ich habe mich von ihm getrennt, als ich bemerkte, daß ich schwanger war. Der Vater meines Sohnes hat sich immer nur dann um ihn gekümmert, wenn er gerade mal Zeit hatte. Ich wollte nicht, daß sich noch ein anderer unzuverlässiger Vater einmischt. Ich hätte dann alles mit einem Terminkalender koordinieren dürfen. Julian wird morgens vom Vater abgeholt, Anna nachmittags, die eine muß in den

Kindergarten, der andere zur Schule, da wäre ich verrückt geworden.«
Annas Vater, ein Musiker, hatte sie in der Disco kennengelernt. Es war nur eine flüchtige Bekanntschaft. Sie hat den Eindruck, daß er mit seinem eigenen Leben nicht klarkommt und zuviel Alkohol trinkt. »Ich wollte nicht, daß er im Überschwang der Gefühle sagt, er erzieht das Kind, und dann macht er Musik, und ich hätte die Verantwortung für das Kind letztlich doch alleine tragen müssen.« Er sollte nichts von dem Kind wissen, damit er sie nicht unter Druck setzen konnte, es zu behalten.
Zunächst aber war Gina selbst fest entschlossen, auch ihr zweites Kind alleine aufzuziehen. »Allen Beteiligten haben natürlich die Haare zu Berge gestanden, wie ich das tun kann, obwohl ich doch kein Geld und keinen Ehemann zu den Kindern habe.« Die Verwandtschaft riet ihr zu einer Abtreibung. Auch der Arzt gab ihr zu verstehen, das alles sei doch kein Problem, er habe sofort ein Krankenhausbett für sie. Ähnliche Reaktionen hatte sie schon erlebt, als sie mit Julian schwanger gewesen war. Gina fühlte sich sehr gekränkt. »Gut, ich habe eingesehen, wenn ich einen Mann erst einen Monat kenne, kann ich nicht unbedingt ein Leben lang auf ihn bauen. Aber ich habe mich gefreut.« Warum also sollte sie abtreiben? Ein Vater, der nicht Vater werden will, keine Wohnung, entsetzte Eltern – diese Probleme glaubte Gina meistern zu können. »Wenn Frauen im Zweiten Weltkrieg Kinder bekamen, dann war das wesentlich gefährlicher! Für mich ist das so: Wenn ich schwanger bin, dann kriege ich ein Kind! Punkt! Das ist für mich kein Schicksalsschlag, den Gott für mich in petto hat. Ich habe meinem Vater gesagt: Wenn ich mein Studium beende, dann bin ich vielleicht Professor oder so was, aber mit 80 Jahren kann ich keine Kinder mehr kriegen. Irgendwie muß man das ja integrieren können in diesem Leben. Ich hab den Anspruch zu arbeiten, aber ich möchte auch Kinder haben. Und wenn alle andern meinen, das sei unverständlich, dann ist das ihr Problem.«
Als Gina zu ahnen begann, daß sie es trotz aller Vorsätze nicht schaffen würde, zwei Kinder zu versorgen, hat sie zunächst mit Freunden gesprochen, mit »sogenannten Freunden«, sagt sie heute, denn alle haben ihr von der Adoption abgeraten und versprochen zu helfen. »Aber sie haben mich alle hängen lassen, als es soweit war, auch

meine Familie. Meine Schwester wollte eines Nachmittags bei mir sein und hat das einfach vergessen. Keiner hat mir mal angeboten, für mich mit einzukaufen, nichts.« Nach der Adoptionsfreigabe hat sich niemand nach ihren Gefühlen erkundigt. Allerdings hatte sie auch nicht viele Freunde und Bekannte.

Sie lebte mit Julian sehr isoliert. »Wenn man alleinerziehend ist, sein Kind abends nicht allein lassen will und nicht das nötige Geld hat, um einen Babysitter zu bezahlen, dann lernt man keine Leute kennen, höchstens andere Mütter aus dem Kindergarten. Aber auch da war es schwer, Kontakt zu knüpfen weil ich mich geschämt habe, daß ich so armselig hause. Bei einer der Mütter aus Julians Kindergarten habe ich als Putzfrau gearbeitet. Ich wäre nie auf die Idee gekommen, mal jemanden einzuladen.«

Hilfsangebote, so erwartet Gina offensichtlich, müssen ungefragt erfolgen. Sie fragt nicht, sie bittet nicht. Sie klagt an, wenn es zu spät ist. Vielleicht hat sie Angst, abgewiesen zu werden, weil sie schon so oft alleingelassen wurde. Auf jeden Fall ist sie daran gewöhnt, ohne Hilfe zurechtzukommen. Etwas verbittert sieht sie sich immer wieder bestätigt: Die Behörden, ihre Freunde, ihre Eltern – auf niemanden kann sie sich verlassen. Das Amt für Soziale Dienste wollte wissen, ob denn nicht Ginas Mutter das Kind eine Zeitlang betreuen könnte. Aber die hatte sich schon um das erste Enkelkind nicht kümmern wollen. »Meine Mutter war froh, daß ihre vier Kinder groß waren und sie ihr Leben wieder genießen konnte. Das kann ich zwar nachvollziehen, aber wenn mein Kind mit seinen Kindern nicht klarkäme, würde ich mich um sie kümmern. Ich hätte meine Mutter nie gefragt, ob sie das Kind nehmen würde. Ich möchte auch lieber nicht wissen, was sie geantwortet hätte.« Ginas Mutter hatte den Kontakt zu ihrer Tochter zeitweilig abgebrochen. Inzwischen hilft sie ihr ab und zu, leiht ihr das Auto, kommt dann und wann zu Besuch. »Aber sie ist nicht geeignet, Kinder oder Enkelkinder zu haben. Ihr fehlt der Gluckeninstinkt.«

Man gebe sein Kind nicht weg, weil man es hasse, sagt Gina, sondern weil man keine Eltern habe, die einem helfen. Ihre Eltern hätten immer nur an sich selbst gedacht, an ihre Imageprobleme, ob die CDU wiedergewählt werden würde und der Vater sein Amt als Bürgervorsteher weiterführen könne, ob die Mutter im Bridgeclub den ersten Preis gewinnen würde. Abends war sie mit ihren Geschwistern oft allein zu

Hause. Aus Angst vor merkwürdigen Geräuschen im Haus ist sie nachts mit ihrem kleinen Bruder zu den Nachbarn geflüchtet. »Ich habe meine Eltern nie umarmt. Wenn sie mich früher vom Sport abgeholt haben, habe ich ihnen genauso die Hand geschüttelt wie dem Trainer.«

Ihr Vater hat sich für die unehelichen Enkelkinder geschämt. Zuerst wollte er den Tatsachen nicht ins Auge sehen, bot ihr im hochschwangeren Zustand noch Alkohol an. Das nimmt sie ihm bis heute übel. Zur Adoption sagte er nur, sie müsse wissen, was sie tue. »Es kommt mir vor, als hätten meine Eltern ganz andere Werte als ich. Man darf nur ein Kind in die Welt setzen, wenn man verheiratet ist! Wer hat diesen Schwachsinn erfunden? Das hätten sie gerne gehabt, daß ich einen Torfkopf heirate, möglichst einen mit dem entsprechenden Portemonnaie.«

Auch Ginas Schwester hat später ein Kind zur Adoption freigegeben, obwohl Gina sie gewarnt hat, wie schwer das zu verkraften sei. »Aber sie wußte ganz genau, daß sie nicht so leben wollte wie ich, abhängig von der Sozialhilfe, ständig zu Hause, solange das Kind klein ist, ständig aufpassen müssen, weil sonst die ganze Margarine in der Küche verschmiert ist. Das ist ihr passiert, als sie auf Julian aufgepaßt hat. Da war für sie klar, daß sie das auf Dauer nicht schaffen würde.« Vielleicht ahmen die Schwestern nach, was sie von der eigenen Mutter erfahren haben. Die ist zwar nicht den konsequenten Weg der Adoptionsfreigabe gegangen, doch hat auch sie ihre Kinder offensichtlich als Belastung empfunden und versucht, ihr Leben unabhängig von ihnen zu gestalten.

Das Amt für Soziale Dienste hatte Gina zunächst empfohlen, Anna in eine Pflegefamilie zu geben. Aber das wollte sie auf keinen Fall, Anna sollte ein richtiges Zuhause haben. »Eine Pflegefamilie geht davon aus, daß das Kind wieder zur Mutter zurückkehrt, von daher werden die Eltern nicht so eine starke Bindung zulassen.« Gina durfte angeben, was sie von den Adoptiveltern erwartete. Nach ihren Vorstellungen sollten sie wissen, was es bedeute, Kinder großzuziehen, noch dazu ein farbiges in einem weißen Umfeld. Deshalb war sie froh, als die Adoptionsvermittlung eine Familie fand, die bereits ein anderes Kind angenommen hatte.

Bei der Anmeldung zur Geburt im Krankenhaus hatte sie zunächst angegeben, daß sie ihr Baby gar nicht sehen wolle. »Ich habe gedacht, ich schaffe es nicht, auch noch tschüs zu sagen, es ist schlimm genug, daß es weg ist. Aber nach der Geburt mußte ich das Kind in den Arm nehmen, das war ganz logisch. Ich konnte nicht einfach feststellen, aha, es ist gesund, und zusehen, wie es aus dem Zimmer getragen wird.« In den ersten Stunden hatte Gina ihre kleine Anna bei sich, sie lag auf ihrem Bauch, stillen wollte sie sie allerdings nicht. »Ich wußte, daß ich mich von ihr trennen mußte, denn meine Situation war nicht besser geworden.« Ärzte und Krankenschwestern legten ihr nahe, das Kind zu behalten. Wo ein Wille sei, sei auch ein Weg. Eine Ärztin wollte Gina Mut machen, indem sie ihr erzählte, sie sei ebenfalls alleinerziehend und schaffe das schließlich auch. Gina fühlte sich völlig unverstanden. »Keiner wollte sehen, daß ich schon alleinerziehend war und daß ich schon das eine Kind nur mit größten Schwierigkeiten versorgt habe. Zwei Kinder in einer Zweizimmerwohnung, kein Einkommen, nur Sozialhilfe, und vor allem wußte ich nicht, was aus Anna werden sollte, wenn mir was passierte. Es ist meine Verantwortung, das zu organisieren. Einfach ein Kind in die Welt setzen, das kann jeder.«

Gina hat an ihrer Entscheidung nicht gezweifelt, bis heute nicht. Dennoch hat sie sehr darunter gelitten. »Es war wie in einer schizophrenen Welt. Auf der einen Seite mußte ich unterschreiben, daß ich nicht mehr die Mutter bin, auf der anderen Seite bin ich aber die Mutter. Das Kind war neun Monate in meinem Bauch. Ich habe mich schuldig gefühlt. Wie kann man sein eigenes Kind weggeben!? Das ist ein fürchterliches Tabu, sein eigenes Kind wegzugeben.« Schließlich fand Gina eine Selbsthilfegruppe, die ihr sehr geholfen hat, die Adoption zu verarbeiten. Die Gespräche mit anderen Frauen, die sich in einer ähnlichen Situationen befanden, haben ihr Selbstwertgefühl wieder gestärkt. »Ich habe jetzt das Gefühl: Das kann passieren. Man kann nicht alles wissen. Wenn man mit einem Mann schläft, kann man nicht wissen, wie es ein halbes Jahr später aussieht.«

Es fällt schwer, Ginas mühsam zurückgewonnenes Selbstbewußtsein zu schädigen, und deshalb bleibt in diesem Gespräch unausgesprochen, was wahrscheinlich jeder sofort denkt: Wenn man ein Kind in die Welt setzt, sollte man schon etwas weiter als ein halbes Jahr in die

Zukunft blicken. Warum kommt sie mit Verhütungsmitteln nicht zurecht? Gina ist viermal ungewollt schwanger geworden. Zwei Kinder hat sie geboren, zweimal hat sie abgetrieben. Sie habe lange die Pille genommen, erklärt sie, bis sie davon Haarausfall bekam. »Wegen Aids benutze ich normalerweise Kondome, wenn ich den Mann nicht kenne. Man findet sich nett, und nach dem zweiten, dritten Treffen landet man automatisch im Bett, jedenfalls ich, das ist für mich die Fortsetzung der Kommunikation mit einem Mann. Aber im Überschwang der Gefühle, das muß ich ehrlich gestehen, habe ich es nicht immer geschafft, ein Kondom zu benutzen.«

Als sie zum ersten Mal schwanger wurde, war sie sexuell noch vollkommen unerfahren. Ihr Partner, Julians Vater, hatte behauptet, er könne keine Kinder zeugen, und sie hatte sich darauf verlassen. »Ich habe gedacht, er muß es ja wissen.« Nach einem Monat war sie schwanger. Daß sie mit Anna erneut ungewollt schwanger wurde, erklärt sie so: »Ich war fix und fertig, und der einzige, der mir zur Seite stand, war Annas Vater. Ich wußte zwar, daß ich schwanger werden könnte, wenn ich mit ihm schlief, aber in jener Woche war mir einfach alles egal.« Gina glaubt, daß sie sich unbewußt immer wieder Männer aussucht, die ihrem Vater ähnlich sind. Männer also, die sie weder seelisch noch materiell unterstützen. Unterhaltszahlungen hat sie nicht erhalten. Annas Vater hätte als Asylbewerber sowieso kein Geld gehabt. »Julians Vater konnte zwar nach Australien fliegen, aber ich habe nie eine Mark gesehen.«

Ist denn ihr jetziger Ehemann anders? »Ja, ein bißchen schon«, sagt sie. Für ihn sei es selbstverständlich, daß er der Stiefvater ihrer beiden Kinder wäre, wenn sie wieder bei ihr leben sollten. Das ist unwahrscheinlich, aber Gina hat das Jugendamt aufgefordert, sie zu benachrichtigen, falls Annas Adoptiveltern etwas zustößt. Dann will sie das Mädchen zu sich nehmen, damit es nicht im Heim landet. »Ich fühle mich immer noch verantwortlich.«

In den ersten vier Jahren nach der Adoption hatte Gina weder zu den Adoptiveltern noch zum Jugendamt Kontakt. Sie wußte also nichts über ihre Tochter. »Ich habe geglaubt, ich hätte keinerlei Rechte, ich war nur die Gebärmutter. Ich hatte unterschrieben, daß ich mein Kind weggebe und daß ich es nie wiedersehen darf. Ich bin gar nicht auf die Idee gekommen, daß ich anrufen dürfte, um nach meinem

Kind zu fragen.« Die Gespräche in der Selbsthilfegruppe machten Gina Mut, sich nach Anna zu erkundigen. Dennoch hat es bestimmt ein halbes Jahr gedauert, bis sie ihren Vorsatz, beim Jugendamt anzurufen, in die Tat umgesetzt hat. »Ich habe gedacht, ich sterbe vor Angst. Vielleicht würden die auch sagen, das Kind lebe gar nicht mehr. Ich habe es einfach nicht geschafft.«

Die Betreuerin vom Jugendamt hat Gina über Annas Entwicklung berichtet und ihr ein Foto von Annas Bruder gezeigt, von der Tochter selbst war keins in der Akte. »Dann habe ich sie gefragt, ob ich einen Brief an die Adoptiveltern schreiben sollte, nicht daß die tot umfallen, wenn sie plötzlich von der leibhaftigen Mutter hören.« Die Antwort war positiv, die Adoptiveltern wollten gerne Kontakt. Sie haben auch zurückgeschrieben, ein Foto von Anna geschickt und gelegentlich angerufen. Die Adoptivmutter hat Gina gebeten, eine Kassette zu besprechen, zum Beispiel ein Märchen vorzulesen, für den Fall, daß Anna einmal Sprachprobleme haben sollte. Dann nämlich würden die Logopäden mit Hilfe von Mozartmusik und der Stimme der Mutter therapieren. »Ich war nicht in der Lage, meiner Tochter ein Märchen auf Band zu sprechen, ich bin jedesmal in Tränen ausgebrochen, und so eine Kassette wollte ich natürlich nicht schicken.« Die Adoptivmutter schlug ihr auch vor, einen Brief an Anna zu schreiben und ein Foto zu schicken. »Das konnte ich auch nicht. Es war eine Katastrophe, was ich da geschrieben habe. Das konnte man einem 6jährigen Kind nicht vorlesen.« Gina wußte nicht, wie sie Anna ansprechen sollte, denn die Adoptiveltern haben ihr einen anderen Rufnamen gegeben. Monate später brachte sie einen Brief zu Papier und las ihn der Adoptivmutter vor. Obwohl Annas Adoptivmutter der Brief gefiel, vergingen noch weitere Monate, bis Gina ihn schließlich abschickte.

Nach all diesen Anstrengungen ist sie enttäuscht, daß ihrer Tochter der Brief noch nicht vorgelesen wurde. Die Adoptiveltern wollen warten, bis Anna von sich aus nachfragt. »Wie soll das Kind denn darauf kommen zu fragen: Hat meine Mutter jetzt endlich mal geschrieben? Ich denke, daß die Adoptiveltern nicht ehrlich mit ihren Gefühlen umgehen. Sie haben Angst, daß Anna zu ihrer Mutter möchte. Von daher möchten sie bestimmt keinen allzu intensiven Kontakt zu mir. Anna weiß natürlich, daß sie adoptiert ist. Sie ist schwarz, die Eltern

weiß, das war immer wie eine Trumpfkarte in meinem Ärmel. Man kann meiner Tochter nicht ewig Lügengeschichten erzählen.«
Wir haben die Adoptiveltern nicht persönlich kennengelernt, nur ihren Brief an Gina gelesen, und der klang sehr verständnisvoll, sowohl im Hinblick auf die Gefühle ihrer Adoptivkinder als auch auf die der abgebenden Mütter. Gina verdrängt Gefühle der Trauer, verbirgt sie hinter ihrer Empörung. Anstatt über den Verlust ihres Kindes zu weinen, schimpft sie lieber auf die Adoptiveltern, auf die Väter, auf die eigenen Eltern, auf diese Welt überhaupt, von der sie offensichtlich noch nicht viel Gutes erfahren hat. Für alles findet sie schnell einen Schuldigen. Ihre Entrüstung ist oft genug berechtigt, und wahrscheinlich liegt sie mit ihrer Vermutung, daß sich hinter dem Verständnis der Adoptiveltern Berührungsängste verbergen, nicht einmal falsch. Sie selbst sieht sich in ihrer Haltung jedenfalls durch die Tatsache bestätigt, daß sie nur zwei schlechte Fotos erhalten hat, auf denen Anna nicht zu erkennen ist. Angeblich seien alle Bilder aufgeklebt oder eingerahmt, haben die Adoptiveltern mitgeteilt.
Gina wüßte gerne, wie Anna jetzt aussieht. Einem möglichen Treffen steht sie aufgeschlossen, aber eher distanziert gegenüber. »Ich würde sie schon gerne sehen, ähnlich wie ich mir am Sonntag gerne ein Fußballspiel anschaue. Das Leben meiner beiden Kinder interessiert mich sehr und ist mir sehr nahe. Aber daß ich zu Anna eine ganze andere Beziehung habe als zu meinem Sohn, das ist auch klar.« Andere Mütter malen sich oft aus, wie ein Wiedersehen mit ihrem Kind sein könnte; Gina nicht. Schließlich weiß sie noch gar nicht, wann und ob das jemals stattfindet. »Irgendwann kommt sie, oder sie kommt nicht. Was soll ich tun? Ich habe keine Rechte. Wenn sie so ist wie ich, dann wird sie kommen. Und sonst bleibt sie eben weg. Dann hat sie Pech und lernt ihre sehr nette Mutter nicht kennen. Also, mein Selbstbewußtsein ist wieder ganz o. k.« Gina lacht. Sie klopft gern Sprüche, sie gibt sich cool und forsch, solange man sie nicht auf den Moment der Trennung von ihren beiden Kindern anspricht. Dann weint sie.
In ihrer Selbsthilfegruppe sagen alle, daß sie nie wieder ein Kind weggeben würden. »Aber solange du einer schwangeren Frau, die ihr Kind abgeben will, nicht anbietest, bei dir zu wohnen, solange ist das geheuchelt. Ich kann nicht verstehen, warum Eheppare, die Kinder

adoptieren, nicht lieber die Mutter adoptieren, damit die ihr Kind selbst großziehen kann.«

Auch Gina würde nicht noch einmal ein Kind weggeben. In einer vergleichbaren Situation würde sie eher abtreiben. »Diesen Schmerz würde ich kein zweites Mal verkraften.«

Beatrix:
»Ich könnte nichts Schönes aus meinem Leben erzählen – bis auf die Geburt meiner Kinder«

Als wir uns das erste Mal treffen, ist es noch kein Jahr her, daß sich Beatrix von ihrem Sohn verabschiedet hat. Tobias lebt jetzt bei Pflegeeltern, die Adoption ist noch nicht vollzogen, aber so gut wie sicher. Er ist gerade eingeschult worden, hat schon mehrere Heimaufenthalte und zwei andere Pflegefamilien hinter sich. Zum Abschied hat Beatrix ihm einen großen Stofftiger geschenkt und ihm noch einmal versichert, daß sie ihn über alles liebt und ihn niemals vergessen wird. Sie hat ihn beschworen, daran zu denken, daß seine Mama in B. wohnt und daß er sie immer dort finden wird. »Ich glaube, Tobias hat das alles verstanden. Er hat mir versichert, daß er mich auch liebhat und daß er mir auf keinen Fall böse ist. Ich habe ihm innerhalb von zwei Stunden meine ganze Vergangenheit erzählt, um mich zu rechtfertigen und um ihm zu erklären, warum ich das tue. Ich weiß, daß er später zu mir kommen wird. Und er weiß, daß ich auf ihn warte. Er wird mich nicht vergessen.«

Beatrix ist 25 Jahre alt. Sie ist zum zweitenmal verheiratet und hat noch zwei Töchter, 3 und 4 Jahre alt, aus erster Ehe. Sie lebt mit ihrer Familie in einer kleinen Dreizimmerwohnung. Bis vor kurzem hat ihr Mann die Töchter morgens in den Kindergarten gebracht, während sie recht früh zu ihrer Arbeit als Pflegerin in einem Altenheim aufbrechen mußte. Zur Zeit ist sie auf Jobsuche, weil sie mit ihren Vorgesetzten nicht mehr zurechtgekommen ist. Zum Glück hat ihr Mann Arbeit. Zum erstenmal muß sie nicht allein den Lebensunterhalt der Familie bestreiten.

Tobias kam noch vor ihrer ersten Ehe zur Welt, von seinem Vater hatte sie sich während der Schwangerschaft getrennt. »Er hatte sich ein halbes Jahr hinhalten lassen, aber dann wollte er unbedingt mit mir schlafen. Ich habe angefangen zu weinen und ihm gesagt: Ich

kann das nicht. Ein Jahr davor bin ich vergewaltigt worden. Das ist damals meine erste sexuelle Erfahrung gewesen. Aber er hat mich geschlagen, und ich habe nur noch gedacht: In fünf Minuten ist alles vorbei. Und so war's dann auch. Ja, und so entstand Tobias.« Beatrix war gerade erst 16 und freute sich trotz allem auf das Kind.
Ein gutes Jahr lang lebte sie mit Tobias in einem Mutter-Kind-Heim. Dort wurde der Junge versorgt, während sie eine Hauswirtschaftslehre machte. »Wenn ich abends um sechs Uhr nach Hause kam, war Tobias gewickelt und startklar fürs Bett. Ich habe am Tag höchstens eine Stunde mit dem Kind zusammen verbracht. Mir wurde alles aus der Hand genommen, ich durfte nichts selber entscheiden. Mir wurde vorgeschrieben, welche Windeln ich zu benutzen hatte. Ich hatte nur einen Pauschalbetrag von 65 Mark im Monat, wovon ich Hygiene-Artikel, Kleidung, alles kaufen mußte für das Kind. Das war sehr schwierig.«
Nach einem Nervenzusammenbruch entschloß sich Beatrix, Tobias vorübergehend in Pflege zu geben, um eine Therapie zu machen. Zwei Wochen lang hat sie jeden Abend das Kinderbettchen gemacht. Sie konnte es nicht ertragen, daß Tobias nicht mehr bei ihr war. Dieses Gefühl wurde noch stärker, nachdem sie in eine eigene Wohnung gezogen war. Sie holte sich den Jungen zurück, ohne große Vorbereitungen zu treffen, trat bei der Pflegefamilie die Tür ein. »Und da fingen meine Probleme eigentlich erst an. Ich war zum erstenmal allein, ganz auf mich gestellt. Ich war abhängig von Tobias. Er hat mich gestreichelt, er hat mich getröstet, das war kein Zustand für das Kind. Ein Kind braucht Stabilität, es braucht Sicherheit und festen Boden unter den Füßen. Das alles konnte ich ihm zu diesem Zeitpunkt nicht geben. Ich habe so massiv geweint, daß der Junge zitternd vor mir stand: ›Nicht weinen, Mama, nicht weinen!‹ Da war mir klar, daß ich etwas tun mußte.«
Beatrix hat ihren Sohn nochmals in Pflege gegeben und eine zweite, diesmal stationäre Therapie in einer Klinik gemacht. Danach hat es eineinhalb Jahre gedauert, bis man ihr Tobias zurückgab, denn das Jugendamt hielt sie für psychisch zu labil. Inzwischen hatte sie geheiratet und ein Töchterchen bekommen. Tobias verbrachte zunächst nur die Wochenenden zu Hause, und es schien, als entwickelte sich zwischen Stiefvater und Sohn ein gutes Verhältnis. Doch als Tobias

schließlich bei ihnen lebte, kam es immer häufiger zu Mißhandlungen. »Er hat ihn so auf den Rücken und den Po geschlagen, daß Blutergüsse entstanden sind. Wenn ich dazwischengegangen bin, habe ich selber Schläge eingesteckt. Außerdem hat er gedroht, dem Jugendamt zu sagen, ich sei schizophren, und mich wieder in eine Klinik einweisen zu lassen.«
Tobias wurde immer verhaltensauffälliger, aggressiv gegen seine Mutter und auch gegen die kleine Schwester. »Ich denke, daß es an dem Hin und Her lag. Der Junge konnte überhaupt kein Vertrauen entwickeln, weil er immer Angst hatte, daß er wieder weg mußte.«
Beatrix versuchte, Tobias in einem heilpädagogischen Kindergarten unterzubringen. »Alle haben mich vertröstet, erst in zwei, drei Jahren sei ein Platz frei.«
Schließlich hat sie sich doch entschlossen, das Jugendamt zu informieren. »›Ihr müßt mir jetzt helfen, holt den Jungen sofort hier raus!‹ Als sie ihn holten, war mir klar, daß ich Tobias nicht mehr zurückbekomme. Heute sage ich mir, es wäre vielleicht wirklich besser gewesen, ich hätte ihn nie aus der Pflegefamilie herausgeholt, dann wären ihm die Mißhandlungen erspart geblieben.« Tobias wurde zunächst in einem Heim untergebracht. Aber er sollte endlich wissen, wo er hingehörte, und so fing Beatrix an, über eine Adoption nachzudenken. »Ich liebe ihn auch heute noch sehr, aber ich glaube, verantwortungsbewußt gehandelt zu haben. Ich denke, er hat jetzt sehr gute Pflegeeltern bekommen, die ihm viel Liebe und die Kraft und Energie geben können, die er braucht, um eine gute Zukunft zu haben.«
»Keine Mutter gibt ihr Kind zur Adoption frei, weil sie es nicht liebhat oder weil es ihr im Weg ist. Es gibt Ursachen dafür. Und bei mir liegen sie in meiner Vergangenheit, die mich eingeholt hat.« Beatrix hat selbst mehrere Heimaufenthalte und schwere Mißhandlungen durch ihren Stiefvater hinter sich. Sie ist das Ergebnis eines Seitensprungs und bekam die Rache des betrogenen Ehemannes tagtäglich zu spüren. »Die haben mich die ersten zwei Jahre meines Lebens in einem Bett festgebunden und mich die ganze Zeit da liegengelassen. Die Polizei hat mich befreit und in eine Klinik gebracht, wo mir erst mal der Kopf wieder gerichtet werden mußte, da ich von dem ständigen Liegen ganz entstellt war.«
Erst nach diesem Klinikaufenthalt hat Beatrix gelernt, zu laufen und

zu sprechen. Das alles hat sie aus Akten des Jugendamtes erfahren, sie kann sich selbst gar nicht mehr daran erinnern. Als ihre Mutter wieder heiratete, wurde sie nach drei Jahren Heimaufenthalt zurück nach Hause geschickt – und wieder mißhandelt.

»Ich habe 25 Jahre Horror hinter mir, könnte nichts Schönes aus meinem Leben erzählen – bis auf die Geburt meiner Kinder und meine jetzige Ehe, die sehr gut ist.«

Noch steht die endgültige Entscheidung zur Adoption aus. »Wenn die Pflegeeltern gut mit Tobias zurechtkommen, werde ich der Adoption zustimmen.« Nach zwei Gesprächen, die sie mit den Pflegeeltern führen durfte, hat Beatrix einen sehr positiven Eindruck. Die angehende Adoptivmutter hat ihr versprochen, Tobias werde mit der Erinnerung an seine Mutter aufwachsen. Das hat Beatrix in ihrer Entscheidung bestärkt. Offenheit, Ehrlichkeit, Gefühl und Liebe erwartet sie von Tobias' neuen Eltern, und sie glaubt, die richtigen gefunden zu haben.

»Ich finde es gut, dem Tobias etwas Gutes getan zu haben, aber ich habe ja auch den Pflegeeltern etwas Gutes getan. Sie können niemals Kinder kriegen, und ich habe ihnen einen sehr guten Menschen gegeben, der eigentlich sehr liebevoll ist, nur immer von Entscheidungen überrumpelt wurde, die er nicht selber treffen durfte. Ich fühle mich gut mit meinem Entschluß.« Beatrix spricht so eindringlich, als müsse sie sich das selbst immer wieder bestätigen.

Vor der endgültigen Unterschrift beim Notar hat sie große Angst. »Dann weiß ich, es gibt kein Zurück mehr. Dann ist Tobias laut Papier nicht mehr mein Kind. Er trägt meinen Namen nicht mehr. Ich bin nur noch eine Gebärmaschine, die das Kind neun Monate lang ausgetragen hat. So habe ich immer noch einen kleinen Funken Hoffnung, daß ich Tobias doch wiederhaben könnte. Ich bin froh, daß es noch nicht so weit ist.« Im Grunde ist Beatrix überzeugt, daß die Adoption für ihren Sohn die beste Lösung ist. Aber oft schwankt sie in ihrer Entscheidung, und manchmal hätte sie ihn am liebsten sofort zurück.

»Wenn jemand vom Jugendamt käme und sagen würde: ›Unterschreibe, daß du das Kind weggibst, oder nimm es sofort mit‹, ich würde es auf der Stelle mitnehmen, anstatt zu unterschreiben.«

Je länger wir über diese Möglichkeit reden, desto mehr versteift sich Beatrix auf den Gedanken, das Jugendamt habe sie gezwungen, den Jungen wegzugeben. »Man hat mir klargemacht, daß ich nur zwei

Möglichkeiten habe: Adoption oder Kinderheim. Und da ich selber zehn Jahre im Heim leben mußte, habe ich mich für die Adoption entschieden. Hätte ich noch die Möglichkeit gehabt, den Jungen zurückzunehmen, hätte ich mich ohne Frage dafür entschieden.«
Ihr Leben habe sich geändert, meint Beatrix, sie habe eine größere Wohnung, sei psychisch stabilisiert, könne dem Kind heute nicht nur Liebe, sondern auch Kraft und Sicherheit geben. Und sie habe einen guten Ehemann, der mit Kindern umgehen könne, auch mit Tobias. »Aber für die Behörden trage ich einen Stempel auf der Stirn: einmal Jugendamt, immer Jugendamt. Die trauen mir nicht zu, daß ich mich weiterentwickle.«
Beatrix' Stimmung schwankt. Sie habe sich nicht getraut, dem Jugendamt mitzuteilen, daß sie Tobias gerne zurückhätte, behauptet sie. Unser Eindruck ist allerdings, daß sie das nicht tut, weil sie ganz genau weiß, daß ihm eine erneute Veränderung großen Schaden zufügen würde. Zu diesem Schluß kommt sie selbst auch am Ende unseres Gesprächs. »Ich muß lernen zu warten und Tobias die Chance lassen, die ich nicht hatte. Ich hätte gerne Pflegeeltern gehabt. Bei mir hat niemand daran gedacht, mir wurde das nie angeboten. Ich bin wie ein Päckchen ohne Absender verschickt worden.«
Mit ihren beiden Mädchen komme sie prima klar, sagt Beatrix. Die Ältere fragt sehr oft nach ihrem Bruder. Beatrix erklärt ihr dann – obwohl sie weiß, daß das nicht die ganze Wahrheit ist –, daß das Jugendamt den Tobias nicht mehr zurückgebe. Warum klappt das Zusammenleben mit den Töchtern, während es mit Tobias gescheitert ist? Beatrix glaubt, daß sie inzwischen gelernt hat, ihre Vergangenheit hintanzustellen und ihre Probleme nicht mehr auf die Kinder zu übertragen. Bei Tobias habe sie das noch nicht geschafft. Außerdem denkt sie, daß die Gewalttätigkeit ihres ersten Mannes viel zu den Schwierigkeiten mit Tobias beigetragen habe. Bisher war sie davon ausgegangen, daß ihre Töchter davon verschont geblieben seien, aber vor kurzem hat sich herausgestellt, daß ihr Exmann beide Mädchen während der regelmäßigen Wochenendbesuche sexuell mißbraucht hat. »Wenn ich wirklich so eine schlechte Mutter wäre, hätten die Kinder mir das niemals erzählt. Sie sind ganz von allein zu mir gekommen. Ich habe mich sehr verändert, sonst hätte ich nicht zwei so tolle Kinder.«

Hätte es denn verhindert werden können, daß sie sich von Tobias trennen mußte, hätte ihr irgend jemand, irgend etwas helfen können? »Damals nicht. Heute ja. Ein Platz in einem heilpädagogischen Kindergarten vielleicht.« Hilfe von Verwandten oder Freunden hat Beatrix nicht bekommen. Als sie den Entschluß zur Adoptionsfreigabe faßte, brach ihre Schwester den Kontakt zu ihr ab. Auch Freunde haben sich von ihr abgewendet, mit dem Vorwurf, sie sei eine Rabenmutter und habe ihren Sohn einfach abgeschoben. »Ich weiß, daß ich keine Rabenmutter bin. Viele behaupten, Mütter gäben ihre Kinder zur Adoption frei, damit sie auf Tingeltangel gehen können, aber ich gehe nur sehr selten aus. Es geht überhaupt nicht um solche Freiheiten. Keiner macht das ohne ernsten Grund. Rabenmütter gibt es nicht.« Beatrix ist auf so viel Unverständnis gestoßen, daß sie inzwischen nur von ihren beiden Töchtern erzählt, wenn sie gefragt wird, wie viele Kinder sie hat. »Ich sage nicht mehr, daß ich drei Kinder habe, obwohl ich das ganz schlimm finde, aber du wirst sonst fertiggemacht.«

Manchmal stellt sich Beatrix vor, wie es sein wird, wenn sie Tobias wiedersieht. Dann will sie mit ihm über sein Leben in der Adoptivfamilie sprechen und ihm nochmals alles erklären. Sie ist sicher, daß er sie verstehen wird. Und sie ist genauso sicher, daß sie das Beste für Tobias entschieden hat. »Ich kann jeder Mutter, die so massive Schwierigkeiten mit ihrer Vergangenheit und mit ihren Kindern hat, nur raten: Gebt das Kind zur Adoption frei, bevor es mißhandelt oder die kleine Seele fürs Leben beschädigt wird!«

Ute:
»Jetzt ist sie weg, jetzt kann ich es nicht mehr ändern«

Es ist 14 Jahre her, daß Ute ihre Tochter Saskia das letzte Mal gesehen hat. Mittlerweile sei sie »super drüber weg«, sagt die 37jährige Verkäuferin, aber wenn sie sich an die Trennung erinnert, dann weint sie, als habe sie den Schmerz doch noch nicht verkraftet. »›Soll ich sie mitnehmen?‹ hat Frau S. vom Jugendamt gefragt. Sie wisse einen guten Platz, wo sie sie hinbringen könne. Ja, ist gut, dann nehmen Sie sie mit, habe ich geantwortet. Saskia, damals drei Jahre alt, ist um den Tisch getanzt und hat gerufen: ›Mama, Mama, Mama, Mama, laß mich bei dir bleiben!‹ Ich bin raus aus der Küche und habe gesagt: ›Frau S., gehen Sie ganz schnell.‹ Sie hat Saskia an der Hand gefaßt und ist gegangen. Da habe ich meine Tochter das letzte Mal gesehen. Das war ganz schlimm.«

Ute war damals noch recht jung, 22 Jahre alt, und hatte schon lange gemeinsam mit Frau S. nach einer Lösung gesucht. Denn Saskia verhielt sich immer auffälliger. Sie war aggressiv, hörte einfach nicht mehr auf die Mutter, hatte nachts Alpträume und wieder eingenäßt, obwohl sie eigentlich schon trocken war. Ute ging mit ihr zum Psychologen, das half wenig. Sie wurde mit ihrer Tochter einfach nicht mehr fertig. »Saskia hat sehr viel mitgekriegt als Baby und Kleinkind. Kinder haben eine unheimlich feine Antenne. Sie hat mitbekommen, wie ich von meinem Mann geschlagen wurde. Als sie größer war, hat sie immer gerufen: ›Papa, laß doch die Mama!‹«

Saskia selbst ist nicht geschlagen worden. Der Vater habe sie »abgöttisch geliebt«, meint Ute, und das Kind habe auf ihn viel besser gehört als auf sie. »Sie hat gemerkt, wenn bei mir was nicht stimmte, und hat sich dann abgewendet. Ich war halt traurig und depressiv und habe irgendwo bei ihr den Anschluß versäumt.« Ute flüchtete aus dieser unglücklichen Ehe und nahm ihre Tochter mit. Ihr neuer Lebenspartner akzeptierte Saskia nicht. »Ich hab sie immer verwöhnt, auch gerne gehabt. Dann ging es nicht mehr, weil sie zu schwierig wurde.« Also gab Ute ihre Tochter in eine Pflegefamilie, aber auch die Pflegeeltern kamen mit dem Mädchen nicht zurecht. Saskia kehrte zur Mutter zurück. Ute hatte inzwischen noch einen Sohn zur Welt gebracht, was das Verhältnis zwischen Mutter und Tochter nicht gerade verbesserte.

Im Gespräch mit Frau S. vom Jugendamt hat sich Ute entschieden, Saskia zur Adoption freizugeben. Ihr erster Mann, Saskias Vater, hatte längst unterschrieben, als Ute sich immer noch nicht zu diesem letzten Schritt durchringen konnte. Dreimal wurde sie vom Jugendamt gemahnt, endlich beim Notar zu erscheinen. Sie ging trotzdem nicht hin. »Und dann eines Morgens, das war montags um halb elf, das weiß ich noch wie heute, da kam Frau S. zu mir und sagte: ›Wir müssen jetzt zum Notar.‹ Sie hat mich abgeholt und praktisch zur Unterschrift gezwungen.«

Es ist nicht leicht zu beurteilen, inwieweit Ute tatsächlich glaubt, die Entscheidung sei ihr von außen aufgezwungen worden. »Ich wollte auch, daß Saskia in gute Hände kommt, aber die Unterschrift wurde mehr oder weniger erzwungen, durch das Jugendamt und vor allem durch meinen Exmann. Die Adoptivfamilie war da, wollte sie zu sich nehmen, und mein Mann hatte bereits unterschrieben. Da sah ich mich natürlich auch gezwungen, die Unterschrift zu leisten, was mir nicht leichtgefallen ist. Unter Tränen habe ich unterschrieben.« Hätte sie ihre Tochter wirklich behalten wollen, so hätte sie ohne weiteres ihre Zustimmung verweigern können. Doch auch Ute selbst wußte keine andere Lösung.

Würde sie heute am liebsten alles rückgängig machen? »Eigentlich nicht, weil ich ja für Saskia endlich das wollte, was ihr zusteht. Sie sollte endlich wieder wissen, wo sie hingehört.« Utes Eltern waren zu alt, um das kleine Enkelkind aufzunehmen. Sie hatte gehofft, ihre Schwester, die zwei eigene Kinder hat, würde Saskia zu sich nehmen. Aber dieses Angebot kam nicht, und auch der Bruder stand ihr nicht zur Seite. »Als es dann zur Adoption kam und Saskia weg war, da haben sie gesagt: ›Ute, warum bist du nicht früher gekommen? Wir hätten dir geholfen.‹ – ›Ja‹, habe ich gesagt, ›hättet ihr; jetzt ist sie

weg, jetzt kann ich es nicht mehr ändern. Ihr hättet alle früher kommen können.‹«
Utes Eltern hatten kein Verständnis für ihre Entscheidung. Zunächst wollten sie von ihrer Tochter nichts mehr wissen. Später haben sie ihr verziehen, »aber nur ein bißchen«. Plötzlich durften sie keinen Kontakt mehr zu ihrem Enkelkind haben. Der Großvater lebt heute nicht mehr, die Großmutter klammert sich immer noch an die Hoffnung, daß sie Saskia irgendwann wiedersieht. (Vgl. das Kapitel »Die Großmütter«.) Utes Geschwister reagierten scheinbar gleichgültig. Sie machten ihr keine Vorwürfe, aber das Verhältnis war nach der Adoption spürbar gestört.
Ute glaubt nicht, daß die Ursache für ihr Scheitern an Saskia in ihrer eigenen Kindheit zu finden ist. »Ich habe ein gutes Elternhaus gehabt. Ich war die Kleinste, ich bin verwöhnt worden, habe meine Freunde gehabt, durfte weggehen. Ich hab es zu Hause eigentlich gut gehabt. Ich fühlte mich aufgehoben. Meine Eltern haben sich verstanden. Es gab manchmal Reibereien, aber die gibt es in jeder Familie.«
Nach dem Notartermin hatte Ute niemanden, bei dem sie sich hätte aussprechen können. Sie suchte bei ihrem drei Monate alten Sohn Trost. »Der schlief und hat das nicht mitgekriegt. Als er wach wurde, habe ich ihn in den Arm genommen und gedrückt und gesagt: ›Dir wird nichts passieren, du bist mein Sonnenschein.‹ Und das ist er auch heute noch.« War Saskia denn auch ein Wunschkind? »Da muß ich überlegen, eigentlich ja. Aber ich muß auch dazusagen, meinen Sohn liebe ich abgöttisch. Ich glaube, den liebe ich noch mehr als meine Tochter. Ich liebe meine Tochter auch, und ich denke auch an sie, aber den Felix liebe ich über alles.«
Ute erklärt die unterschiedlichen Gefühle, die sie ihren Kindern entgegenbringt, damit, daß sie auch für die Väter unterschiedlich empfindet. Während sie Felix' Vater bis heute gern mag, obwohl auch diese Beziehung inzwischen zerbrochen ist, empfindet sie für Saskias gewalttätigen Vater nur Haß und Verachtung. Und daß die kleine Saskia sich trotz der Brutalitäten stärker an ihren Vater als an die Mutter angelehnt hat, belastete die ohnehin schwierige Beziehung zur Tochter noch mehr.
Außer ihrer Familie und wenigen Freunden hat Ute niemandem von der Adoption erzählt, auch ihrem jetzigen Partner Kurt nicht, der nur

zufällig davon erfuhr. Fast wäre ihre Beziehung daran zerbrochen. Kurt hat kein Verständnis dafür, daß sie ihr Kind weggegeben hat. Er hat auch Kinder, einen Sohn und eine Tochter, die ebenfalls Saskia heißt. Ute hat sie mit großgezogen. »Das war kurios. Da bin ich immer im Zwiespalt gewesen: Ist das deine Tochter oder seine Tochter? Ich habe sie sehr an mich herangezogen, weil sie ein bißchen Ersatz für meine Tochter war. Und sie hat mich als Mutter anerkannt, weil ihre richtige Mutter nicht da war.«

Ute hat sich regelmäßig beim Jugendamt erkundigt, wie es ihrer Tochter geht. Es gehe ihr gut, hat sie erfahren, sie schaffe die Schule, aber die Adoptiveltern hätten auch stürmische Phasen mit ihr erlebt. Saskia – inzwischen 18 Jahre alt – ist jetzt im Internat und möchte gerne Krankenschwester werden. Vor einiger Zeit hat sie das Jugendamt aufgesucht, um etwas über ihre leibliche Mutter zu erfahren, Kontakt wollte sie aber noch nicht aufnehmen. Sie zeigte sich dort sehr wütend über die Adoption: »Warum hat meine Mutter mich weggegeben?!«

Als Ute das vom Jugendamt erfuhr, machte sie sich Vorwürfe. »Ich habe immer dieses Schuldgefühl, obwohl ich das eigentlich nicht haben müßte, weil ich weiß, daß ich das Richtige getan habe.« Fünf Minuten später versichert sie, kein schlechtes Gewissen zu haben. Doch eins ist nicht zu leugnen: Die Trennung von ihrem Kind und die Zweifel an der Entscheidung lösen bis heute manchmal schwere Krisen aus. Besonders an Saskias Geburtstag weint sie viel. »Aber es ist nicht mehr so schlimm wie früher, weil ich weiß, sie ist nun erwachsen, sie muß ihren Lebensweg jetzt selber gehen, und sie wird das schaffen.«

Ute hat einige Briefe an Saskia geschrieben, doch nie eine Antwort bekommen. Als sie sich ein Foto von ihr wünschte, ließ Saskia sie über das Jugendamt wissen, sie schicke erst eines, wenn sie auch ein Bild von ihrer Mutter bekomme. Daraufhin hat Ute sofort ein paar Fotos beim Jugendamt hinterlegt, von sich, ihren Söhnen, ihrem jetzigen Partner Kurt und dessen Kindern. Der Betreuer beim Jugendamt hat ihr allerdings abgeraten, Saskia ausgerechnet diese Familienfotos zu geben, sie wolle bestimmt erst mal nur ihre Mutter sehen.

»Ich denke oft, vielleicht kommt sie ja mal, damit wir uns aussprechen können. Ich habe ihr auch geschrieben, daß ich ihr sehr viel zu sagen hätte. Nur ob sie es versteht, weiß ich nicht. Ein Verhältnis Mutter – Tochter gibt es nicht mehr. Freundin und Tochter, das wird wohl so sein. Aber daß Saskia mal wieder zu mir ›Mama‹ sagt, das kann ich mir abschminken. Obwohl ich es mir wünschen würde, weil ich alles versucht habe, damit es ihr gutgeht.« Wenn Ute im Laden steht, guckt sie sich die Kunden immer genau an. Vielleicht steht ja eines Tages ihre Tochter vor ihr. »Aber ich wüßte vielleicht gar nicht, was ich sagen sollte, und würde sie nicht ansprechen, weil ich vor ihrer Reaktion Angst hätte.«

Corinna:
»Alles, was mit Kindern zu tun hatte, war für mich die Pest«

Corinna möchte sich gerne an einem neutralen Ort treffen, also verabreden wir uns in einem Restaurant. Der dichte Nebel über der Elbe passe zu ihrer Stimmung, stellt sie fest – genau wie die schwarze Kleidung, die sie am liebsten trägt, obwohl sie sich insgesamt besser und erleichtert fühlt, nachdem sie ihre Tochter vor einem Jahr endlich gefunden hat. Corinna ist jetzt 45, und viele Jahre lang hatte sie immer wieder Weinkrämpfe, aus heiterem Himmel, ohne jeden Anlaß, im Kino, am Arbeitsplatz, überall. Sie war nie davor sicher. Schließlich hat ein Freund sie gedrängt, ihre Tochter zu suchen, aber sie konnte sich erst dazu durchringen, nachdem ihre Eltern beide verstorben waren. Als sie dann endlich herausfand, wohin ihre Tochter vermittelt worden war, und ihre eigene Verzichtserklärung nach so vielen Jahren in der Akte fand, brach sie wieder zusammen. Zum letztenmal, danach blieb sie von diesen unvermittelten Anfällen verschont.

Corinna beschreibt ihre eigene Kindheit als unglücklich. Das Verhalten ihrer Eltern ihr gegenüber sei von Ablehnung einerseits und Überforderung andererseits gekennzeichnet gewesen. Ihre Mutter habe sie als emotionalen Blitzableiter für ihre Unzufriedenheit mit ihrem eigenen Leben benutzt. Deshalb habe sie versucht, andere Menschen zu finden, die sie verstehen würden. Mit 16 Jahren lernte sie ihren ersten Freund kennen. »Es hat nicht lange gedauert, und dann war die Bettgeschichte fällig. Das blieb nicht ohne Folgen, obwohl ich diesen Mann damals, kurz bevor wir zum Akt des Geschehens geschritten sind, gebeten habe, er solle doch bitte Verhütungsmaßnahmen treffen. Er war Medizinstudent und meinte, das würde schon in Ordnung gehen. Aber es ging gar nichts in Ordnung. Er hat mir irgend etwas von Tagen und Periode vorgerechnet, und ich habe mich auf ihn verlassen. Ich wußte überhaupt nichts. Meine Mutter hat mich fast gar nicht aufgeklärt, nur das Übliche: Liebe stinkt und macht die Betten schmutzig.«

Vier Wochen später bemerkte Corinna, daß sich in ihrem Körper etwas veränderte. Sie ahnte, was passiert war, und verdrängte es. Nach vier Monaten – der Kontakt zu ihrem Freund war inzwischen abgebrochen – war sie sicher, schwanger zu sein, und mußte es ihren Eltern beibringen. »Das habe ich eines Abends geschafft. Mein Vater war verreist. Meine Mutter war erst ganz verständnisvoll und ist am nächsten Tag mit mir zum Frauenarzt gegangen, der die Schwangerschaft bestätigt hat.«

Corinna war fast im fünften Monat schwanger. »Dann ging mein Martyrium erst richtig los. Es gab ein fürchterliches Gezeter zu Hause. Es war, als ob die Welt zusammenbricht.« Sie komme aus einem »gutbetuchten Elternhaus«, sagt Corinna. Der Vater hatte ein Bauunternehmen. Nachdem ihre Eltern herausgefunden hatten, daß der Kindsvater »aus unteren Schichten« stammte – seine Mutter war Straßenbahnschaffnerin, sein Vater Werkzeugmeister bei der Bundesbahn –, wurde jeder Gedanke an Heirat ausgeschlossen. »›Wenn du den heiratest, dann bist du sehr arm und mußt die alten Möbel von uns übernehmen.‹ Sie haben mir das ganz miesgemacht, so als ob ich irgendwo auf dem Hinterhof hausen müßte. Für mich kleines, materiell verwöhntes Mädchen war das natürlich ganz schrecklich.« Alle Leute würden auf sie herabsehen, hat ihre Mutter gedroht, und mit so einem Mann würde sie sowieso unglücklich werden.

Die Versuche der Eltern, noch eine Abtreibung in der Schweiz zu organisieren, scheiterten. Mehrere Ärzte lehnten ab. Schließlich brachten sie Corinna in eine kleine Privatklinik, wo sie das Kind bekommen und es anschließend zur Adoption freigeben sollte. Nach der Adoption stehe ihr die Welt offen, versicherten ihr die Eltern, sie habe noch ihr ganzes Leben vor sich. Was hat Corinna selbst eigentlich damals gewollt? »Nichts! Ich weiß nicht. Ich habe nur gewollt, daß es möglichst schnell vorbeigeht. Ich habe immer fürchterlich um die Liebe meiner Mutter kämpfen müssen. Ich mußte dauernd irgendwelche tollen Sachen machen, damit sie nett zu mir war. Ich hätte damals – das ist mir allerdings erst heute klar – alles getan, um meine Mutter friedlich zu stimmen. Ich habe mein Kind weggegeben, weil

ich dachte, wenn ich das jetzt auch noch tue, dann wird sie mich vielleicht lieben.«
Corinna stand damals kurz vor der Mittleren Reife. Ihre Eltern meldeten sie von heute auf morgen von der Schule ab. Während ihrers Aufenthalts in der Privatklinik hatte sie keinen Unterricht, statt dessen fertigte sie Tupfer für den Operationssaal an.
»Die Klinik wurde von katholischen Nonnen geführt, und die hatten sich ein besonders nettes Spielchen für mich ausgedacht. Sie haben mir ein Zimmer direkt unter dem Kreißsaal gegeben. Dort war natürlich jede Nacht was los. Ich habe die Frauen schreien gehört und konnte mir dazu meine Gedanken machen.«
Nach der Geburt hat Corinna ihre Tochter nur einmal kurz gesehen. Ihre Eltern haben sie dann sofort in ein Internat gesteckt. »Im Internat ist man nie alleine, immer abgelenkt durch andere Menschen. Ich bin gar nicht zum Nachdenken gekommen. Nur dieses tiefe schwarze Loch, das habe ich gleich gespürt, als ich mein Kind damals verlassen habe. Wenn mich nur einer mal zur Seite genommen und mir gesagt hätte: An deiner Stelle würde ich mein Kind aber behalten! Oder wenn mich jemand vor den Folgen gewarnt hätte. Ich vergleiche das gerne mit einer Amputation. Wenn man ein Bein verliert, dann bleibt der Phantomschmerz ein Leben lang. Wenn man sein Kind weggibt, ist es exakt dasselbe.«
Schon vor der Geburt hatte sie ein Formular unterschreiben müssen, eine Art Verzichtserklärung, glaubte sie. Daß es sich wohl nur um den Vermittlungsauftrag handelte und sie rechtlich dadurch nicht gebunden war – über solche Feinheiten hat Corinna damals niemand aufgeklärt. Zu Hause wurde nicht mehr über das Kind gesprochen, das Thema war absolut tabu. Jahrelang hat Corinna die Gedanken an ihr Kind verdrängt. Erst ihrem Mann, den sie 1971 heiratete, vertraute sie sich an. Damals hätte sie ihre Tochter noch zurückholen können, denn die Adoption wurde erst 1974, also acht Jahre nach der Geburt, endgültig vollzogen. Aber das wußte Corinna nicht.
Corinnas Mann stammte aus einer sehr großen kinderreichen Familie. Eine seiner Nichten trug denselben Namen wie Corinnas Tochter. Corinna wollte diese Verwandten nie besuchen, war sich der Ursache für ihre Ablehnung aber nicht bewußt. »Ich habe mich mit Händen und Füßen gewehrt. Mir ging es dann immer so schlecht. Ich

hatte arge Kreislaufstörungen und Probleme mit meinen Nieren. Es war nicht zum Aushalten. Aber keiner wußte, was los war.« Sie war die einzige kinderlose Frau in der Familie. »Alles, was mit Säuglingen und kleinen Kindern zu tun hatte, war für mich die Pest. Die Gören machten soviel Krach, das war für mich eine Tortur. Ich habe oft mit Ohropax dagesessen und Gift und Galle gespuckt, wenn die irgendwo auftauchten.« Natürlich fragte sich Corinna, was mit ihr nicht stimmte, aber sie konnte es sich nicht erklären. »Irgend etwas war blockiert in meinem Kopf.« Heute hat sie ein normales, ein positives Verhältnis zu Kindern.

1976 brachte Corinna eine zweite Tochter zur Welt, die jedoch bei der Geburt starb. »Eine Nachbarin, die verhaltensgestörte Kinder therapierte, brachte mich auf die Idee, daß das etwas mit der Adoption zu tun haben könnte. Mir fiel es wie Schuppen von den Augen. Weil ich mein erstes Kind weggegeben und das überhaupt nicht verarbeitet hatte, hat mein Körper entsprechend reagiert. Ein zweites Kind hat er nicht zugelassen.«

Corinna ließ sich von ihrem Mann scheiden und versuchte, sich selbständig zu machen. »Wenn Sie mein Leben angucken, die ganzen 27 Jahre, bis ich meine Tochter Silvia wiedergetroffen habe, habe ich immer gegen mich selbst gearbeitet. Erfolg funktionierte nicht bei mir. Ich habe mich selbständig gemacht, mußte aber das Geschäft aufgeben. Ich bin sehr oft umgezogen, immer sehr unruhig, immer auf der Flucht, als ob ich etwas suchte und nicht wußte, was. Ich hatte auch jedes Jahr einen anderen Mann, und den habe ich nach einem Jahr wieder verlassen. Gründe habe ich immer gefunden. Ich bin absolut beziehungsunfähig.«

Als ihr Vater noch lebte, erzählte er ab und zu, er habe Kontakt zu Silvia (Silvia selbst hat ihr später gesagt, daß das gar nicht der Fall war), und sie sei sehr häßlich. »Ich hätte mich wahrscheinlich schon eher auf die Suche gemacht, aber ich hatte 27 Jahre lang eine Höllenangst davor, daß ich meine Tochter genauso ablehnen könnte, wie meine Mutter mich abgelehnt hat.« Schließlich hat Corinna doch die Initiative ergriffen und ihre Tochter nach drei Jahren intensiver Suche gefunden. Zunächst schrieben sie sich Briefe und tauschten Fotos aus, und im Dezember 1993 haben sie sich dann zum erstenmal gesehen.

Corinna weint, als sie sich daran erinnert. »Das war super! Das war großartig! Das war praktisch so, als ob ich mir selbst gegenüber sitze. Sie sieht mir nicht so ähnlich, aber sie hat viel von meiner Mutter, also von ihrer Großmutter, die sie nicht haben wollte. Aber vom Wesen her haben wir viel gemeinsam, also wenn wir sprechen oder irgendwelche Handbewegungen machen, das ist identisch.« Sie muß sich mit ihrer Tochter größtenteils auf Englisch verständigen, denn Silvia wurde an holländische Eltern vermittelt und spricht nicht so gut Deutsch. Corinna hat für sie ein Fotoalbum mit Bildern von der ganzen Verwandtschaft, angefangen bei den Ururgroßeltern, zusammengestellt, das sich Silvia auch ganz interessiert anschaute. »Ich habe mich dann bei ihr eingehakt und gefragt, ob ich das noch darf. Sie meinte: ›Ja, ja!‹ Ich merkte aber, daß sie sich verkrampfte.«

In ihren Briefen versuchte Corinna ihrer Tochter zu erklären, daß sie nicht freiwillig gehandelt habe, sondern unter dem Druck ihrer Eltern. Sie weiß bis heute nicht, ob Silvia das verstanden hat. Corinna hat ihr versichert, daß sie »keinen Mutteranspruch« habe, aber auf eine Freundschaft hoffe. Die beiden haben sich zunächst im Jugendamt getroffen. »Da saß sie in der Ecke, lächelte ganz freundlich und meinte ein bißchen gönnerhaft: ›Na ja, du warst ja damals noch sehr jung.‹ Ich habe sie nur angesehen und gesagt: ›Weißt du was, ich war nicht zu jung, um dich zu bekommen, also war ich auch nicht zu jung, um dich zu behalten.‹ Sie wurde ganz rot.«

»Sometimes I am very, very angry«, gestand Silvia ihrer Mutter. Aber Corinna fragte nicht, auf wen sie denn wütend sei, aus Angst, Silvia könnte sie meinen. Sie hat auch nicht gefragt, ob ihre Tochter nach ihr gesucht hat. Erst mal möchte sie lieber nicht wissen, daß Silvia daran vielleicht gar nicht gedacht hat. Irgendwann wird sie all diese Fragen stellen. Jetzt freut sie sich einfach, weil sie spürt, wieviel es Silvia bedeutet, daß ihre Mutter nach ihr geforscht hat. »Als wir uns verabschiedet haben, da nahm sie mich bei den Oberarmen, schüttelte mich ein paarmal richtig durch und sagte: ›Wir sehen uns aber wieder!‹ Ihre Augen wurden ganz groß und leuchteten.« Als die beiden sich voneinander verabschiedeten, ließ Corinna ihre Tochter zuerst abfahren und wartete. »Noch mal zuerst fahren, das mache ich nicht, nie wieder!«

Gleich am nächsten Tag schrieb sie ihr einen Brief und schlug ein nächstes Treffen vor. Aber Silvia antwortete erst sechs Wochen später und wollte sich nicht direkt verabreden, weil ihre (Adoptiv-) Mutter sie demnächst besuchen würde. »Ich denke, daß sie in einem starken Loyalitätskonflikt steckt. Offensichtlich guckt die Mutter unglücklich, und das reicht ja schon, um einem Kind ein schlechtes Gewissen zu machen. Das ist wohl die Ursache dafür, daß meine Tochter sich jetzt erst mal wieder zurückgezogen hat. Wir schreiben uns weiter, und wir werden uns sicher wiedersehen, aber da muß ich noch viel Zeit und Geduld investieren.«

Um nichts auf der Welt würde Corinna noch einmal ihr Kind hergeben. »Mit Händen und Füßen und Zähnen würde ich es verteidigen. Ich empfinde das als Verbrechen, der Mutter und dem Kind gegenüber, als Verbrechen einer unmenschlichen Gesellschaft.«

Wie es dazu kommen kann, daß eine Mutter ihr Kind weggibt

Dagmar, Gina, Beatrix, Ute und Corinna teilen eine wichtige Erfahrung, wohl die folgenreichste ihres Lebens: Sie haben ein Kind zur Adoption freigegeben. Doch ihre Geschichten und ihre Motive sind sehr unterschiedlich. Warum geben Frauen ihr Kind weg? Gibt es Merkmale, die diese Frauen gemeinsam haben? [1]

Fast alle abgebenden Mütter haben Geldsorgen. Viele leben in finanzieller Abhängigkeit vom Staat, von den Eltern, dem Ehemann bzw. Exehemann; sie sind Schülerinnen, Studentinnen, Hausfrauen und Arbeitslose. Ein Kind würde weitere lange Jahre ohne eigenes Einkommen bedeuten und die Abhängigkeit zementieren. Eltern und Lebenspartner, die den Lebensunterhalt der Frauen finanzieren, sind es auch oft, die Druck auf die Frauen ausüben: Eltern zwingen ihre Tochter zur Adoptionsfreigabe, Ehemänner und Freunde drohen, die Frau zu verlassen, wenn sie das Kind behält.

Auch wenn wirtschaftliche Probleme oft an erster Stelle angegeben werden, heißt das nicht, daß die abgebenden Mütter nur der unteren sozialen Schicht entstammen. Sie kommen vielmehr aus allen Bereichen der Gesellschaft. Angela Westermann arbeitet in der Adoptionsvermittlung der Caritas in Hildesheim. Sie beschreibt, welche Gruppen von Frauen sie betreut: Minderjährige, die noch zu Hause leben; junge Frauen, die noch in der Ausbildung oder im Studium sind; Sozialhilfeempfängerinnen; Berufstätige ohne feste Perspektive; verheiratete Frauen, die ein außereheliches Kind erwarten.

Nach den Erfahrungen der Vermittlerin haben die abgebenden Mütter unabhängig von den sozialen Unterschieden alle etwas gemeinsam: Die äußeren Lebensumstände und die psychische Verfassung der Frauen sind durch Instabilität und Abhängigkeit gekennzeichnet. Fast alle sind ledig bzw. leben in einer nicht funktionierenden Ehe.

Sie müßten das Kind also ohne Unterstützung des Partners großziehen.
Aus der amtlichen Adoptionsstatistik geht hervor, daß nur rund sechs Prozent der Adoptivkinder aus vollständigen Familien stammen. Die Probleme, die zur Adoptionsfreigabe führen, sind eng verknüpft mit der Lage der Alleinerziehenden in unserer Gesellschaft. Ohne familiären Rückhalt, d. h. ohne einen Ernährer kann der Alltag mit Kindern zur Hölle werden. Es fehlen Kindergartenplätze, es fehlen flexible Teilzeitstellen, es fehlt das Verständnis am Arbeitsplatz, es fehlt rundherum an der Bereitschaft, den Bedürfnissen von Kindern und Eltern Raum zu geben. Ledige Mütter wissen nicht, wie sie die Fürsorge für ein Kind und Berufstätigkeit vereinbaren sollen. Soll eine Kellnerin, die bis Mitternacht serviert, ihr Kind allein zu Hause lassen? Wen soll eine Schichtarbeiterin, die morgens um fünf Uhr das Haus verläßt, bitten, ihr Kind zum Kindergarten zu bringen? Soll eine Sekretärin, die kurz vor Feierabend noch um ein wichtiges Diktat gebeten wird, ihr Kind vor der Haustür sitzen lassen?
Wie schwierig es ist, Broterwerb und Kindererziehung unter einen Hut zu bringen, zeigt auch die Sozialhilfestatistik: 20 Prozent der Sozialhilfeempfänger in Deutschland sind alleinerziehende Mütter und (selten) Väter. Für viele Alleinerziehende besteht also die einzige Lebensmöglichkeit in der Sozialhilfe, das bedeutet, am Rande des Existenzminimums zu leben, ohne eine Perspektive des Aufstiegs, der Entfaltung. Wer einmal Sozialhilfe bezieht, muß fürchten, nie wieder einen guten Job zu bekommen. Sozialhilfeempfängerin zu sein bedeutet, von anderen schief angesehen zu werden, es bedeutet Abhängigkeit von Behörden. Eine Mutter möchte ihrem Kind einfach mehr bieten – und sich selbst natürlich auch.
Wenngleich Geldsorgen bei der Entscheidung zur Adoptionsfreigabe fast immer eine zentrale Rolle spielen, so sind sie am Ende doch nicht ausschlaggebend. Elke Kannenberg, Adoptionsvermittlerin in Berlin, betont: »Es sind nicht die finanziellen Probleme. Entscheidender ist, daß die Frauen sich – aufgrund ihrer eigenen Entwicklung oder der Beziehung zum Partner – überfordert fühlen. Tausende von Frauen sind alleinstehend, rennen zum Sozialamt, um dort stundenlang auf ihr Geld zu warten. Würden Sie denen sagen,

gebt doch euer Kind ab, sie würden Ihnen an die Kehle gehen. Das heißt, diesen Frauen geht es auch schlecht, und trotzdem geben sie ihre Kinder nicht weg.«

Wirtschaftliche Not wirkt oft verschärfend, aber sie allein führt nie zur Adoptionsfreigabe. Es handelt sich in jedem Fall um ein Bündel von Motiven: fehlende Hilfe, Überforderung, Lebenspläne, die mit einem Kind nicht mehr zu realisieren sind, und an erster Stelle: ein unglückliches oder zerbrochenes Verhältnis zum Partner. Eine glückliche oder wenigstens funktionierende Partnerbeziehung ist die absolute Ausnahme, wenn sich eine Frau entschließt, ihr Kind wegzugeben. Oft macht sich der Erzeuger aus dem Staub, weigert sich, die Vaterschaft anzuerkennen. »In extremen Fällen geht das so weit«, berichtet Monika Henk vom Sozialdienst Katholischer Frauen in Köln, »daß Paare sich gemeinsam Kinder gewünscht haben, aber der Mann plötzlich feststellt, so habe er sich das nicht vorgestellt, und die schwangere Partnerin im Stich läßt.« Nach so einer Erfahrung haben Frauen Angst, das Kind könne sie immer wieder an die erlittenen Verletzungen erinnern. Sie geben das Kind zur Adoption frei, um es nicht spüren zu lassen, daß sie ihm die Schuld an ihrem Unglück geben.

Eine »richtige«, eine »normale«, eine »vollständige«, kurz eine glückliche Familie, das wünschen ihren Kindern gerade jene Mütter, die das nicht bieten können. Sie wünschen es nicht nur aus materiellen Gründen, sondern auch, um den gesellschaftlichen Erwartungen gerecht zu werden. Und vielleicht ist ihr Wunsch gerade deswegen so stark, weil sie hoffen, wenigstens für ihr Kind ginge nun in Erfüllung, was sie selbst ihr Leben lang entbehren mußten. »Mir scheint«, sagt die Adoptionsvermittlerin Angela Westermann, »als seien die Frauen, die zu mir kommen, in ihrer Phantasie manchmal selbst das Kind, das es jetzt endlich gut haben soll.« Manche Mutter erkennt sich in ihrem Kind wieder und hofft, daß mit der Weggabe dieses Kindes in »bessere Verhältnisse« endlich ihre eigene Sehnsucht nach Liebe und Geborgenheit gestillt wird.

Eigene Kindheitserlebnisse bilden den Hintergrund, vor dem die Entscheidung zur Adoptionsfreigabe fällt. Die meisten abgebenden Mütter haben sich in ihrer Kindheit vernachlässigt gefühlt, sei es wie bei Beatrix, die schon als Baby mißhandelt wurde, oder wie bei Gina,

deren Mutter sich mehr für Bridge als für die Kinder interessierte. Wer nie Fürsorge erfahren hat, weiß oft nicht, wie sie dem eigenen Kind zu geben ist. Andere sind in Unselbständigkeit aufgewachsen und fühlen sich mit der alleinigen Verantwortung für ein Kind überfordert. Beim Kölner Sozialdienst Katholischer Frauen hat man sich sehr gewundert, als eine junge Schwangere ihr Baby zur Adoption freigeben wollte, obwohl sie sich sehr darauf freute. Grund waren die Warnungen aus ihrem Umfeld, von Eltern, Partner und Freunden: »Du bist so unsicher und hilflos, du packst das nie.« Diese Unkenrufe haben die junge Frau so sehr verunsichert, daß sie sich am Ende selbst nicht mehr zutraute, ein Kind großzuziehen.
Viele Frauen, die ein Kind zur Adoption freigeben, stammen also selbst aus schwierigen Familienverhältnissen. Von 20 abgebenden Müttern, die ein Forscherteam der Gesamthochschule Essen interviewte, verbrachten nur fünf die Kindheit bei ihren Eltern. Die anderen wuchsen in Heimen, Pflegefamilien oder bei den Großeltern auf.[2]
Die Diplompädagogin Christine Swientek bemerkt nach ihren Gesprächen mit 75 »abgebenden Müttern«[3], daß die meisten zwar auf den ersten Blick aus intakten Verhältnissen stammen, doch daß das Familienleben häufig nur äußerlich in Ordnung war. Die von ihr befragten Frauen wurden fast alle ehelich geboren und sind in der eigenen Familie aufgewachsen. Nur elf Frauen wurden von ihren Eltern weggegeben. Auffällig ist aber, daß nur die wenigsten von einer positiven Beziehung zu Vater und Mutter berichten. Die einen verloren Mutter oder Vater schon früh durch Scheidung, Krankheit oder Tod. Den anderen schienen die Eltern unerreichbar, sei es aufgrund ihrer Berufstätigkeit oder eigener starker Probleme. So hatten diese Frauen kein positives Vorbild, um die Mutterrolle zu erlernen.
Ist die Beziehung zu den Eltern belastet, so werden die Konflikte durch die ungewollte Schwangerschaft noch verschärft. Das gilt insbesondere, wenn die werdenden Mütter noch sehr jung sind. Hilfe von zu Hause können die wenigsten erwarten, sofern sie überhaupt noch ein Zuhause haben. Oft sind die Frauen mit ihrer Entscheidungsfindung während der Schwangerschaft und auch nach der Adoption sehr allein. Sie haben weder Verwandte noch Freundinnen oder Freunde, denen sie sich anvertrauen können. »Wenn sie im

vierten oder fünften Monat schwanger bei der Adoptionsvermittlung erscheinen«, erfährt Angela Westermann immer wieder, »dann haben sie sich all diese Monate ganz allein mit ihrer Ratlosigkeit und ihren Zweifeln herumgeschlagen, ohne daß ihnen irgend jemand Unterstützung angeboten hätte.« Auch nach der Adoption haben sie meist niemanden, bei dem sie sich wenigstens aussprechen könnten.

8403 Adoptionen wurden 1992 in Deutschland abgeschlossen. Mehr als die Hälfte waren Verwandtschaftsadoptionen nach Tod oder Scheidung (Stiefvater adoptiert Stieftochter; Onkel adoptiert Neffen, dessen Eltern ums Leben kamen). Die Zahl der Fremdadoptionen ist rückläufig. Wurden 1980 in den alten Bundesländern noch knapp 6000 Kinder von fremden Eltern adoptiert, so waren es 1992 nur noch 3710 und 4071 im Jahre 1993 in ganz Deutschland. Ein Grund dafür könnte sein, daß sich die moralische Position lediger Mütter in unserer Gesellschaft verbessert hat, daß sich also immer mehr unverheiratete Frauen entschließen, ihr Kind zu behalten. Ein anderer Grund könnte in der Verbreitung von Verhütungsmitteln liegen. Vielleicht entscheiden sich auch mehr Frauen als früher für eine Abtreibung.

Bleibt allerdings die Frage, warum Frauen eigentlich im Zeitalter der sexuellen Aufklärung Kinder bekommen, die sie nicht haben wollen. Eine Reihe jüngerer Frauen berichtet immer noch von mangelhaftem Wissen über Verhütungsmittel, nicht selten wurden sie von ihrem Partner überrumpelt oder konnten selbst einfach nicht glauben, daß es schon beim erstenmal passieren würde. Andere haben sich innerhalb der Drei-Monats-Frist nicht für oder gegen eine Abtreibung entscheiden können. Manche haben die Schwangerschaft erst im fünften Monat oder noch später wahrgenommen (das kommt erstaunlicherweise tatsächlich vor).

In allen Fällen wird eins deutlich: Frauen, die ein Kind adoptieren lassen, tragen nicht nur Ablehnung in sich, im Gegenteil, es muß etwas sehr Starkes in ihnen sein, das dieses Kind befürwortet. Junge Mädchen wünschen sich unbewußt eine eigene Familie, suchen eine Gelegenheit, dem Elternhaus zu entkommen, wollen dem Baby endlich die Liebe schenken, die sie selbst so sehr vermißt haben. Frauen, die die Drei-Monats-Frist verstreichen lassen, ohne sich entscheiden zu können, wollen das Kind im Grunde behalten, besser gesagt, etwas

in ihnen möchte es haben und setzt sich zumindest so weit durch, daß es nicht zu einer Abtreibung kommt.
Am Anfang der Adoptionsfreigabe steht also nicht die mangelnde Liebe zum Kind, vielleicht eine falsch verstandene Liebe zum Kind, vielleicht zu wenig Verantwortungsbewußtsein, zuviel Naivität, vielleicht eine gehörige Portion Egoismus. Doch bei fast allen Frauen, die sich zu diesem letzten Schritt entschließen und mit eigener Unterschrift besiegeln, daß sie sämtliche Verwandtschaftsbeziehungen zu ihrem Kind kappen, steht der Gedanke an das Wohlergehen des Kindes im Vordergrund. Sie hätten auch die Möglichkeit, ihr Kind in ein Heim oder zu Pflegeeltern zu geben und sich so immer noch ein Hintertürchen für eine neue Entscheidung offenzulassen. Diese Unsicherheit wollen die meisten abgebenden Mütter ihren Kindern jedoch nicht zumuten.
Eine Adoptionsvermittlerin erinnert sich zum Beispiel an folgenden Fall: »Eine Mutter kam mit ihrem zweijährigen Kind zu uns. Sie hat unheimlich an dem Kind gehangen, und der Kleine hatte eine starke Beziehung zu ihr, so daß ich mich sehr schwergetan habe, das Kind zu vermitteln. Ich habe ihr andere Hilfen, etwa eine Pflegefamilie, angeboten. Ihre Antwort war: Sie denken doch dabei nur an mich, Sie denken doch gar nicht an mein Kind! Und damit hatte sie einfach recht. So wie ich das sah, hätte sie wirklich nicht so schnell und dauerhaft stabilisiert werden können, daß es ihr und dem Kind gutgegangen wäre.«
Was aber, wenn eine Frau ein Kind in die Welt setzt und sich nicht mehr darum kümmert, so daß am Ende nur eine richterliche Entscheidung seine Aufnahme in eine neue Familie ermöglicht, oftmals nach einer langen und schmerzlichen Odyssee durch verschiedene Heime und Pflegefamilien? Ist es Verantwortungslosigkeit, Ignoranz oder Angst vor dem endgültigen Verlust des Kindes, die sie davon abhält, ihre Einwilligung zur Adoption zu geben? Es ist schwer, das herauszufinden, denn diese Mütter stehen weder für Richter und Ämter noch für Interviews zur Verfügung. Haben sie mehrere Kinder, werden diese meist auf verschiedene Heime und Pflegefamilien verteilt.
Haben andere Mütter, die sich bewußt für eine Adoption entscheiden, noch weitere Kinder, so leben diese häufig bei ihnen. Es ist keine

Seltenheit, daß Frauen neben dem zur Adoption freigegebenen Kind noch weitere Kinder haben. Das zeigt, daß sie keine grundsätzlichen Probleme mit Kindern haben; ihre Entscheidung betrifft in der Regel ein bestimmtes Kind zu einem bestimmten Zeitpunkt. Es kommt allerdings auch vor, daß eine Frau mehrere Kinder nacheinander zur Adoption freigibt.

Wie auch immer die abgebende Mutter sich *nach* der Adoption verhält, eigentlich kann sie nur das Falsche tun. Erkundigt sie sich häufig nach dem Wohlergehen des Kindes, so wird ihr nicht selten empfohlen, sie solle doch endlich loslassen, das Kind sei nicht mehr ihr Kind. Fragt sie nicht nach, so ist sie die Rabenmutter, die ihr Kind ganz schnell vergessen hat. Abgebende Mütter vergessen nicht, aber sie verarbeiten die Trennung von ihrem Kind sehr unterschiedlich.

Einige melden sich häufig bei der Adoptionsvermittlungsstelle. Sie können die Adoption besser verkraften, indem sie darüber sprechen, Informationen, vielleicht ein Bild vom Kind erhalten. Manchmal stellen sie den Kontakt ein, wenn sich ihre Lebenssituation entscheidend geändert hat, wenn sie zum Beispiel einen neuen Partner gefunden haben. »Aber den Geburtstag des Kindes vergessen die Frauen nie!« betont Sabine Biwer vom Sozialdienst Katholischer Frauen in Köln.

Andere Frauen lassen nach der Vermittlung nichts mehr von sich hören, sie unterdrücken den Gedanken an das Kind radikal. »Das heißt nicht, daß sie weniger leiden«, meint Sabine Biwer, »sie haben häufig psychosomatische Beschwerden, und irgendwann kommt das Erlebnis wieder hoch.« Viele Frauen denken auch, sie hätten kein Recht mehr, etwas über ihr Kind zu erfahren, oder sie haben Angst, die Adoptiveltern zu verschrecken und den Eingewöhnungsprozeß zu stören. Oft melden sie sich dann Jahre später zu besonderen Anlässen, etwa zur Einschulung oder zur Kommunion.

Es kommt auch vor, daß eine Frau nach der Adoptionsfreigabe keine Kinder mehr bekommen kann. Dann ist die Trauer um das abgegebene Kind besonders groß. Plötzliche und medizinisch nicht erklärbare Unfruchtbarkeit läßt sich auch als eine Art Selbstbestrafung der Frauen dafür, daß sie ihr erstes Kind verlassen haben, deuten. So erklärt sich auch Corinna die Totgeburt ihres zweiten Kindes. (Vgl.

das Kapitel »Corinna: ›Alles, was mit Kindern zu tun hatte, war für mich die Pest‹«.)

Auch wenn es von außen manchmal nicht so aussehen mag, für jede Mutter ist es eine schwere Belastung, ihr Kind wegzugeben. Sie hat während der Schwangerschaft die Entwicklung und Bewegungen des Kindes gespürt, sie hat – trotz aller Sorgen und Vorbehalte – eine emotionale Beziehung zu ihm aufgebaut. Die abgebenden Mütter kämpfen ein Leben lang mit den eigenen Schuldgefühlen und sind gleichzeitig den Verurteilungen und Vorurteilen ihrer Umgebung, auch ihrer engsten Freunde und Verwandten, ausgesetzt.

Anmerkungen

1 Die Ergebnisse unserer Interviews mit den betroffenen Frauen sind natürlich nicht repräsentativ. Wir haben sie mit den Erfahrungen von AdoptionsvermittlerInnen und anderen Interview- und Forschungsergebnissen, u. a. von Golomb / Geller, Christine Swientek und Bechinger / Gerber verglichen. Sofern wir nicht ausdrücklich auf Differenzen hinweisen, kommen alle zu ähnlichen Schlußfolgerungen.

2 Golomb / Geller, Adoptionen zwischen gesellschaftlicher Regelung und individuellen Erfahrungen, Essen 1990.

3 Christine Swientek, Die »abgebende Mutter« im Adoptionsverfahren, Bielefeld 1986.

Die Rechte der abgebenden Mütter und die Praxis der Vermittlungsstellen

Welche Rechte hat eine Frau nach der Freigabe ihres Kindes zur Adoption? Die Frage ist schnell beantwortet: keine. Ist die Adoptionsurkunde beim Notar einmal unterschrieben, hat die leibliche Mutter alle Rechte an ihrem Kind verwirkt: Sie ist nicht mehr mit ihrem Kind verwandt und hat auch keinen Anspruch mehr, etwas über seine Entwicklung zu erfahren oder gar ein Foto zu bekommen. Nur bei der Auswahl der Adoptiveltern wird den Frauen ein Mitspracherecht gewährt – etwa bezüglich der Religion, des Wohnortes oder der Berufe der zukünftigen Eltern. Aber grundsätzlich wird von den Müttern verlangt, daß sie sich radikal von ihrem Kind trennen. In keinem anderen Bereich werden Elternrechte so fundamental unterbunden: Selbst im Falle eines Verbrechens am Kind und dem dadurch begründeten Entzug des elterlichen Sorgerechts bleibt zumindest ein Auskunftsrecht erhalten.[1] Der Bestrafungscharakter der Adoption ist unübersehbar.

Warum verlangt ausgerechnet eine Gesellschaft, die biologische Elternschaft so hoch bewertet, von den abgebenden Müttern diese radikale Trennung? Adoption als Problem von armen, »gefallenen« Frauen – diese Geschichte der Adoption prägt bis heute die Gesetzeslage: In Deutschland wurden nach der Jahrhundertwende viele Säuglinge von Prostituierten vermittelt – dieser Ursprung der Neugeborenen-Adoption beeinflußt immer noch den Umgang mit den abgebenden Müttern. Die abgebende Mutter fiel aus der Kategorie der schützenswerten Familie heraus. Ihre »Triebhaftigkeit« sollte bestraft werden, so die Psychologin Irmela Wiemann.[2] Man ging davon aus, daß diese Frauen sich ja ohnehin nicht für ihr Kind interessierten und Schwangerschaft und Geburt schnell vergessen würden. Dem entspricht, daß die Adoptiveltern bis heute nicht dazu verpflichtet werden, das Kind über seine Herkunft aufzuklären. Erst wenn Adoptierte heiraten, werden sie notgedrungen mit der Adoption konfrontiert: Die für eine Heirat benötigte Abstammungsurkunde enthält den Namen der leiblichen Mutter bzw. der Eltern. In der ehemaligen DDR genügte für die Eheschließung die nach der Adoption neu geschriebene Geburtsurkunde, so daß dort die Kinder über die Tatsache der Adoption nie aufgeklärt werden mußten.

Die Inkognito-Adoption hat sich in Deutschland während des Ersten Weltkrieges und danach durchgesetzt, als die 1910 entstandenen Vermittlungsstellen immer häufiger »Fremdadoptionen« arrangierten. Bis dahin wurden Kinder vorwiegend von Verwandten oder Bekannten adoptiert, so daß in der Regel schon vor der Adoption ein Kontakt zwischen Adoptiveltern, leiblichen Eltern und Adoptierten entstand. Als die Fremdadoptionen zunahmen, machten die Vermittlungsstellen die Erfahrung, daß die Adoptionsbewerber sich zurückzogen, wenn ihr Name und ihre Anschrift den leiblichen Eltern mitgeteilt werden sollten. Die Bewerber wollten ihre Unfruchtbarkeit verbergen und soweit wie möglich dem normalen Familiengründungsmuster folgen.[3] So begannen die Vermittlungsstellen, nur noch Inkognito-Adoptionen durchzuführen.

Vor der Verabschiedung des heute geltenden Adoptionsrechts im Jahre 1976 war noch umstritten, ob die leiblichen Eltern mit der Adoption auch das Umgangsrecht verlieren sollten. Doch die sozialliberale Koalitionsmehrheit entschied, die Inkognito-Adoption zur Regel zu machen. Das Kind sollte unbelastet von seiner Herkunft in der neuen Familie aufwachsen. Die Fachkräfte in der Verwaltung waren damals zufrieden mit diesem Gesetz, »weil es eine rechtliche Klarheit für die Kinder brachte und weil damit gewährleistet war, daß das Kind von den Eltern wie ein leibliches Kind mit allen Rechten und Pflichten angenommen wurde«, so Elke Kannenberg, Leiterin der Adoptionsvermittlung beim Berliner Senat. Die mit der Inkognito-Adoption verbundenen Probleme werden erst seit Mitte der achtziger Jahre erkannt und diskutiert.

Zu diesen Problemen gehört die Situation der abgebenden Mütter, die an dieser Anonymität fast verzweifelt sind. Ulrike, die ihr Kind gleich nach der Geburt freigegeben hatte, erzählt: »Oft wenn ich an meinen Sohn dachte, hatte ich das Gefühl, er ist tot. Weil ich eben kein Lebenszeichen von ihm hatte. Das ist ein unerträgliches Gefühl gewesen. Es war über Jahre so. Weil ich nichts über ihn wußte, dachte ich: Lebt er überhaupt noch? Ich hatte jahrelang Beschwerden in Form von totaler innerer Unruhe, ich war hektisch. Das konnte ich nur mit Tabletten abstellen. Und heute denke ich, daß dieses Nicht-Wissen zu dieser Unruhe geführt hat. Weil ich immer auf der Suche war. Heute habe ich das nicht mehr.«[4]

Ulrike hat in eigener, detektivischer Arbeit den Wohnort und den Namen ihres Sohnes ausfindig gemacht. »Von dem Moment an hat sich irgend etwas aufgetan in mir, irgend etwas wurde wieder lebendig. Wir haben drei Tage gefeiert, zusammen mit Freunden, die das wußten.«

Auch Gina berichtet: »Das erste Jahr nach der Abgabe war ein Trauma. Ich habe nie nachvollziehen können, wieso ich laut Gesetz keine verwandtschaftlichen Beziehungen mehr zu dem Kind haben soll. Ich hab mich gefühlt wie in einem Nebel, weil ich ständig an das Kind gedacht hab, aber nicht wissen durfte, wo es geblieben ist.« Ihre Anrufe beim Jugendamt konnten sie nicht beruhigen. »Der Tochter geht's gut, sie wächst und gedeiht«, bekam sie meistens zu hören. Diese Auskünfte empfand sie als so oberflächlich und nichtssagend, daß sie irgendwann nicht mehr nachfragte. (Vgl. das Kapitel »Gina: ›Diesen Schmerz würde ich kein zweites Mal verkraften‹«.) Vor allem die Schuldgefühle werden durch das Inkognito verstärkt, weil die Frauen ihre Angst, dem Kind ginge es schlecht, nie an der Realität überprüfen können: »Ich habe immer noch ein sehr schlechtes Gewissen. Und hatte immer diese Phantasien: Wie mag es meiner Tochter gehen, wie hat sie ihre Kindheit verlebt, hat sie offene Eltern gefunden, was ist aus ihr geworden?« erzählt Dagmar. Ihre selbstquälerischen Vorwürfe verloren erst an Intensität, als sie mit der Tochter nach 28 Jahren endlich Kontakt aufnehmen konnte. (Vgl. das Kapitel »Dagmar: ›Immer dieses schlechte Gewissen‹«.)

»In vielen Vermittlungsstellen ist große Nachdenklichkeit eingekehrt«, betont Elke Kannenberg. Das veränderte Frauenbild spielt eine entscheidende Rolle. Die mit dem Inkognito verbundene Abwertung und Bestrafung der Frau wird von vielen SozialarbeiterInnen so nicht mehr akzeptiert. Zudem scheinen immer weniger Frauen bereit zu sein, ihre Kinder unter den bisherigen Bedingungen zur Adoption

freizugeben.[5] Doch auch die Kinder leiden unter der Tabuisierung ihrer Herkunft. Die Erfahrungsberichte von Adoptierten zeigen übereinstimmend, daß Adoptivkinder bei Inkognito-Adoptionen mehr oder minder schwere Identitätskonflikte entwickeln. Da ihre Herkunft im dunkeln liegt, können sie die Tatsache, daß sie Kinder zweier Elternpaare sind, kaum verarbeiten. Außerdem verführt die Inkognito-Adoption die Adoptiveltern geradezu zur Verleugnung der Adoption und ihrer eigenen Kinderlosigkeit. Zum Wohl des Kindes ist das nicht. Das Kind wird als Besitz betrachtet, eine für die kindliche Entwicklung positive »Normalisierung« ist nicht möglich. Adoptivkinder leiden unter dieser Geheimniskrämerei, weil sie spüren, daß mit ihnen »etwas nicht stimmt«.[6]
Bei einer Lockerung des Inkognitos müßten die Adoptiveltern den Status der Normalfamilie aufgeben. »Räumt man bei der Interessenabwägung dem Prinzip des Kindeswohls den Vorrang ein, kommt man zu dem Ergebnis, daß eher Adoptiveltern der Verzicht auf die Simulation der biologischen Familie zumutbar ist, als daß das Adoptivkind den Preis dafür zu zahlen hat, daß die Adoptiveltern am Schein familialer Normalität festhalten«, so Christa Hoffmann-Riem.[7]
All dies hat dazu geführt, daß immer mehr Jugendämter ihre Vermittlungspraxis verändern und bereit sind, das Inkognito vorsichtig zu lüften. So holen heute viele Jugendämter bei den Adoptiveltern Informationen über das Kind ein, falls die Mutter das wünscht. Aber längst nicht alle Ämter beteiligen sich an dieser flexibleren Handhabung, obwohl das Gesetz den Vermittlerinnen und Vermittlern diesen Ermessensspielraum läßt. Abgebende Mütter sind ganz und gar vom »good will« der SozialarbeiterInnen abhängig. Treffen sie im Amt auf einen Verfechter der Inkognito-Adoption, haben sie keine Chance.

Behördenwillkür: Die leibliche Mutter als Störenfried

Rita ist 53 Jahre alt, eine gebrochene und psychisch kranke Frau. Wir sprechen während eines dreimonatigen Kuraufenthalts in einer psychosomatischen Klinik mit ihr. Sie hat die Adoption ihres Sohnes Micha nie verwunden. Daß sie über die Entwicklung des Kindes nichts, aber auch gar nichts erfahren durfte, hat sie buchstäblich verrückt gemacht. Sie mußte sich mehrmals in stationäre psychiatrische Behandlung begeben, weil sie unter Angstzuständen und Wahnvorstellungen leidet. Überall sieht sie Kinder, die seelisch gefoltert werden. Rita war in großer materieller Not, als sie das Kind zur Adoption freigab. Ihr Mann ist 1970 tödlich verunglückt. Aus dieser Ehe hat sie zwei Töchter. Ein Jahr später wurde Rita von einem anderen Mann schwanger. Abtreibung war damals in Deutschland noch verboten. Im November 1971 brachte sie einen Sohn zur Welt. Nach der Entbindung nahm sie das Kind noch sechs Wochen mit nach Hause, danach kam das Baby auf ihren Wunsch hin in eine Pflegefamilie, die das Kind adoptieren wollte. Sie hatte keine Kraft, und wie sie sagt, auch kein Geld mehr für ein drittes Kind. Dem Vater ihres Sohnes, einem verheirateten Mann, hatte sie von ihrer Schwangerschaft nichts erzählt. »Ich wollte ihn damit nicht belasten«, sagt sie nur. Mit ihrer niedrigen Witwenrente – sie bekam damals 381 Mark – sah sie keine Möglichkeit, noch ein Kind zu ernähren. Ihr Einkommen reichte schon für sie und die Töchter kaum zum Leben aus, und von ihrer eigenen Familie erhielt sie keine Unterstützung.

»Aus finanzieller Not und aus Verzweiflung« habe sie schließlich in die Adoption eingewilligt, sagt sie. Aber sie hielt auch das feindselige Klima in ihrer Umgebung nicht aus. »Frauen, die uneheliche Kinder hatten, waren Huren.« Auch ihre eigene Mutter schämte sich und beschimpfte sie als Nutte. Daß sie das Baby zunächst sechs Wochen zu Hause versorgte, war ein letzter verzweifelter Versuch, das Kind zu behalten. Doch dann ging sie zum Jugendamt. »Ich habe Fotos gemacht und mich von ihm verabschiedet«, seufzt Rita. »Es war schwer«, fügt sie nach einer Pause hinzu. »Es hat keiner zu mir gesagt, mach das nicht, gib dein Kind nicht weg, du wirst es bereuen«, erinnert sie sich. Im Gegenteil: Vom Jugendamt fühlte sie sich zur Adoption ermuntert. Im Juni 1972 unterschrieb sie eine Verzichtserklärung.

Sie versuchte weiterzuleben, als ob nichts gewesen wäre. 1977 erkrankte ihre Mutter an Krebs, Rita übernahm die Pflege. Die krebskranke Frau sprach jetzt oft über Ritas jüngeren Bruder, der im Alter von dreieinhalb Jahren verstorben war. »Meine Mutter hat immer von ihrem toten Sohn gesprochen, ich durfte aber nie von meinem lebenden Sohn sprechen«, erzählt sie. Wahrlich eine Situation zum Verrücktwerden. »Ich hätte so gern mal darüber geredet, aber wenn man immer nur Vorwürfe und ›Du bist selber schuld‹ zu hören kriegt, bleibt man still.« Doch sie dachte immer an das Kind, an Weihnachten und zu Ostern, an seinem Geburtstag und als für ihn die Schulzeit begann. »Ich konnte das nicht abstellen.« Sie weinte sehr oft, ohne daß sie genau sagen konnte, warum. Sie bettelte auf allen möglichen Ämtern. »Ich hab geweint: Kann man mir nicht einmal sagen, wie es ihm geht? Nur ein Foto!« Immer wurde sie abgewiesen. »Nein, wir dürfen das nicht«, antworteten die SozialarbeiterInnen stur. »Das ist so, als ob das Kind tot wäre«, sagt Rita, »ich habe mir dann eine eigene Welt aufgebaut.«

1982, nach dem Tod der Mutter, kam sie zum erstenmal in eine psychiatrische Klinik. Sie brach zusammen, traute sich vor lauter Angst nicht mehr auf die Straße. Zwanzig Jahre nach Michas Geburt schickte sie diese Zeilen ans Jugendamt: »Wir wünschen eine Lebensverbindung. Wann können wir auf einen Lebensruf hoffen?«

Wir – damit meint Rita sich und ihren Sohn. Obwohl sie ihn nicht kennt, lebt sie in einer ideellen Symbiose mit ihrem Kind.[8] Rita hat viele Erfahrungsberichte anderer adoptierter Kinder gelesen. Sie weiß, daß Adoptivkinder sich insgeheim fragen, warum ihre leibliche Mutter nicht nach ihnen sucht, und unbewußt auf ein Lebenszeichen warten. Das möchte sie sich nicht vorhalten lassen. »Für mich war wichtig, daß niemand sagen kann, ich hätte nichts versucht.«

Rita hatte eigentlich kein ungewöhnliches Anliegen: Sie bat die MitarbeiterInnen des Jugendamtes in Peine, den Sohn und seine Eltern davon zu informieren, daß sie Kontakt zu ihm aufnehmen wolle. Zumindest erhoffte sie sich ein paar Auskünfte über das Befinden

ihrers Sohnes. Doch Rita stieß auf Granit. Irgendwann ging sie zu einem Anwalt.
Seit seinem 16. Lebensjahr hätte Micha das Recht gehabt, über das Jugendamt Kontakt zu seiner leiblichen Mutter aufzunehmen. Doch das tun die wenigsten Kinder in diesem Alter, auch Micha unternahm nichts. Nur das Kind habe laut Adoptionsgesetz das Recht, etwas über seine Herkunft zu erfragen, schrieb Jugendamtsleiter Jaenicke Ritas Anwalt zurück. »Ich bin deshalb nicht befugt, Ihnen irgendwelche Auskünfte über das zur Adoption freigegebene Kind weiterzuleiten.« Dem Briefwechsel konnte Rita entnehmen, daß auch das Jugendamt nichts über die Entwicklung ihres Sohnes wußte. »Sicherlich« habe der Sohn eine liebevolle Familie gefunden, habe Eltern, Großeltern, Verwandte: »Da der Sohn bisher kein Verlangen danach hatte, etwas über seine Vergangenheit zu erfahren, gehe ich auch davon aus, daß er sehr liebe Eltern hat und sich in seiner Familie wohl fühlt«, versuchte der Jugendamtsleiter sie zu beruhigen. Ihren inneren Frieden fand Rita nach diesen Sätzen nicht. Rechtsanwalt Jochen Plitt korrespondierte lange mit dem Jugendamt. Sein Argument: Die Auskunftserteilung liege »im pflichtgemäßen Ermessen« des Jugendamtes. Hierbei sei zu berücksichtigen, daß das Kind mittlerweile 20 Jahre alt sei – alt genug, um mit seiner Herkunft konfrontiert zu werden. Außerdem sei Rita seit vier Jahren in psychotherapeutischer Behandlung. Im Zuge der Aufarbeitung ihrer verdrängten Probleme verspüre sie das Bedürfnis nach Kontakt. Es sei mit großer Wahrscheinlichkeit ihrer psychischen Gesundung »zuträglich«, wenn sie im Rahmen der Verarbeitung psychischer Traumata Kontakt zu ihrem Sohn erhalte. Aufgrund der dargelegten Umstände dürfe das private Interesse an der Kontaktaufnahme das öffentliche Geheimhaltungsinteresse überwiegen.
Das Jugendamt blieb bei seinem Nein. »Es besteht keine Rechtsnorm, die mich verpflichten könnte, das Inkognito aufzuheben«, betonte Jugendamtsleiter Jaenicke. Ob und zu welchem Zeitpunkt der Sohn über die Adoption informiert werde, müsse allein der Adoptionsfamilie überlassen bleiben. Außerdem verbiete es sich geradezu, die Adoptivfamilie und den Sohn mit den psychischen Problemen der Mutter zu »belasten«. »Es muß auch bezweifelt werden, daß Ihrer Mandantin hierdurch geholfen werden kann«, fügte der Jugendamtsleiter hinzu – übrigens wider alle psychotherapeutische Erfahrung.

Rita zog vor das Verwaltungsgericht Braunschweig. Doch ihre Klage wurde abgewiesen. Das Gericht unterstützte das Jugendamt: Sie darf über ihren Sohn nichts erfahren. Daß das Jugendamt nicht an die Adoptivfamilie herangetreten sei, um sie über den Kontaktwunsch der leiblichen Mutter zu informieren, sei nicht zu beanstanden (AZ 5A 5375/92). Rita beantragte Prozeßkostenhilfe. Doch das Oberverwaltungsgericht Lüneburg lehnte auch diesen Antrag ab. Jetzt muß sie die Kosten des Verfahrens in monatlichen Raten abzahlen. Um den Instanzenweg weiter zu beschreiten, fehlen ihr die finanziellen Möglichkeiten.

Von anderen Adoptionsvermittlungsstellen wird das Jugendamt Peine scharf kritisiert. »Reine Behördenwillkür« nennt Elke Kannenberg aus Berlin das Vorgehen der Kollegen. Als Adoptionsvermittlerin wäre sie an die Familie herangetreten, um sie und den Sohn über den Kontaktwunsch seiner leiblichen Mutter zu informieren. Ihr Standpunkt: »Es ist nicht Sache des Jugendamtes, darüber zu befinden, ob der Sohn mit seiner Mutter Kontakt aufnehmen möchte. Ich wäre außer mir, wenn mir ein Amt diese Entscheidung vorenthalten würde.«

Natürlich sei die leibliche Mutter nicht mehr verwandt mit dem Kind und habe keine Rechte mehr, so Elke Kannenberg: »Ich kann mich auf diesen Standpunkt stellen und sagen, rechtlich ist das so geregelt, das ist keine Aufgabe der Jugendämter, aber ob ich mich dann noch Sozialarbeiterin nennen darf oder Fachkraft für Adoptionsvermittlung, ist die Frage.« Darin spiegelt sich das Dilemma der heutigen Vermittlungspraxis wider. Insbesondere in Westdeutschland nehmen immer mehr Vermittlungsstellen die psychischen Nöte der abgebenden Mütter ernst und helfen beim Wunsch nach Information oder Kontakt, so gut sie können. Doch dieser sozialpädagogische Ansatz findet im Gesetz keinen Niederschlag. Gewiß, neben dem Adoptionsgesetz gibt es noch Empfehlungen zur Praxis der Adoptionsvermittlung, beschlossen von allen Landesjugendämtern. Darin enthalten ist ein Passus, wonach die Mutter bei ihrem Wunsch nach Information unterstützt werden soll. Alle Landesjugendämter in Deutschland haben diesem Passus zugestimmt. Aber es sind Empfehlungen, mehr nicht. Die Jugendämter müssen sich nicht daran halten. Und manche halten sich eben nicht daran, wie der Fall aus Peine zeigt.

Frischer Wind: Halboffene und offene Adoptionen

Wie viele Jugendämter heute noch an der Inkognito-Adoption festhalten, läßt sich nicht genau feststellen. Der Pädagoge Martin Textor nennt für Bayern folgende Zahlen: Eine Befragung von 117 Fachkräften ergab, daß sechzig Prozent der Befragten die reine Inkognito-Adoption streng nach den Buchstaben des Gesetzes »negativ« oder »sehr negativ« bewerten. Umgekehrt werden offene Adoptionen von einem Viertel der befragten Fachkräfte abgelehnt. Die Hälfte der befragten VermittlerInnen sympathisiert mit »halboffenen« Adoptionsformen.[9] Auf einer Tagung der für die norddeutschen Bundesländer zuständigen »Gemeinsamen Zentralen Adoptionsstellen« (GZA) wurde vorgetragen, daß »eine nicht zu unterschätzende Anzahl von Erfahrungen mit offener oder geöffneter Adoption vorliegt«. So berichtete immerhin gut ein Drittel der Teilnehmer, daß sie eine oder mehrere halboffene, und etwa ein Viertel, daß sie eine oder mehrere offene Adoptionen durchgeführt hätten.[10] Das bedeutet jedoch, daß die Adoptionsvermittlung in der Bundesrepublik auch heute noch überwiegend an der Wahrung der Anonymität aller Beteiligten orientiert ist, um die Adoptivfamilie vor Belästigungen durch die Herkunftsfamilie zu schützen und ein »normales« Familienleben zu gewährleisten.

Halboffene Adoptionen

Bei diesen Adoptionen kennen die abgebenden Mütter die Adresse der Adoptiveltern nicht – aber sie haben in irgendeiner Form Kontakt zu der Familie ihres Kindes. Wie weit Adoptionen von den Ämtern »geöffnet« werden, hängt von den jeweiligen SozialarbeiterInnen, den abgebenden Müttern und vor allem auch von den Adoptiveltern ab. Manche Vermittlungsstellen akzeptieren heute nur noch Adoptiveltern, die sich bereit erklären, die leibliche Mutter über die Entwicklung des Kindes zu informieren. Freilich können die Adoptiveltern diese Vereinbarung später jederzeit aufkündigen – das Gesetz

haben sie auf ihrer Seite. Kinderlose Ehepaare wünschen sich oft so sehr ein Kind, daß sie den VermittlerInnen zunächst alles versprechen. »Wir haben, sehr zu unserer Verärgerung, immer wieder die Situation, daß die Adoptiveltern nach drei bis vier Jahren schreiben: Nun muß es genug sein, wir haben zwei-, dreimal Fotos geschickt, nun ist es unser Kind, nun soll die Mutter sich mit ihrer Entscheidung abfinden, wir wollen das nicht mehr«, erzählt Elke Kannenberg, Leiterin der Adoptionsvermittlung beim Berliner Senat. Von einem vielleicht extremen Beispiel haben wir durch eine Hamburger Adoptionsvermittlungsstelle erfahren: Die Sozialarbeiterin versuchte eine halboffene Adoption zu vermitteln. Vor der Freigabe des Kindes haben sich die leibliche Mutter und die Adoptiveltern kennengelernt. Der Säugling wurde von der abgebenden Mutter persönlich übergeben. Sie wollte weiterhin Kontakt zu dem Kind. Die Adoptiveltern haben das mittlerweile erwachsene Kind jedoch nie über die Adoption aufgeklärt. Die abgebende Mutter konnte ihren Wunsch, mit ihrem Kind in Verbindung zu bleiben, nie verwirklichen. Wenn die Adoptiveltern den Kontakt zur leiblichen Mutter ablehnen, sind auch aufgeschlossene VermittlerInnen machtlos.
Halboffene Adoptionsformen können sein:

1. Einbeziehung der leiblichen Eltern in die Auswahl der Adoptiveltern.
2. Einmaliges Zusammentreffen von leiblichen Eltern und Adoptiveltern, zum Beispiel in der Adoptionsvermittlungsstelle unter Wahrung des Inkognitos.
3. Fortlaufende wechselseitige Information, Austausch von Briefen, Fotos und Berichten über die Entwicklung des Kindes über die Adoptionsvermittlungsstelle, ohne daß die leibliche Mutter die Anschrift der Adoptiveltern kennt.

Halboffene Adoptionen sind vor allem für die abgebenden Mütter eine große Entlastung. Sich von den Adoptiveltern einen persönlichen Eindruck zu verschaffen ist oft eine erleichternde Erfahrung.

»Nur das Beste für ihr Kind« – eine halboffene Adoption

Gabi und Jürgen Obermeier wohnen mit ihren beiden Adoptivkindern in einem Hamburger Vorort: Reihenhäuschen, kleiner Garten, er arbeitet als Jurist, sie als Grafikerin. Mit ihrer Tochter Julia praktizieren sie eine »halboffene Adoption« und leben gut damit. Sie haben Dorothee, Julias leibliche Mutter, schon vor der Geburt kennengelernt. Die Obermeiers fanden sie sehr sympathisch und haben nur Positives über sie erzählt. Wir konnten Dorothee leider nicht kennenlernen. Wir haben sie zwar über das Jugendamt um ein Interview gebeten, sie hat auf unseren Brief aber nicht geantwortet.

Das erste Treffen auf dem Jugendamt haben Gabi und Jürgen Obermeier so erlebt:

»Wir sind kurzfristig zur Adoptionsvermittlung auf das Jugendamt gebeten worden. Da saßen uns eine hochschwangere Frau und ein Mann gegenüber. Die Adoptionsvermittlerin fragte die beiden nach unserem Gespräch, ob sie uns als Eltern ihres Kindes akzeptieren könnten. Beide sind vor die Tür gegangen, um sich zu besprechen. Dann kamen sie wieder herein und haben ja gesagt.

Dorothee hat sich ganz gezielt nach unseren Berufen erkundigt. Als ich sagte, ich sei Jurist und meine Frau sei Grafikerin, paßte das beiden ganz gut. Die Kreativität und das Analytische, das ist eine Vielfalt, die in die Erziehung mit einfließt, und das hat Dorothee gefallen. Sie wollte das Beste für ihr Kind. Sie hat auch nach Charaktereigenschaften gefragt, wie wir vom Jugendamt gehört haben: ob man sich durchsetzen kann, dem Kind Grenzen zeigt, aber auch Liebe und Gelassenheit an den Tag legt. Auch äußerliche Sachen wollte sie wissen: Ein Garten war ihr wichtig, und das künstlerische Element lag ihr sehr am Herzen. Sie kann selber ganz toll malen. Sie hat für Julia auch ein Bilderbuch gemalt.

Das zweite Wiedersehen fand im Krankenhaus statt, nach der Geburt. Julia wurde am Donnerstag geboren, am Freitag waren wir gleich da. Wir haben Dorothee mit einem Blumenstrauß in ihrem Zimmer besucht. Sie war ganz erstaunt, daß wir so schnell kamen. Wir haben gesagt: ›Wir haben doch versprochen, daß wir uns gleich von Anfang an um Julia kümmern.‹ Das fand sie auch gut. Der Vater des Kindes saß ebenfalls da. Das war schon eine merkwürdige Situation, zumal da noch eine Bettnachbarin war, die ganz große Ohren kriegte. Wir haben einen Augenblick geredet, sind dann wieder gegangen und haben Julia ein paar Tage später noch einmal im Krankenhaus besucht. Da haben wir Dorothee zufällig auf dem Gang getroffen. Wir hatten das Gefühl, daß sie aus dem Zimmer gekommen ist, um uns noch mal zu treffen.

Dorothee hat keine Chance gesehen, Julia bei sich zu behalten. Im Elternhaus hatte sie keinen Rückhalt, auch die Partnerschaft mit Julias Vater war nicht auf Dauer angelegt. Sie war 21 und fühlte sich zu jung für ein Kind. Sie hatte ihre Ausbildung noch nicht beendet und wollte in den neuen Ländern ein Praktikum für die Kunsthochschule machen, das wäre dann nicht mehr gegangen. Sie konnte dem Kind nicht die besten Startchancen bieten, deshalb hat sie sich gezielt Eltern ausgesucht, die dem Kind die besten Möglichkeiten geben können. Wir haben auch ihren Lebenslauf bekommen, sie war als Kind nicht ganz einfach, hat versucht, aus dem Kindergarten wegzulaufen, und hatte ganz früh einen eigenen Willen.

Julia hat ihren Namen von ihrer leiblichen Mutter. Wir haben ihr keinen anderen Namen gegeben. Es ist wichtig, daß Julia Julia ist, das ist doch der Anfang ihrer Identität. Wir haben von Anfang an respektiert, daß Dorothee dem Kind etwas mitgeben kann, was bleibt. Wenn wir ihr den Namen wegnehmen, nehmen wir auch etwas von der leiblichen Mutter weg. Wir haben ihr den zweiten Namen Annabel gegeben, Julia Annabel.

Wir stehen seit der Geburt über das Jugendamt mit Dorothee in Verbindung und schreiben ihr, wie sich Julia entwickelt. Wir haben ihre Adresse, wir können jederzeit direkt mit ihr Kontakt aufnehmen, wenn irgend etwas ist. Nur Dorothee muß über das Jugendamt gehen, sie hat unsere Adresse nicht. Wir haben das von Anfang an so abgemacht.«

Obwohl sie wissen, daß Dorothee sie ausfindig machen könnte, wenn sie nur wollte, zögern Gabi und Jürgen Obermeier, der leiblichen Mutter ihre Anschrift mitzuteilen. »Wir sind bisher ganz gut damit gefahren, wie es jetzt ist«, meint Jürgen Obermeier. »Wenn Julia Fragen stellt, dann ist es an der Zeit, Dorothee zu besuchen. Wenn wir

uns treffen, dann sieht sie sowieso unser Nummernschild.« – »Sie weiß doch sowieso, daß wir aus Hamburg kommen«, fällt ihm seine Frau ins Wort. »Eigentlich ist die Adresse nicht so bedeutsam«, findet Jürgen Obermeier, um dann laut darüber nachzudenken, daß man ihr »vielleicht doch zuerst nur die Telefonnummer und nicht gleich die Anschrift gibt«.
Warum sie so zögern, können sie selbst nicht genau erklären. Ist es die Sorge, Julia könnte zwischen der leiblichen Mutter und ihnen hin und her gerissen sein? »Eigentlich nicht«, wehrt Jürgen Obermeier ab. »Es ist ja nicht so, daß man sich so häufig treffen würde, und wenn die Kinder älter sind, machen sie sich sowieso auf die Suche nach ihren Wurzeln.« Die Obermeiers können recht offen und relativ unbefangen mit der Adoption umgehen – Gabi Obermeier hat der dreijährigen Julia auch schon erklärt, daß sie nicht aus ihrem Bauch kam. Trotzdem ist ihnen ein bißchen unbehaglich zumute, wenn sie sich noch mehr Offenheit vorstellen. Hinter ihrem Zögern verbirgt sich vielleicht einfach nur der Wunsch, doch eine ganz »normale« Familie zu sein.

Die offene Adoption – noch immer die Ausnahme

Susanne wünschte sich eigentlich eine offene Adoption – fand jedoch bei dem für sie zuständigen Jugendamt keine dafür aufgeschlossene Vermittlerin. »Das Jugendamt hat mich und meinen Mann von vornherein in die Schranken gewiesen und gesagt: Es gibt nur den Weg der anonymen Adoption. Uns wurde dann lediglich ein Paar als Adoptiveltern genannt. Natürlich suchte die Angestellte des Jugendamtes möglichst viele Parallelen zwischen uns und diesem Elternpaar. Aber wir hatten eigentlich keine Auswahl.«
Später wollte Susanne gerne Fotos von ihrer Tochter. Sie rief mehrmals beim Jugendamt an, weil man dort auf ihre Wünsche zuerst nicht reagierte. Sie wußte nicht, wie die Adoptiveltern ihre Bitte aufgenommen hatten. »In einem letzten Telefonat, das eine dreiviertel Stunde dauerte, mußte ich noch mal sämtliche Beweggründe nennen, warum wir diese Bilder so gerne haben wollten. Es war grausam. Da

wir uns aber in den Kopf gesetzt hatten, diese Bilder zu bekommen, haben wir uns noch mal an das Jugendamt gewandt. Hätte die Adoptivfamilie sich gänzlich dagegen gesperrt, dann hätten wir das akzeptieren müssen.«

Susanne hatte Glück. Durch einen Zufall erfuhr sie den Namen und die Adresse der Adoptiveltern und konnte so direkt mit ihnen Kontakt aufnehmen. »Selbstverständlich ist der erziehende Vater sehr erschrocken gewesen über meinen Anruf. Damit und auch mit seinem Weinen habe ich gerechnet. Deshalb hab ich das Telefonat immer wieder verschoben, aber es stand für mich fest, daß ich dieses Telefonat führen wollte, um zu spüren, wie es unserer Tochter mit diesen Eltern gehen könnte.

Ich habe mit dem Vater gesprochen, einige Fragen gestellt, habe versucht, ihm klarzumachen, warum wir überhaupt zur Adoption bereit waren, warum wir unsere Tochter nach der Geburt von ihnen abholen und versorgen ließen. Mir war sehr wichtig, ihn wissen zu lassen, warum wir diesen Weg gegangen sind, um nicht letztendlich als sogenannte Rabeneltern dazustehen, nicht diesen gängigen Vorurteilen ausgesetzt zu sein. Die habe ich in gewisser Weise bei ihm gespürt. Sehr stark war er an meinen Beweggründen nicht interessiert. Ich hatte aber das Gefühl, daß er unsere Tochter akzeptiert und sie gerne bei sich hat. Ich habe nie an meiner Entscheidung gezweifelt. Ich war nie in Versuchung, um das Haus herumzuschleichen, um unsere Tochter zu sehen, dort anonyme Anrufe zu tätigen oder was auch immer. Mir und meinem Mann geht es darum, unsere Tochter in guten Händen zu wissen.«

Wirklich offene Adoptionen, bei denen die abgebende Mutter nach einer Phase des anonymen Kontakts auch Namen und Adresse der Adoptiveltern erfährt, gibt es ganz selten. Die meisten Vermittler und Vermittlerinnen schrecken vor offenen Adoptionen zurück. Die Identifikation mit den Adoptiveltern und deren Bedürfnis nach einem ungestörten Familienleben spielten dabei wohl eine Rolle, aber auch das Mißtrauen den abgebenden Müttern gegenüber. Manchmal mangelt es auch nur an Erfahrung und an Mut zu solchen Neuerungen. So bekennt Christa Steinhauer, Sozialarbeiterin des Kölner Adoptionsamts, daß sie sich »dieses ganz Offene« meistens nicht zugetraut hat. »Weil ich nicht einschätzen konnte, ob sich die leibliche Mutter an die Vereinbarungen halten würde, die wir getroffen haben, und tatsächlich nicht ohne Absprache auf die Familie zugeht.« Für Elke Kannenberg aus Berlin gehört zur Adoption das Inkognito – der leiblichen Mutter sollten also weder Name noch Adresse der Adoptiveltern bekannt sein: »Wir müssen sehr unterschiedliche Fälle berücksichtigen und auch die Mütter in Betracht ziehen, die ihre gesamte Problematik in die Adoptivfamilie hineintragen können.« Sie zitiert einen Fall, bei dem eine offene Adoption mißlungen war: Die abgebende Mutter begann mit dem Adoptivvater ihres Kindes einen Streit über Fragen der Erziehung. Das Jugendamt gab der abgebenden Mutter im Grunde recht, auch auf dem Amt war man eher unglücklich über die Erziehungskünste des Adoptivvaters. Aber die Adoption war vollzogen, alle Rechte lagen jetzt in den Händen der Adoptiveltern. Diese verboten der abgebenden Mutter irgendwann den Umgang mit dem Kind, obwohl eine offene Adoption vereinbart war. Vor Gericht gewannen im übrigen die Adoptiveltern. Im Konfliktfall haben solche Absprachen keinen Bestand.

»Es gibt auch Beispiele für mißlungene Inkognito-Adoptionen« – mit diesen Worten reagiert Brigitte Löw, Adoptionsvermittlerin im hessischen Friedberg, auf solche Negativ-Beispiele. Sie ist seit zehn Jahren in der Adoptionsvermittlung tätig und führt heute fast nur noch offene Adoptionen durch. Ihre Erfahrung: »Obwohl die Frauen die Adresse kennen, rücken sie der Adoptivfamilie nicht auf die Pelle. Ganz im Gegenteil: Wenn die Adoptiveltern sich öffnen, kommt die leibliche Mutter endlich zur Ruhe und zieht sich zurück.«

Brigitte Löw vermittelt zwar auch Inkognito-Adoptionen, aber nur auf ausdrücklichen Wunsch der abgebenden Mütter. Nicht jede Frau sieht sich zu einer offenen Adoption in der Lage. »Etwa ein Viertel aller Abgebenden will davon nichts wissen«, so die Erfahrung von Brigitte Löw. »Diese Frauen wünschen keinen Kontakt zu den Adoptiveltern und wollen weder durch Fotos noch durch Briefe an das Kind erinnert werden. Sie glauben, daß sie ihren Schmerz über die Weggabe des Kindes so am besten vergessen können. Ich sage denen immer, daß das eine Illusion ist, aber ich mache es inkognito, wenn die Abgebenden das unbedingt wollen.«

Den Unterschied zwischen offener und Inkognito-Adoption hat die

Vermittlerin so erlebt: »Die Konfrontation mit dem Schmerz der leiblichen Mutter ist sehr viel direkter. Oft ist es schwer, diesen Schmerz bei den Treffen von abgebender Mutter und Adoptiveltern direkt mitzuerleben. Dabei fühlt man sich sehr hilflos. Um solche Situationen machen viele Kolleginnen lieber einen Bogen.« Außerdem sei bei offenen Adoptionen der Arbeitsaufwand größer. »Inkognito-Adoptionen sind einfacher und schneller zu bearbeiten: Adoptiveltern aussuchen, Kind vermitteln, fertig«, sagt Brigitte Löw. »Bei offenen Adoptionen kommen die vielen Treffen dazu. Man muß den Kontakt zwischen Abgebenden und Adoptivfamilien vorbereiten und die ersten Treffen auch begleiten.« Und dafür, meint sie, sei die Personaldecke der Jugendämter viel zu dünn.

Die zweite Hürde sind die Adoptiveltern: Sie müssen für offene Adoptionsformen meistens erst gewonnen werden. Das kostet Zeit und Überzeugungsarbeit. Brigitte Löw: »Es ist erst mal schwieriger, weil man nicht einfach sagen kann: Ich kann keine eigenen Kinder kriegen und möchte deshalb für mich ein Kind adoptieren. Punkt. Adoptiveltern müssen eigentlich in erster Linie an das Wohl des Kindes denken, nicht in erster Linie an sich selbst.« Das bedeutet, sich von der Illusion zu verabschieden, eine normale Familie gründen zu können. Genau davor schrecken Adoptiveltern zurück. Sie haben Angst, daß da noch eine »miterziehen« und »hineinregieren« könnte.

Die Adoptiveltern Edith und Ulrich Kolbe wollten deshalb keine offene Adoption: »Das hätten wir dem Kind nicht zumuten wollen. Dazu gehört eine gewisse Reife, die Mutter sozusagen noch mitzubetreuen. Ich glaube, es ist für das Kind nicht gut, mehrere Bezugspersonen zu haben. Wir wollten klare Verhältnisse. Wir wollten das Kind wie ein eigenes annehmen, ohne zu vertuschen, daß es adoptiert ist. Offene Adoption ist eine Überforderung der Adoptiveltern. Man spricht ihnen Elterngefühle ab, denn die leibliche Mutter wird höher geschätzt als die Adoptiveltern. Ich denke, die Kinder sind auch überfordert und hin und her gerissen. Wenn da immer noch die leibliche Mutter im Hintergrund ist, habe ich das Gefühl, da erwartet einer was von mir. Ich will gar nicht von Kontrolle reden, aber irgendwo ist da noch jemand, der Anspruch anmeldet. Vielleicht gibt es Leute, die das schaffen, ich persönlich kann das nicht.« Die Adoptiveltern Heide und

Bernd Wagner hegen sogar 16 Jahre nach der Adoption noch die Befürchtung, daß die Tochter, die sie schon als Säugling adoptiert haben, »zwischen zwei Stühlen sitzt und nicht weiß, wo sie hingehört, wenn die Mutter aufkreuzt«. Diese Vorstellung gibt Anlaß zu besorgten Spekulationen: »Sie würde sich bestimmt hier einmischen wollen, in die Erziehung oder in die Schulausbildung. Das möchte ich nicht«, betont Frau Wagner. »Wenn später vielleicht ein loser Kontakt entsteht, wenn Erziehung und Ausbildung abgeschlossen sind, dann vielleicht ja.«

Adoptivkinder spüren, daß ihre Eltern nur mit großer Angst an die leibliche Mutter denken, und geraten in Loyalitätskonflikte, wenn sie sich für ihre Herkunft interessieren. Offene Adoption kann sich das Adoptivkind Britta deshalb nur als »Alptraum« vorstellen: »Für meine Mutter, also meine Adoptivmutter und mich wäre es überhaupt nicht gut gewesen. Meine Mutter hätte die Angst nicht vertreiben können. Diese Angst, daß das adoptierte Kind doch nicht ganz zu einem gehört, die bleibt. Und meine leibliche Mutter, also die Erika, hätte ihren Mund bestimmt nicht halten können und sich in die Erziehung eingemischt.« Britta glaubt, daß das Verhältnis zu ihrer Adoptivmutter sehr belastet gewesen wäre, wenn sie schon als Kind ihre leibliche Mutter gekannt hätte: »Ich hätte nie so eine Beziehung zu meiner Familie aufbauen können. Ich hätte mich bedankt, wenn meine Mutter irgendwann vor der Tür gestanden hätte, um mich zu holen. Abgebende sind oft innerlich zerrissen. Wenn beide Seiten vernünftig sind, kann der Kontakt funktionieren. Aber man kann nie vorher einschätzen, was später passiert.«

»Offene Adoption steht und fällt mit der Haltung der Adoptiveltern«, glaubt die Frankfurter Familientherapeutin Irmela Wiemann. Die Kinder werden dann überfordert, wenn die Erwachsenen sie in Loyalitätskonflikte stürzen, wenn – wie Britta erzählt – Adoptivmütter etwa voller Angst sind, das Kind könne die leibliche Mutter ihnen vorziehen. Natürlich darf auch die abgebende Mutter nicht anfangen, um die Gunst des Kindes zu werben.

Irmela Wiemann hat in ihrer praktischen Arbeit mit Pflege- und Adoptivkindern beobachtet, daß Kinder bei offenen Adoptionen »befreiter und mit weniger Angst aufwachsen und außerdem ein besseres Selbstwertgefühl entwickeln«. Der Grund: »Sie haben einen stärkeren Realitätsbezug, wissen über die Situation der leiblichen Eltern besser Bescheid und fühlen sich selbst weniger schuldig.« Oftmals entwickeln Adoptierte starke Schuldgefühle, weil sie denken, mit ihnen sei irgend etwas nicht in Ordnung. Auch die kindliche Identitätsbildung gelingt bei offenen Adoptionen besser. »Es ist schon eine Aufwertung für das Kind, wenn es erlebt, meine leibliche Mutter guckt nach mir, das bin ich ihr wert«, so Psychologin Wiemann.

Offene Adoption: Ein Schutz für das Kind?

Interview mit der hessischen Adoptionsvermittlerin Brigitte Löw

Frage: *Wie kamen Sie auf die offene Adoption?*

Brigitte Löw: Das ist auf Wunsch der Betroffenen entstanden. Konkret war das 1984 durch eine leibliche Mutter, die gesagt hat, sie könnte sich nur vorstellen, ihr Kind zur Adoption freizugeben, wenn sie wüßte, was das für Leute sind, wie sie leben und wenn sie sie mal kennenlernen könnte. Ich habe gesagt, daß ich das verstehen kann, und so hat sich meine erste offene Adoption entwickelt. Ich habe die Erfahrung gemacht, daß das nicht nur möglich ist, sondern wirklich eine Erleichterung für alle Beteiligten darstellt, sowohl für die Mutter als auch für die Adoptiveltern. Seither habe ich das immer wieder angeboten. Ich habe bis heute etwa siebzig offene Adoptionen vermittelt und nur positive Erfahrungen gemacht.

Warum können Sie offene Adoptionen durchführen, obwohl doch laut Gesetz Inkognito-Adoptionen vorgeschrieben sind?

Es ist nicht verboten, offene Adoptionen zu vermitteln. Das Gesetz sagt ja auch, daß leibliche Eltern ihr Kind an bestimmte Eltern vermitteln lassen können. Diese Adoptiveltern müssen nur vom Jugendamt überprüft werden. Wir Sozialarbeiter haben einen Ermessensspielraum. Natürlich können die Adoptiveltern von Rechts wegen später sagen, sie wollen die Offenheit nicht mehr. Dagegen können sich die leiblichen Eltern nicht wehren, sie haben keine Rechte mehr.

Wenn die Sozialarbeiter einen Ermessensspielraum haben – warum vermitteln dann so wenige Jugendämter offene Adoptionen?
Das ist Tradition. Die Inkognito-Adoption ist über Jahrzehnte gewachsen. Viele Kollegen und Kolleginnen glauben, daß das zum Schutz des Kindes notwendig ist. Ich habe durch meine Arbeit festgestellt, daß die Offenheit dem Kind in der neuen Familie eher dienlich ist als das Verheimlichen und Tabuisieren, das oft mit der Inkognito-Adoption verbunden ist.
Inwiefern ist das eher ein Schutz? Die Adoptiveltern und auch ein Teil Ihrer Kollegen befürchten ja, daß das Kind durch offene Adoptionen hin und her gerissen ist und nicht wirklich weiß, wo es hingehört.
Ich habe diese Erfahrung nie gemacht. Die Kinder akzeptieren die Adoptiveltern als ihre Eltern, auch wenn sie bzw. die Adoptiveltern mit der leiblichen Mutter Kontakt haben. Ein Schutz für das Kind entsteht insofern, als das Kind – ich sag's mal drastisch – der Interpretationsmacht der Adoptiveltern nicht mehr ausgeliefert ist. Bislang können die Adoptiveltern entscheiden, was sie dem Kind über seine Herkunft vermitteln. Bei einer offenen Adoption hat es die Chance, sich an Realitäten zu orientieren. Es erfährt von klein auf, wer die leiblichen Eltern sind, warum die Trennung eingetreten ist. Nun kann man sagen, daß ein kleines Kind das noch gar nicht begreift. Aber es hat die Chance, in seinen Vorstellungen einen Platz für diese Realität reifen zu lassen, daß es mal bei anderen Eltern war, und sei es nur im Bauch einer anderen Frau.
Aber es ist doch gut möglich, daß das Kind seine Adoptiveltern und die leibliche Mutter gegeneinander ausspielt, zum Beispiel, wenn es Probleme mit den Adoptiveltern gibt.
Das ist schon möglich. Aber das passiert auch bei Inkognito-Adoptionen, wenn das Kind erfährt, daß es adoptiert wurde. Dann ist es unerheblich, ob das Kind die leibliche Mutter kennt oder nicht. Wenn das Kind eine schlechte Beziehung zu den Adoptiveltern hat und diese die eigene Kinderlosigkeit nicht verarbeitet haben, wird es immer so agieren, daß es die Adoptiveltern genau an ihrem wunden Punkt trifft. Durch die offene Adoption wird sich der Konflikt eher entspannen, weil das Kind eine realistische Orientierung hat und weil es wirklich erlebt, daß es nicht möglich war oder ist, in seiner Herkunftsfamilie zu leben. Dann kann es sich auch in seiner Phantasie nicht ausma-

len: Bei meinen leiblichen Eltern wäre ich besser aufgehoben und erwünscht. Von daher ist das kein Druckmittel mehr.

Sie setzen ja eine bestimmte Reife bei den abgebenden Müttern voraus. Diese Frauen sind vielleicht nicht so reif und konfliktfähig, wie Sie das darstellen.

Dann wird es auch nicht gemacht. Die offene Adoption steht und fällt mit der Haltung der abgebenden Mütter. Wenn sie das nicht mittragen können, dann mache ich das auch nicht. Wenn aber abgebende Mütter das wollen und können, dann nehme ich unbedingt Adoptiveltern, die für offene Adoptionen ansprechbar sind. Allerdings müssen die Adoptiveltern den Grad der Offenheit bestimmen können.

Wie finden Sie heraus, ob sich die abgebenden Mütter an Absprachen halten werden? Sie können sich auch täuschen.

Das stimmt. Aber ich gehe in kleinen Schritten vor und sage jedesmal, daß alle Beteiligten überprüfen sollen, ob sie das mittragen können. Wenn ich merke, da ist eine Grenze erreicht, dann sage ich Stopp und lasse allen mehr Zeit. Es ist im übrigen nicht so, daß die leibliche Mutter den Adoptiveltern ständig auf die Pelle rückt. Das habe ich noch nie erlebt. Es ist eher umgekehrt: Die Frauen sagen irgendwann, daß sie den persönlichen Kontakt jetzt eine Zeitlang nicht mehr möchten, weil es zu sehr schmerzt, wenn sie erleben, daß ihr Kind zu anderen Eltern Mama und Papa sagt und sie selbst für das Kind nur die Rolle einer Verwandten oder Bekannten einnehmen. Dann ziehen sich die Frauen zurück und sagen: ›Ich weiß, meinem Kind geht es da gut, ich bin beruhigt. Mehr persönlichen Kontakt wünsche ich jetzt nicht.‹ Sie wollen abwarten, bis das Kind mehr begreift und selbst den Wunsch hat, mit ihnen Kontakt aufzunehmen.

Das bedeutet doch aber, daß die leibliche Mutter die Adoption bereut?

Nein, nicht unbedingt. Die offene Adoption ist das kleinere Übel für die Frauen. Wenn sie schon an einem Punkt angelangt sind, wo nur noch eine Trennung in Frage kommt, dann ist es das kleinere Übel, daß sie wenigstens hingeschaut haben, wohin sie ihr Kind geben, und wissen, wer die Adoptiveltern sind. So werden sie wenigstens nicht von Alpträumen geplagt und denken nicht immer wieder auf der Straße oder beim Einkaufen: Mein Gott, das könnte mein Kind sein. Die psychische Belastung ist einfach kleiner, wenn sie wirklich erlebt haben, daß ihr Kind eine Chance hat.

Es kann doch sein, daß Frauen sehr unsicher waren und zwei Jahre später überhaupt nicht mehr begreifen können, weshalb sie beim Notar unterschrieben haben. Dann könnte die Frau doch die Adoptivfamilie und das Kind unter Druck setzen?

Ich habe das noch nicht erlebt. Ich kann mir das auch nicht vorstellen, weil die Frauen ja wirklich erfahren haben, daß das Kind sie nicht als Mutter behandelt und wahrnimmt. Sie brauchen darüber nicht nachzudenken, sie haben gesehen, daß ihr Kind eine fremde Frau als Mutter angenommen hat. Das überzeugt mehr und gibt einem mehr Orientierung, wie man sich zu verhalten hat, als das ganze gute Zureden der Sozialarbeiter auf den Ämtern. Ich erlebe das eher bei den Inkognito-Adoptionen nach altem Muster. Mütter, die ihr Kind vor Jahren freigegeben haben, erzählen mir, mit welchen Tricks sie versucht haben, herauszufinden, wo das Kind hingekommen ist. Die stehen an der Ecke, beobachten ihr Kind und überlegen ständig, ob sie sich zu erkennen geben sollen oder nicht. Die Frauen, denen der Kontakt verboten wurde, die treibt es um so mehr auf die Suche.

Wir haben zum Beispiel eine Frau interviewt, die den Pflegeeltern die Tür eingetreten hat, um ihren Sohn herauszuholen, obwohl sie zugestimmt hat, daß das Kind in die Pflegefamilie kommt.

Diese Frau hatte ihr Kind nicht freigegeben. Sie hatte nicht die Kraft zu diesem Schritt. Wer den Mut zu diesem Schritt aufbringt, hat dann auch eine andere Haltung. Sich zur Adoptionsfreigabe zu entschließen, ist ja etwas Endgültiges. Das können nur Menschen, die irgendwo noch eine ganz schöne Kraft haben. Darum ist das ja so selten.

Adoptiveltern haben die Sorge, daß sie die Mutter und die Probleme der Mutter gleich mitadoptieren.

Das tun sie sowieso. Ich erwarte von Adoptiveltern, daß sie über ihren eigenen Tellerrand hinausschauen. Einige haben nur das Bedürfnis nach einem Kind. Aber der Unterschied zwischen einem leiblichen Kind und einem Adoptivkind ist eben der, daß man im Rucksack auch noch die Probleme der leiblichen Eltern hat. Das gehört dazu, ob sie es wahrhaben wollen oder nicht.

Offene Adoption heißt ja nicht, daß das Kind in zwei Familien aufwächst. Persönliche Kontakte mit der leiblichen Mutter gibt es meistens zweimal im Jahr. Es ist völlig klar: Die Adoptivfamilie ist die eigentliche Familie.

Zumindest befürchten Adoptiveltern, daß sich die leibliche Mutter in die Erziehung einmischt oder versucht, ihnen das Kind wieder wegzunehmen.

Ich habe das noch nie erlebt. Wie gesagt, die Mütter ziehen sich eher zurück. Wir müssen auch zur Kenntnis nehmen, daß gerade die Adoptivmütter oft mit dem sehr schlechten Gewissen kämpfen, sie hätten einer anderen Frau ihr Kind weggenommen. Deshalb muß diese Frau dann per Inkognito ferngehalten werden. Aber durch die offene Adoption verlieren sich auch solche Horrorgedanken. Die Adoptivmütter wissen, warum es für die leibliche Mutter nicht möglich war, ihr Kind zu behalten, so schrecklich das dann im Einzelfall sein mag.

Manche Ihrer Kollegen sagen, daß eine Adoption per Inkognito erfolgen muß, weil sehr unterschiedliche Frauen mit verschiedenen Problemlagen involviert sind. Gerade bei dem sozialen Hintergrund der abgebenden Mütter bestünde die nicht unberechtigte Sorge, daß sie ihre Probleme in die Adoptivfamilie hineintragen.

Ich stimme zu, daß es im Einzelfall Situationen gibt, wo das Inkognito zum Schutz des Kindes notwendig ist. Zum Beispiel, wenn eine Mutter psychisch so krank ist, daß man nicht abschätzen kann, was sie tut, oder wenn sie alkoholkrank ist. Dann kann es zum Wohl des Kindes sinnvoll sein, die Adresse nicht zu nennen. Aber für diese Einzelfälle muß es keine gesetzliche Regelung geben, die alles über einen Kamm schert. Es sollte möglich sein, nach den Bedürfnissen der Beteiligten individuell vorzugehen.

Warum sind Sie unter Ihren Kollegen und Kolleginnen in der Minderheit?

Weil sich das in den letzten Jahren erst entwickelt hat. Wenn man jahrelang die Inkognito-Adoption durchgezogen hat, ist man vielleicht nicht mehr so bereit, sich auf neue Wege einzulassen. Die Vorgehensweise steht und fällt mit dem eigenen Mut und der eigenen Lebens- und Berufserfahrung. Adoptionsvermittlung ist sehr subjektiv. Wir müssen uns um Objektivität bemühen, um nicht ungerecht zu werden, aber letztendlich geht doch jeder von seinem eigenen Lebenshintergrund und seinen beruflichen Erfahrungen aus.

Wer profitiert am meisten von der offenen Adoption?

Das Kind, deshalb mache ich das auch. Weil es mir in erster Linie um das Kind geht. Wenn das Kind in einer Atmosphäre der Offenheit und Entspannung aufwächst, wo die Ängste weg sind und seine eigene Herkunft kein Tabu mehr ist, dann hat es optimale Entfaltungsmöglichkeiten. Wenn das Kind auf die leibliche Mutter trifft und erlebt, daß sie diesen Schritt unterstützen kann, dann ist das wie ein Segen: Ja, Kind, du darfst das, du darfst dich in der neuen Familie wohl fühlen, du darfst diese Eltern als Papa und Mama annehmen. Wenn Kinder bewußt oder unbewußt das Gefühl haben, ich darf das nicht, meine leibliche Mutter erwartet, daß ich bei ihr bin, dann entwickeln sich Schuldgefühle. Sie denken, daß sie sich nicht wohl fühlen dürfen. Insofern ist Offenheit in mehrerer Hinsicht eine Entlastung für die Adoptivkinder.

Fallbeispiel: »Am meisten profitiert Max davon«

Wie die Adoptivfamilie Schäfer
mit offener Adoption umgeht

Brigitte und Hans Schäfer haben Max adoptiert, als er zwei Jahre alt war. Die ersten beiden Lebensjahre hat Max bei anderen Pflegeeltern verbracht, die sich scheiden ließen und den Pflegesohn nicht behalten wollten. Max gilt heute als hyperaktives Kind. Gerda, die leibliche Mutter von Max, fühlte sich von einem Leben mit Kind völlig überfordert, sie schaffte es gerade, für sich selbst zu sorgen. Als die Pflegeeltern ihres Sohnes sich scheiden ließen, verlor sie auch noch ihre Wohnung und mußte in einen Wohncontainer einziehen.

Das Jugendamt suchte für Max Brigitte und Hans Schäfer als neue Familie aus und schlug Gerda vor, den Jungen zur Adoption freizugeben. Aber Gerda wollte unbedingt mit dem Jungen in Kontakt bleiben, wollte, wenn überhaupt, nur einer offenen Adoption zustim-

men. Die Schäfers lernten Gerda auf dem Jugendamt kennen. »Für uns war es das Natürlichste der Welt, daß es hieß: Die Mutter will uns kennenlernen, ehe sie die Einwilligung zur Adoption gibt«, sagt Brigitte Schäfer. Weitere Treffen folgten, immer auf dem neutralen Boden des Jugendamtes im Beisein der Sozialarbeiterin. Die Adresse der Schäfers blieb die ersten Jahre geheim. Auch Verabredungen außerhalb des Amtszimmers liefen zunächst immer über die Sozialarbeiterin: Selbst das Zusammentreffen auf einer Pony-Ranch wurde über das Jugendamt verabredet. Bei diesem Treffen – Gerda und ihr Sohn Max sind beide in Pferde vernarrt – haben die Schäfers der leiblichen Mutter dann ihre Adresse gegeben. Max war fünf Jahre alt und lebte damals schon drei Jahre in der Adoptivfamilie. »Ich habe gesagt: ›Ach, warum soll das immer übers Jugendamt gehen, wir können uns doch auch direkt verabreden‹«, erzählt Brigitte Schäfer und lacht. Ihr Mann hatte damit anfangs große Probleme. Er befürchtete, Gerda würde nun immer »auf der Matte stehen« und versuchen, Max »auszuspannen«: »Gerda kommt dann immer nur und bringt Geschenke mit, und wir müssen ihn erziehen«, vermutete Hans Schäfer.
Aber Gerda stand nicht ständig vor der Tür. Es blieb bei den sporadischen Treffen. Es gab eine Zeit, da hat sich Gerda sogar über zwei Jahre nicht gemeldet. Die Schäfers waren besorgt und Max sehr enttäuscht. Er wartete förmlich auf einen Anruf seiner Mutter. In dieser Zeit fragte dann die Sozialarbeiterin, ob die Familie dazu bereit wäre in einer Fernsehsendung über ihre Erfahrungen mit der offenen Adoption zu berichten. Max wollte unbedingt auch Gerda bei diesem Fernsehauftritt dabeihaben. Die Sozialarbeiterin machte daraufhin Gerdas neue Adresse ausfindig. Sie hatte in diesen zwei Jahren offenbar viele Probleme und deshalb den Kontakt zu Max abgebrochen.
Kurz vor dem Fernsehauftritt besuchte sie ihren Sohn und dessen Adoptiveltern. »Sie überhäufte Max mit Geschenken, wahrscheinlich weil sie ein schlechtes Gewissen hatte wegen der zwei Jahre, in denen sie sich nicht gemeldet hatte. Sie hat ihm versprochen, daß er regelmäßig reiten darf, und Max ist so ein Pferdenarr, damit kann man ihn immer locken«, erzählt Brigitte Schäfer. »Da hatte ich zum erstenmal das Gefühl von Rivalität. Da habe ich gedacht: Aha, jetzt soll uns der Max abgeworben werden, und jetzt soll ich in einer Fernsehsendung auch noch für die offene Adoption werben. Also, nein danke.« Zwei

Tage rang sie mit sich, dann hat sie mit ihrem Mann, Gerda und Max darüber gesprochen. Dessen kindlich-naive Antwort habe sie sofort beruhigt, sagt sie. »Der Max hat zu mir gesagt: ›Guck mal, Mama, die Gerda arbeitet doch den ganzen Tag, und wer soll mir dann bei den Hausaufgaben helfen?‹« Auch ihr Mann hat sie besänftigt: »Zehn Jahre ist der Max jetzt bei uns, wir sind seine Eltern, und dieses Band ist wohl stärker als diese Geschenke«, meinte er.

Brigitte und Hans Schäfer bereuen die offene Adoption nicht, ganz im Gegenteil. »Am meisten hat der Max davon gehabt«, sagen sie. »Der weiß, wo seine Wurzeln sind, der hat das Gefühl, daß Adoption etwas Natürliches ist. Er ist nicht weggegeben worden, weil er schlecht ist, sondern weil seine Mutter ihn nicht versorgen konnte, weil die Umstände einfach so waren. Das weiß er. Wir sprechen offen über Gerda, wir wissen viel über sie und können auch mit Respekt von ihr reden.« Auch für den Umgang mit Max sei der Kontakt zu Gerda wichtig. »Wir können Max in vielem besser verstehen. Die beiden sind sich so ähnlich, allein vom Äußeren her, von den Gesten und der ganzen Mimik. Wir können bestimmte Sachen besser einordnen: Zum Beispiel, daß Max unbedingt Tiere möchte, da ist er genauso wie seine Mutter.« Brigitte Schäfer kann eigentlich nicht verstehen, warum die offene Adoption so selten praktiziert wird. »Das Risiko, daß da mal etwas läuft, was man nicht will, muß man eingehen. Man kann das ja ansprechen. Man kann Grenzen ziehen. Wir Adoptiveltern haben sowieso alle Rechte auf unserer Seite.«

Für den zwölfjährigen Max ist die Elternrolle klar besetzt. Fragt man ihn, wer denn nun seine Mutter sei, zeigt er auf Brigitte Schäfer und sagt nur: »Die da!« Und Gerda? »Wie eine Freundin.« Der Junge findet es spannend, daß Gerda einen Hund hat und ihre Vorfahren indianischer Abstammung sind, daß also auch in seinen Adern »Indianerblut« fließt. Darauf ist er stolz, auch seinem Bruder gegenüber, dem einzigen leiblichen Sohn der Schäfers. Gerda besuchen, gar zu ihr hinziehen? »Nö«, sagt er nur, »ich bleib lieber hier.«

Mit Gerda konnten wir leider nicht persönlich sprechen. Wir kennen sie nur aus der Fernsehsendung. Danach wollte sie kein Interview mehr geben, und zwar aus folgendem Grund: Gerda hatte für die Talkshow einen Tag Urlaub genommen. Dadurch erfuhren alle KollegInnen, daß sie ihren Sohn zur Adoption freigegeben hat. Am nächsten Morgen wurde sie im Büro prompt von ihren Kolleginnen beschimpft: »Wer so was macht, ist selber schuld, wenn es ihm schlechtgeht!« Sie hatte in der Fernsehsendung erzählt, wie schwer ihr diese Entscheidung gefallen sei, und dabei geweint.

Fallbeispiel: »Ich kann mit der Entscheidung besser leben«

Wie Maria mit der offenen Adoption zurechtkommt

Maria arbeitet als Metzgerei-Verkäuferin in einer hessischen Kleinstadt. Sie hatte gerade ihren 22. Geburtstag gefeiert, als ihr Frauenarzt feststellte, daß sie bereits im sechsten Monat schwanger war. Maria hatte nichts bemerkt. Sie habe das wohl unbewußt verdrängen wollen, meinte der Frauenarzt vorsichtig. »Danach hat er mit mir dann einen Ultraschall gemacht, und dann stand ich vor der Frage: Was nun?« seufzt Maria.

Sie erzählt nüchtern und ausführlich, in ihrem hessischen Dialekt. Hans, der Vater des Kindes, war eine flüchtige Bekanntschaft. Er war drogenabhängig und hätte Maria gerne geheiratet. Doch Maria wollte nicht. Sie war damals verlobt und wollte nach Amerika – Martin, ihr Verlobter, wartete »drüben« schon auf sie. Hans drängte sie immer wieder, ihn zu heiraten. Maria lehnte jedesmal ab. Einmal, bei Hans zu Hause, ist dann »irgend etwas in ihm ausgerastet: Er ist über mich hergefallen«, erzählt Maria. Wie sie nach der Vergewaltigung nach Hause kam, daran kann sie sich nicht mehr erinnern. Zwei Tage später kam seine Schwester bei ihr im Geschäft vorbei. »Weißt du schon, daß der Hans tot ist?« fragte sie. Hans wurde zum Opfer seiner Sucht. Er starb an einer Überdosis Heroin.

Maria zog ihrem Verlobten dann doch nicht nach Amerika hinterher. Sie blieb in Hessen und verdrängte alle Anzeichen ihrer Schwangerschaft, bis sie nicht mehr zu übersehen waren. Ihre Situation war katastrophal: kein Partner, kein Geld, keine eigene Wohnung. Die 22jährige lebte damals bei ihren Großeltern, die sie nach der Scheidung ihrer Eltern erzogen haben. Der Vater hatte das Sorgerecht für die Kinder bekommen, doch war er oft auf Montage und hatte wieder geheiratet. Ihre Mutter hat sie das letzte Mal vor zehn oder elf Jahren gesehen. Bei den Großeltern hätte sie mit dem Kind nicht bleiben können, die Wohnung war zu klein: Außerdem war »die Oma« über siebzig und mit der Pflege des kranken Großvaters schon überfordert. Also hätte Maria ihren Beruf aufgeben müssen und wäre auf Sozialhilfe angewiesen gewesen. Das wollte sie nicht. Und hätte sie sich von ihrem niedrigen Verkäuferinnenlohn eine Tagesmutter leisten können? »Irgendwie hatte ich auch Angst, daß ich das Kind später vielleicht einmal spüren lasse, wie es entstanden ist«, überlegt Maria. In ihr reifte der Entschluß, das Kind zur Adoption freizugeben. Auf dem Jugendamt stieß sie auf einen Mitarbeiter, der sie auf die Möglichkeit einer offenen Adoption ansprach. »Was ich darüber hörte, hat mir gefallen«, erzählt Maria. »Ich hätte das nicht gepackt mit dem Kind. Ich wurde dann auch noch arbeitslos. Aber ich wollte sicher sein, daß es meinem Kind wirklich gutgeht.«

Acht Wochen vor der Geburt traf sie sich zum erstenmal mit den Adoptiveltern, die der Sozialarbeiter für sie ausgesucht hatte. Das Zusammentreffen fand im Jugendamt statt, im Beisein des Adoptionsvermittlers. »Ich war unglaublich nervös«, erzählt Maria. »Der Mitarbeiter vom Jugendamt hat mir gesagt: Wenn mir nur die Nase von den Leuten nicht gefällt, kann ich nein sagen. Dann bekomme ich andere Leute vorgestellt. Ich kann entscheiden, wo das Kind hinkommt.« Doch das Ehepaar Schmitt, das der Jugendamtsmitarbeiter ausgesucht hatte, gefiel ihr. »Das war Sympathie auf Anhieb«, erinnert sich Maria. Sie erzählte erst mal ausführlich, warum sie das Kind nicht behalten könne. Das war ihr wichtig. Danach gingen sie noch gemeinsem in ein Café. Vor der Geburt besuchten die angehenden Adoptiveltern auch Marias Großmutter, die sich Sorgen machte und versuchte, Maria von der Adoption abzubringen. Auch die Großmutter wurde ruhiger, nachdem sie die Adoptiveltern kennengelernt hatte.

Obwohl sie zur Adoptionsfreigabe fest entschlossen war, ist es Maria sehr schwer gefallen, die Entscheidung durchzuhalten. Das Kind kam mit Kaiserschnitt zur Welt. Sie hat es sich nie angesehen, aus Angst, sie könnte »weich werden«: »Im Krankenhaus hat man mir zwar gesagt: ›Ihr Sohn liegt ein Stockwerk tiefer genau unter Ihnen, wenn Sie

wollen, gehen Sie gucken.‹ Aber ich konnte das nicht. Ich hatte Angst, daß ich das nicht durchhalte, wenn ich den Kleinen sehe. Ich wußte doch: Es geht nicht. Eigentlich bin ich ein Kindernarr. Ich hab's mir nicht leicht gemacht mit der Entscheidung. Früher hätte ich gesagt: Niemals könnte ich mein Kind zur Adoption weggeben!«
Maria hat Adresse und Telefonnummer der Adoptiveltern. Jederzeit kann sie bei Schmitts anrufen und sich nach dem Sohn erkundigen. Auch die Adoptiveltern haben ihre Adresse und können sich jederzeit bei ihr melden. Außerdem schicken sie ihr regelmäßig Fotos. Das waren die Absprachen, die zwischen Maria und den Schmitts getroffen wurden. Bis jetzt – der Sohn ist mittlerweile vier Jahre alt – funktioniert alles zur Zufriedenheit beider Seiten. Ein paar Wochen nach der Geburt bekam Maria die ersten Fotos von ihrem Sohn zugeschickt. »Ich hab gezittert, als ich diesen Brief in den Händen hatte«, erzählt sie. »Ich konnte ihn erst gar nicht öffnen. Drei Tage lang hab ich ihn weggelegt. Als ich ihn dann aufgemacht und die Fotos gesehen habe, mußte ich erst mal ganz schrecklich weinen.« Vom ersten Geburtstag schickten ihr die Adoptiveltern Fotos, zu Weihnachten und zu Ostern bekommt sie Post von den Schmitts. Zu solchen Anlässen hat auch Maria Päckchen geschickt. Sie hat sich bei der Adoptivmutter vorher telefonisch erkundigt, was der Kleine brauche. »Da hörte ich ihn im Hintergrund plappern: ›Mama, Mama‹ und ›Papa, Papa‹«, sagt sie.
Sind solche Momente nicht grausam für sie? Maria überlegt. »Es ist schon schwer, aber grausam wäre es, wenn ich nichts von ihm wüßte. Wenn ich mich immer sorgen müßte, was macht der jetzt. So weiß ich halt, dem geht es gut. Frau Schmitt ist jetzt drei Jahre zu Hause gewesen mit dem Kind, das finde ich auch gut. Und auf den Fotos seh ich, daß es dem Kind wirklich gutgeht. Daß die Schmitts an ihm hängen und der Kleine an ihnen hängt. Meine Oma bekommt auch Fotos, und die sagt immer: ›Das Kind sieht aber gut aus, und er ist immer gut angezogen.‹ Ich kann ja auch ein bißchen teilhaben an seiner Entwicklung. Manchmal, wenn mir die Decke auf den Kopf fällt und ich denke: Wie geht's ihm jetzt?, rufe ich an. Sie erzählen mir dann, was er alles kann. Wie es bei der Taufe war, daß er die ganze Kirche zusammengebrüllt hat und so. Ich habe auch Bescheid gesagt, als der Opa gestorben ist. Jetzt hat Frau Schmitt mich gefragt, ob ich was

dagegen hätte, wenn sie noch ein Kind adoptieren. Ich habe nichts dagegen, im Gegenteil, ich fände das gut. Auch gegen ein ausländisches Kind hätte ich nichts. Frau Schmitt hat mich auch gefragt, ob ich Allergien habe, weil der Kleine Heuschnupfen gekriegt hat. Und da hab ich mich sofort hingesetzt und alle Allergien aufgeschrieben. Der Kleine weiß, daß er in meinem Bauch war. Mehr versteht er noch nicht. Aber Frau Schmitt erklärt ihm, daß es einfach nicht anders ging, damit er nicht denkt, ich hätte ihn weggegeben, weil ich ihn nicht liebhatte. Für mich ist es so: Ich kann mit der Entscheidung leben. Für den Kleinen ist es besser so. Und damit bin ich schon eine Sorge los.«
Nur eines vermeidet Maria bis heute: Sie hat die Schmitts und ihren Sohn nie besucht, obwohl sie weiß, wo die Familie wohnt. Das wollte Maria nicht. »Das geht mir einfach noch zu nahe. Ob ich es später mal kann, das weiß ich nicht. Vielleicht schon. Die Bilder machen mir nicht mehr soviel aus. Darüber freue ich mich mittlerweile. Ich sehe, daß es ihm gutgeht. Aber ihn besuchen? Da hätte ich Angst, daß ich vielleicht doch einen Rappel kriege und denke: Hätte ich ihn doch nicht weggegeben! Hätte ich ihn nur behalten! Wo ich doch weiß, daß es nicht ging. Da ist einfach zuviel Schmerz da.«
Anke und Peter Schmitt waren zum Zeitpunkt der Adoption 33 und 36 Jahre alt. Sie leitete einen Kindergarten, er arbeitete als kaufmännischer Angestellter in einem großen Konzern. Anke Schmitt hat alles versucht, um ein eigenes Kind zu bekommen: Hormonbehandlungen, künstliche Befruchtung – sie wurde nicht schwanger. Schließlich bewarb sich das Ehepaar beim Jugendamt um ein Kind. Beide haben sich mit dem Thema Adoption lange beschäftigt, haben die Erfahrungsberichte von adoptierten Kindern ausführlich studiert. Sie waren schließlich der Meinung, daß eine offene Adoption das Beste sei: »Ich wollte wissen: Welche Gründe hat diese Frau, ihr Kind wegzugeben? Was hat sie für eine Geschichte? Einfach nur, damit um diese Frau nicht ein Leben lang irgendwelche Hirngespinste kreisen«, so Anke Schmitt. »Ich wollte auch, daß es für das Kind etwas ganz Normales wird, daß es eine leibliche Mutter hat. Diese Geschichte sollte von Anfang an mit dazugehören.«
Im Herbst 1990 wurden sie um fünf Uhr nachmittags zum Jugendamt bestellt: das erste Treffen mit Maria, der leiblichen Mutter, im Beisein des Sozialarbeiters, der die Aufregung der ersten Minuten über-

brückte. Die Schmitts empfanden für Maria von Anfang an Sympathie. Fünfmal haben sie sich danach noch vor der Entbindung getroffen, zuletzt auch ohne den Jugendamtsmitarbeiter. Nach der Geburt haben sie sich im Krankenhaus um das Baby gekümmert, haben Maria auf der Krankenstation besucht. »Maria war es von Anfang an wichtig, daß ihr Kind nicht einfach abgeschoben wird. Sie wollte die Schwangerschaft nicht. Aber sie hat sich sehr darum gekümmert, was aus ihrem Kind wird. Sie hat uns auch sehr liebevoll die Ultraschallaufnahmen gezeigt.«
Anke Schmitt ist froh, daß sie sich für eine offene Adoption entschieden hat. »Der Kontakt zu Maria ist schön, weil sie keine Fremde mehr ist, bei der ich Angst haben müßte, daß sie eines Tages hier auftaucht und das Kind wiederhaben will. Es war gut, daß wir die Geschichte von Maria kennengelernt haben. Ich habe nicht das Gefühl, daß ich einer anderen Frau das Kind weggenommen habe, sondern ich weiß, daß sich Maria schweren Herzens von dem Kind getrennt hat, weil sie ziemlich allein dastand. Es war auch gut, daß wir die ganze familiäre Situation kennengelernt haben, auch die Oma von Maria, die die Weggabe des Kindes zuerst gar nicht akzeptieren konnte. Für Fabian ist es von Anfang an ganz normal, daß es eine Maria gibt, von der er Geschenke bekommt und der wir auch Briefe schicken. Es war uns ein Anliegen, damit offen umzugehen. Daß es für uns und Fabian etwas Faßbares ist, daß er adoptiert ist. Eines Tages wird er Maria kennenlernen. Ich habe keine Angst, daß sie uns Fabian irgendwann ausspannt. Ich empfinde heute keine Konkurrenz und glaube, daß das so bleibt.« Anke Schmitt und ihr Mann hoffen, daß sie auch ein zweites Kind »offen« adoptieren können.

Anmerkungen

1 Textor, Martin R., Offene Adoptionsformen, Staatsinstitut für Frühpädagogik und Familienforschung, München 1991, Manuskript.

2 Wiemann, Irmela, Pflege- und Adoptivkinder. Fallbeispiele, Informationen, Konfliktlösungen, Reinbek 1992.

3 Textor, Martin R., a. a. O., 1991.

4 Zitate aus einem Interview der Autorinnen mit der abgebenden Mutter Ulrike.

5 Gemeinsame Zentrale Adoptionsstelle (GZA), Gespräche mit abgebenden Müttern. Fortbildungsveranstaltung, Hamburg 1986.

6 Textor, Martin R., a. a. O., 1991.

7 Hoffmann-Riem, Christa, Das adoptierte Kind. Familienleben mit doppelter Elternschaft, München 1984.

8 Irmela Wiemann beschreibt diese Haltung als eine typische Verarbeitungsstrategie von abgebenden Müttern, vgl. Wiemann, Irmela, a. a. O., 1992.

9 Textor, Martin R., a. a. O., 1991.

10 Zitiert nach Textor, Martin, a. a. O., 1991.

Die Behörden aus der Sicht der abgebenden Mütter

Wer in den fünfziger und sechziger Jahren ein Kind zur Adoption freigab, bekam die Verachtung der Gesellschaft auch bei den zuständigen Behörden zu spüren. Da wurde nicht lange überlegt und diskutiert – das Kind sollte besser in einer »richtigen« Familie groß werden als bei seiner ledigen Mutter, war die gängige Meinung. Die Probleme der leiblichen Mütter nach ihrer Verzichtserklärung waren bei der Beratung ebensowenig Thema wie die Identitätskonflikte der Adoptierten. Die Frauen fühlten sich von den SozialarbeiterInnen in ihrer Entscheidung bestärkt. Auf dem Jugendamt habe niemand den Versuch gemacht, sie umzustimmen, erzählt Marion, die ihre Tochter 1969 zur Adoption freigab.
»Ich hatte ein kurzes Gespräch mit einer Sozialarbeiterin in der Adoptionsstelle. Die meinte, ich sollte mir das gut überlegen, und gab mir drei bis vier Wochen Bedenkzeit. Danach bin ich wieder hin, nach wie vor zu diesem Schritt entschlossen. Die Sozialarbeiterin freute sich, daß ein gesunder Säugling zu erwarten war, den sie an adoptionswillige Eltern vermitteln konnte. Die hat sich wirklich darüber gefreut. Sie hatte schon ein Ehepaar ausgewählt und beruhigte mich in der Hinsicht, daß ich wirklich sicher sein könne, daß das Kind in eine gute Familie komme, was immer das heißt.« Marion hatte damals keinen Kontakt zu ihrer Familie und auch zum Vater des Kindes keine Beziehung mehr. Sie lebte völlig isoliert, hatte Schwangerschaft und Geburt verheimlicht, so gut es ging. Sie war schon 22 Jahre alt und berufstätig, doch ihr fehlte das Selbstvertrauen. »Ich hatte immer nur die Gedanken: Das wird nicht gutgehen, das schaffe ich allein nie, was soll nur werden? Die Möglichkeiten, die sich mir damals anboten, fand ich nicht akzeptabel. Ich dachte, in der Kinderkrippe und im Kindergarten kann sich ein Kind nicht gut entwickeln.

Ein Kind gehört in eine Familie. Das waren meine Vorstellungen damals.«
In dieser Vorstellung fühlte sie sich von ihrer Sozialarbeiterin bestärkt. Natürlich hatte Marion auch verinnerlicht, daß man sein Kind nicht weggibt, doch diese Gewissensbisse redete ihr die Sozialarbeiterin aus. Das nimmt Marion ihr heute noch übel. »Und dann diese Redeweise, daß man so jung, mit 22, ja noch ohne weiteres mehr Kinder bekommen kann. Ich könnte diesen Schritt dadurch immer wiedergutmachen. Aber das ist eben nicht der Fall. Auch wenn ich noch vier, fünf Kinder bekommen hätte. Dieses eine Kind ist nicht ersetzbar.«
Eine alltägliche Adoptionsgeschichte. Was Marion mit ihrer Sozialarbeiterin verband, war die Vorstellung, das Kind würde es in einer Familie besser haben als bei ihr als alleinerziehender Mutter. Marion fordert heute, daß die Beratung durch drei voneinander unabhängige Personen erfolgt, die der Mutter auch Möglichkeiten aufzeigen, das Kind zu behalten. Marion ist außerdem der Meinung, daß diese Beratung von der Adoptionsvermittlung getrennt werden sollte, denn sie hatte das Gefühl, ihre Vermittlerin sei eher auf der Seite der Adoptiveltern. »Die wollte doch nur mein Kind« – mit diesem bitteren Gefühl denkt sie noch heute an die Beratung zurück, wobei sie Beratung lieber in Anführungszeichen setzt.
Vor allem minderjährige oder finanziell noch von den Eltern abhängige Mütter fanden bei den Jugendämtern keine Hilfe. Wir haben einige Frauen kennengelernt, die von ihren Eltern vor zwanzig oder dreißig Jahren zur Adoptionsfreigabe gezwungen worden sind. Nicht sie, sondern die Eltern wurden von den AdoptionsvermittlerInnen unterstützt.
Ulrike hat ihren Sohn 1975 zur Adoption freigegeben. Ihre Eltern setzten sie sehr unter Druck, damit sie die Einwilligung zur Adoption unterschrieb: »Dann waren wir in der Adoptionsstelle. Mein Vater wartete draußen. Es wurde ein Gespräch geführt, ein einziges Gespräch, im Beisein meiner Mutter. Ich kann mich nur noch an meine Tränen erinnern und daß ich irgend etwas unterschreiben sollte. Es hat mich in der Adoptionsstelle niemand befragt, es hat mir auch niemand Bedenkzeit gegeben, nachdem sie mich ja nun in Tränen erlebt hatten. Im Grunde wollten sie nur meine Unterschrift haben. Sie haben sich keinerlei Mühe gemacht, sich nach meinem Befinden zu er-

kundigen oder nach Alternativen zu suchen. Ich traute mich allerdings nicht zu sagen, daß ich die Adoption nicht wollte. Weil meine Mutter hinter mir stand und mein Vater unten wartete. Ich hatte immer Angst vor meinen Eltern und kannte auch ihre Drohungen. Ich wußte, mein Vater war unberechenbar. Ich weiß nicht, was der mit mir gemacht hätte. Er hat mich früher oft geschlagen, auch, als ich schon erwachsen war. Ich hatte Angst vor beiden. So habe ich das unterschrieben.«

Ulrike war damals 24 Jahre alt, doch sie lebte – sowohl gefühlsmäßig als auch finanziell – noch in völliger Abhängigkeit von ihren Eltern. Mit ihrem Ehemann, den sie nur auf Drängen der Eltern und nur der Schwangerschaft wegen geheiratet hatte, wollte sie nicht zusammenleben. Wie sehr sie unter dem Zwang ihrer Eltern handelte, hätte die Sozialarbeiterin eigentlich bemerken müssen, meint sie: »Doch sie wollte das übersehen. Sie war ja nur an dem Säugling interessiert.« Ulrike reagierte wie unter Schock. Sie willigte in die Adoption ihres Sohnes ein – ohne die Tragweite dieser Unterschrift zu erkennen. Zehn Monate nach der Geburt faßte sie Mut und forderte ihren Sohn zurück. Doch nun war es zu spät. Mit ihrem jetzigen Ehemann fuhr sie damals zu dem Adoptionsamt, das das Kind vermittelt hatte. »Ich wußte gar nicht, daß ich schon drei Monate nach meiner Unterschrift keine Möglichkeit mehr dazu hatte. Die Sozialarbeiterin hat uns gesagt, daß das nicht mehr ginge, ich müßte das wissen, weil sie es mir gesagt hätte. Das mag auch sein, ich will das gar nicht bestreiten, auf jeden Fall habe ich das nicht wahrgenommen. Alles, was sie mir damals sagte, die ganze rechtliche Belehrung, die sie mir gab – davon habe ich überhaupt nichts mitgekriegt.« Ulrike war fassungslos. »Danach hatte ich nur noch das Gefühl: Ich brauche sofort ein neues Kind, oder ich gehe kaputt.« Sie ist bald danach wieder schwanger geworden. So versuchte sie ihren Schmerz über die Abgabe des ersten Sohnes zu lindern – was ihr natürlich nicht gelang. Ulrike litt jahrelang unter schweren Depressionen und Schlafstörungen.

Nach fünfzehn Jahren stieß sie zu einer Selbsthilfegruppe abgebender Mütter, die sie ermutigten, ihre Akte beim Adoptionsamt noch einmal einzusehen, um sich mit diesem Trauma auseinanderzusetzen. Die Leiterin des Adoptionsamtes unterstützte sie. Was sie beim Durchlesen der Vermittlungsakte ihres Kindes vor allem entsetzte, war die Haltung ihrer damaligen Adoptionsvermittlerin. »Es war schrecklich, zu sehen, was da alles gelaufen ist. Ich habe Briefe von mir gefunden, die ich kurz vor der Geburt geschrieben habe. Ich hab an die Adoptionsstelle geschrieben. Darin habe ich mitgeteilt, daß ich nicht wisse, wie ich hinterher mit dem Verlust meines Kindes fertig werden solle. Ich würde mit Sicherheit in Depressionen versinken. Diese Briefe habe ich in meiner Akte gefunden, ich hatte völlig vergessen, daß ich überhaupt solche Briefe geschrieben habe. Im Grunde war das ein einziger Hilfeschrei. Ich habe nie eine Antwort darauf bekommen.«

Ulrikes Sohn kam 1976 in eine Adoptivfamilie. Ihre damalige Vermittlerin ist noch heute im Amt. Ulrike hat sie vor kurzem gefragt, warum sie damals nicht ein einziges Gespräch mit ihr allein, ohne ihre Mutter, geführt habe. Ob sie sie für die Adoption ihres Sohnes verantwortlich machen wolle, hat die Vermittlerin sie angefahren. Sie, Ulrike, sei damals 24 Jahre alt gewesen, verheiratet und alt genug, um zu wissen, was sie unterschrieb. Ulrike fand die Antwort unverschämt und hat nie wieder das Gespräch mit der Vermittlerin gesucht. Immerhin hat diese vor vier Jahren einen Brief an die Adoptivfamilie weitergeleitet, in dem Ulrike um ein paar persönliche Eindrücke und um ein Foto ihres Sohnes bat. Doch die Adoptiveltern meldeten sich nur bei der Sozialarbeiterin und machten ein paar allgemeine Angaben: daß es ihm gutginge, daß er die zehnte Klasse besuche, Fußball spiele und ein lieber Junge sei. Ein Foto würden sie keinesfalls schicken. »Jetzt kann ich wirklich nichts mehr für Sie tun«, wiegelte die Vermittlerin ab.

Per Zufall erfuhr Ulrike dann die Adresse der Adoptivfamilie. Sie schrieb einen kurzen Brief an ihren mittlerweile 16jährigen Sohn, doch die Adoptivmutter fing ihn ab und beschwerte sich bei der Vermittlerin auf dem Amt. Ulrike hat dann in mühsamer detektivischer Kleinarbeit ausfindig gemacht, wo der Junge Fußball spielt. Um den Sohn wenigstens aus der Ferne zu sehen, ist sie mit ihrem Mann zum Fußballtraining gefahren. Einmal hat sie sich auf die Tribüne gesetzt und sich nach dem Training an den Ausgang gestellt. »Ich wollte einfach mal gucken, was passiert, weil ich die Hoffnung hatte, er würde mich erkennen. Er hat mich zwar gesehen, aber irgendwie habe ich gedacht, er muß doch spüren, daß ich das bin. Dem war wohl nicht so. Er kam raus, mußte an mir vorbeigehen und sagte ganz höflich: ›Guten Abend.‹

Das war's dann.« Sich zu erkennen zu geben – das hat sie sich nicht getraut.
Im Frühjahr 1994 war Ulrike auf einer Fortbildung der hessischen Adoptionsstellen. Die anwesenden SozialarbeiterInnen versicherten übereinstimmend, daß unter solchen Umständen heute kein Säugling mehr vermittelt würde. Sie würden nach Alternativen suchen und zur Not die ganze Verwandtschaft um Hilfe bitten. Ulrike glaubt, daß das ehrlich gemeint war. »Einerseits ist es schön zu sehen, daß sich bei einigen Vermittlerinnen etwas verändert hat – andererseits ist es sehr schmerzlich, weil es für mich zu spät ist.«
Freilich, Regula Bott, Psychologin bei der GZA, der Gemeinsamen Zentralen Adoptionsstelle in Hamburg, kennt auch heute noch kleinere Jugendämter auf dem Land, die nach wie vor unter solchen Umständen Säuglinge vermitteln: »Es kommt auch heute noch vor, daß die Abgebende unter großem Druck des Vaters oder der Großmutter steht und sehr unsicher ist. Aber die Vermittler halten es nicht für nötig, auch nur ein einziges Einzelgespräch zu führen. Ich kann nicht sagen, in welchem Umfang das noch passiert, aber ich habe solche Sachen erlebt, auch noch in letzter Zeit.«

Das Adoptionsspiel – Ein psychologischer Exkurs

Auch Frauen, die nicht auf Verlangen der Eltern oder des Lebenspartners ihr Kind zur Adoption gegeben haben, haben ihre SozialarbeiterInnen nicht nur in guter Erinnerung. Warum leben auch sie teilweise mit dem bitteren Gefühl, vom Jugendamt zur Adoptionsfreigabe gedrängt, ja sogar gezwungen worden zu sein? (Vgl. das Kapitel: »Ute: ›Jetzt ist sie weg, jetzt kann ich es nicht mehr ändern‹«.)
Die Bremer Psychologin Monika Sailer – selbst abgebende Mutter – versucht dieses Phänomen mit einem Begriff aus der Paartherapie zu erklären. Ihre These: Bei der Adoptionsvermittlung – Monika Sailer spricht vom »Adoptionsspiel« – bilden abgebende Mutter und SozialarbeiterIn tendenziell eine »folie à deux«, also ein »verrücktes Zu-

sammenspiel von zweien«.[1] Was damit gemeint ist, erklärt Monika Sailer so: »Im Adoptionsspiel haben sich zwei getroffen, von denen die eine Angst hat, sich zu verlieren, und der/die andere Lust hat, die Probleme sauber in den Griff zu bekommen. Es handelt sich um eine Verzahnung von Unterlegenheit, Unterwerfung und subtiler Machtausübung, wie eigentlich immer, wenn es um Macht- und Ohnmachtsverhältnisse geht.« Für die Seite der abgebenden Mütter schlußfolgert Monika Sailer, daß sie sich nicht als bloße Opfer einer bösen Vermittlerin begreifen dürfen, aber auch keine wirklich freie Entscheidung treffen.

Und die AdoptionsvermittlerInnen? Die Sozialarbeiterin, die ihr eigenes Kind vermittelt hat, habe dies »in bester Absicht getan und in totaler Unkenntnis darüber, was das für eine Frau bedeutet«, sagt die Psychologin über ihr Adoptionsverfahren. Beides, überhöhte Familienideale und Aversionen gegenüber den abgebenden (ledigen) Müttern, präge ihres Erachtens das Bild der SozialarbeiterInnen und verstelle ihnen den Blick auf die psychische Realität der Frauen.

Monika Sailer entwickelt ihre Thesen am Beispiel der Säuglingsadoption. Da sitzen junge, manchmal sogar minderjährige Mütter, in der Regel ungewollt schwanger und oft ohne Partner. Junge Frauen, die ihre Schwangerschaft als unabwendbares, von außen kommendes Schicksal empfinden und nicht als lebbaren Teil ihrer eigenen Lebensgeschichte: »Für sie ist der Aspekt der Unkontrollierbarkeit der eigenen sexuellen Impulse, überhaupt das Naturgegebene der eigenen Sexualität, meist noch nicht integriert, was die jugendliche Form der Autonomie bedroht, insbesondere dann, wenn die Schwangerschaft (zumindest vom Bewußtsein her) ungewollt eingetreten ist«, so Monika Sailer. Zu dieser Angst vor dem Unbegriffenen kommen vielleicht die Angst vor sozialer Verlassenheit, wenn kein Parnter da ist, und das Gefühl von Schuld, dieses innere Chaos auch noch selbst verursacht zu haben.

Die Lösungsversuche der Ämter setzen aber am äußeren Chaos an, an der Frage nämlich: Was passiert nun mit dem Kind? So beginnt das von der Psychologin als »folie à deux« beschriebene Adoptionsspiel: »Die eigentliche Frage der jungen Schwangeren lautet: Was soll mit mir geschehen, mit meinen Schuldgefühlen und meiner Ausweglosigkeit? Warum bin ich so allein mit meiner Angst und meinem

Chaos? Und: Wie soll ich mir je vorstellen, Mutter zu werden?« Diese Fragen sind für die VermittlerInnen manchmal kaum spürbar, zumal dann nicht, wenn die schwangere Frau entschieden auftritt, sich anscheinend alles gut überlegt hat und nun – mit Blick auf den wachsenden Bauch – die sofortige Problemlösung einfordert.
Beide, die schwangere Frau und die Adoptionsvermittlerin, werden jetzt zu Gefangenen ihrer eigenen Rollen und Wunschbilder. Beide wollen das Beste für das Kind: »Der Wunsch nach einer perfekten Lösung ist aber genau das, was meines Erachtens viele ungewollt schwangere Frauen mit den Adoptionsvermittlern zu einer Art Bündnis, ja fast zu einer Art Komplizenschaft zusammenschweißt«, so Monika Sailer. »Das Bündnis besteht darin, daß zwei Leute einander versichern, daß man die Realität aus den Angeln heben und eine ganz andere, ganz neue, ideale und angstfreie Wunschwelt an ihre Stelle setzen kann – wenn man nur zusammenhält und ja nicht ausschert, wenn der Bund einmal geschlossen ist, denn sonst würden die gefürchtete innere Realität, das Chaos und die Schuldgefühle doch noch hereinbrechen.« Das Schlimme daran sei, daß die von beiden beabsichtigte Wirkung durch die Adoption nicht erzielt wird: Die Realität, das Mutter-Werden, könne der idealen Wunschwelt nicht geopfert werden. Die Frau bleibe auch nach der Adoptionsfreigabe Mutter und müsse nun zusätzlich zu ihrem Mutter-Dasein auch noch die Weggabe des Kindes verarbeiten.
Noch etwas verbindet die Frauen mit ihren VermittlerInnen: das Idealbild einer »heilen«, intakten Familie. »Dieses Ideal läßt die abgebenden Mütter oft blind mit ihren Vermittlern zusammenarbeiten«, so Monika Sailer. Wie mächtig dieser Wunsch ist, läßt sich zum Beispiel daran ablesen, daß die Vermittlung des Kindes an eine Alleinerziehende von keiner abgebenden Mutter akzeptiert wird. Da die befragten Frauen häufig aus gestörten Familienverhältnissen stammen, ist dieser Wunsch bei ihnen besonders stark ausgeprägt. Die AdoptionsvermittlerInnen nehmen dieses Bedürfnis gerne auf, zumal sie in ihrem Beruf oft mit häuslichem Elend und vernachlässigten Kindern konfrontiert sind. Daß die Mütter das Bild von der heilen Familienwelt verinnerlichen, heißt aber auch, daß sie die Ansprüche hochschrauben und ihre eigenen realen Möglichkeiten abwerten.
Im Vermittlungsprozeß geraten die SozialarbeiterInnen in die Rolle

von Rettern, die wahre Wunder vollbringen, nämlich das Mutter-Werden rückgängig machen können – eine Rolle, die die Mütter verpflichtet und den Rettern schmeichelt und die zur subtilen Manipulation verführen kann: »Wo sich Sozialarbeiter zum wundertätigen Helfer ihrer Mitmenschen aufschwingen, ist die Versuchung nicht weit, die Betroffenen zu manipulieren und ihnen den eigenen Willen aufzuzwingen«, meint Monika Sailer. Im Laufe des Vermittlungsprozesses verändert sich auch die Rolle der betroffenen Frau: Sie wird mit Hilfe des Retters von der hilflosen und ohnmächtigen Schwangeren durch eine »freie« Entscheidung zur vermeintlich aktiv Handelnden, die zumindest auf dem Amt für ihre selbstlose Verantwortlichkeit Beifall bekommt. Das schmeichelt wiederum den Frauen.

Umgekehrt gilt: Die Autorität auf dem Amt, von der sich die Frauen anfangs wahre Wunder erhoffen, kann auf einmal zur Strafinstanz werden, die die Betroffenen unter Umständen ihrem Leben völlig entfremdet. So kann aus dem guten Helfer auf einmal der böse Kontrolleur werden, dann nämlich, wenn die Unterschrift nicht geleistet wird, wenn die Frauen den Notartermin verstreichen lassen. Für Monika Sailer ein Paradox und doch erklärbar: Sie selbst und andere abgebende Mütter einer Bremer Selbsthilfegruppe ignorierten den Notartermin, rannten aber nach dem ersten Mahnbrief ihrer VermittlerInnen wie in Panik zum Notar, obwohl die inneren Signale auf Rücknahme der Entscheidung standen. Monika Sailer: »Dieses Verhalten ist in seiner Irrationalität nur begreifbar, wenn man davon ausgeht, daß hier eine völlig illusionäre, unrealistische Strafangst zum Tragen kommt. Sie ist Teil des Adoptionsspiels und wird von seiten der Ämter, die an Neugeborenen interessiert sind, unbewußt benutzt. Der Retter auf dem Adoptionsamt, der vorher die unerwünschten Auswirkungen der Sexualität unter Kontrolle zu bekommen half, wird zur Kontrollinstanz für jeden inneren Impuls, der erneut auf Abweichung drängt, zum Beispiel auf Abweichung von der Entscheidung.«

Monika Sailer hat diese Thesen erstmals 1986 auf einer ersten gemeinsamen Tagung von VermittlerInnen und abgebenden Müttern vorgetragen. Einige AdoptionsvermittlerInnen haben bei dieser Fortbildung zum erstenmal mit Frauen nach der Freigabe ihres Kindes gesprochen. Auch das gehört zur Realität in den Jugendämtern: Der

Kontakt zu den Frauen bricht nach der Unterschrift beim Notar oft abrupt ab. Nur ein kleiner Teil der abgebenden Mütter erkundigt sich nach einer Inkognito-Adoption regelmäßig nach dem Befinden des Kindes: Nach einer Umfrage unter Hamburger AdopitonsvermittlerInnen war es im Jahre 1992 nur jede zehnte. Die Gründe hierfür liegen zum einen darin, daß die abgebenden Mütter diese traumatische Entscheidung verdrängen wollen. Zum anderen bekamen die Mütter früher nur selten eine Auskunft, oder aber sie hatten das Gefühl und haben es teilweise noch immer, daß sie von den Jugendämtern mit stereotypen, nichtssagenden Beschreibungen abgefertigt werden.
Eine Adoptionsvermittlerin, die auf dieser Tagung zum erstenmal etwas von ›dem Leben danach‹ erfuhr, schilderte ihr Verhältnis zu den Frauen so: »Gespräche mit abgebenden Müttern verliefen für mich immer recht unbefriedigend. Ich konnte zu den Frauen keine Beziehung aufbauen. Sie waren mir fremd; ich ließ sie nicht an mich herankommen, weil ich das Gefühl hatte, hilflos zu sein, ihnen keine Alternativen bieten zu können.« Nach der Fortbildung hat sie zwei Frauen beraten, die fest entschlossen schienen, ihre Kinder freizugeben. Sie habe jetzt versucht, ein Stück Nähe zu schaffen, sie zu begleiten, ihre Entscheidung immer wieder in Frage zu stellen. Beide hätten sich nach der Geburt umentschieden. Darauf schien sie stolz zu sein.
Eine andere Vermittlerin kritisierte die Thesen von Monika Sailer dagegen als »tendenziös«, weil sie zu einseitig die Sichtweise der abgebenden Mütter berücksichtigten. »Ich meine immer noch, daß ich verantwortungsvoll arbeite, wenn ich an die Vermittlung von Kindern herangehe, die in ihrer Herkunftsfamilie nicht leben können oder bei denen es so scheint, daß dieser Tatbestand erfüllt ist«, schrieb sie den Organisatoren der Tagung wütend zurück. Sie sei auch oft enttäuscht, wie wenig ihre Gesprächsbereitschaft von den Betroffenen angenommen werde. In ihrer sechsjährigen Adoptionspraxis habe sie nur zweimal massive psychische Einbrüche erlebt: »Ich bin ganz sicher, daß ich in einem dieser Fälle das Kind heute nicht wieder vermitteln würde.« Ihren Standpunkt, daß eine Adoptionsfreigabe wirklich nur die letzte Möglichkeit sein könne, versuche sie allen Beteiligten darzustellen. »Aber was soll denn mit einem Kind geschehen, dessen Eltern/Mutter verbal äußern und erkennen lassen, daß das Kind adoptiert werden soll?«[2]

Das Selbstverständnis der AdoptionsvermittlerInnen

Im Volksmund sind abgebende Mütter Rabenmütter – manche Fachkräfte für Adoptionsvermittlung sehen sie dagegen als besonders verantwortungsbewußte Mütter Die VermittlerInnen bringen den Frauen viel mehr Verständnis entgegen als früher und idealisieren ihre Entscheidung beinahe schon. Ute Schultze-Hagen, Adoptionsvermittlerin des Diakonischen Werks in Berlin, meint zum Beispiel: »Ich habe große Hochachtung vor den Frauen, die sich so entscheiden. Wirkliche Hochachtung. Das ist nicht ideologisch aufgesetzt, ich meine das wirklich so. Die Frauen könnten das Kind ja auch ins Heim stecken und es viermal im Jahr besuchen, wenn sie nicht mehr klarkommen. Andere Eltern tun das ja auch. Die müssen sich nicht so vor den Nachbarn oder den Verwandten rechtfertigen. Für das Kind ist das aber in jedem Fall die schlechtere Lösung. Ich habe hier oft sehr einfache Frauen, Frauen aus der Unterschicht, die eine Stärke und Kraft aufbringen, die mich tief beeindrucken. Ich finde es sehr mutig, wenn eine Frau sagen kann: ›Ich schaffe es nicht, ich habe keine emotionale Beziehung, ich mag dieses Kind nicht, vielleicht weil es mich immer an den Vater erinnert, ich merke, ich bin sehr ungerecht‹ etc., und wenn sie dann die Kraft zu dieser sehr schmerzlichen Trennung aufbringt.«

AdoptionsvermittlerInnen sind meistens ausgebildete SozialarbeiterInnen. Sie entscheiden, ob sie den Auftrag zur Vermittlung des Kindes annehmen, und suchen die Adoptiveltern aus. Die Adoption wird dann vom Vormundschaftsgericht überprüft.

AdoptionsvermittlerInnen erleben beides: verzweifelte Frauen, die keinen anderen Ausweg mehr wissen – und Adoptiveltern, die die Sektkorken knallen lassen, insbesondere dann, wenn sie einen Säugling aus dem Krankenhaus abholen dürfen. AdoptionsvermittlerInnen spüren auch den Druck der langen Adoptionsbewerberliste. In manchen Landkreisen ist das besonders kraß – da warten sechshundert gutsituierte Ehepaare sehnlichst auf ein Kind, und gleichzeitig können nur zwei oder drei Säuglinge pro Jahr vermittelt werden. Ob die Interessen der abgebenden Mütter da noch immer berücksichtigt werden, ist zweifelhaft, zumal es einfacher ist, sich mit den Adoptionsbewerbern zu identifizieren: Sie sind materiell und beruflich oft arriviert und sehnen sich schon lange nach einem Kind, während die abgebende Mutter es nicht schafft, mit dem Kind und auch insgesamt mit ihrem Leben zurechtzukommen.

Gerade bei Säuglingsadoptionen ist unter AdoptionsvermittlerInnen teilweise ein großes Unbehagen zu spüren, auch ein Erschrecken über ihre Macht und die Möglichkeiten des eigenen Zugriffs: Sie wissen, wie labil und beeinflußbar schwangere Frauen vor und nach der Geburt eines Kindes sind. Dem eigenen Unbehagen versuchen manche VermittlerInnen zu entkommen, indem sie den Schwangeren mechanistische Vorschläge unterbreiten: Nach einer Untersuchung im Auftrag der Bundesregierung empfiehlt die Mehrheit der befragten VermittlerInnen den adoptionswilligen Müttern, das Baby nach der Geburt nicht anzusehen, darauf zu verzichten, dem Kind einen Namen zu geben, und in der Endphase der Geburt am besten Narkose »einzusetzen«.[3] Der Grund für diesen Rat: Die VermittlerInnen haben große Bedenken, daß die Frau nach dem Geburtserlebnis nicht mehr in der Lage ist, die vorher so wohlüberlegte Adoptionsentscheidung durchzuhalten. Sehe die Frau das Kind nicht, falle ihr die Abgabe leichter, betont eine Vermittlerin in der Studie: »Ich glaube das, obwohl das auch schwierig zu praktizieren ist. Denn die Frauen müssen bei der Geburt schließlich mitmachen, und da ist die Narkose dann richtig einzusetzen. Ich weiß von zwei Fällen, daß die Narkose auch erst zu spät eingesetzt wurde, daß sie das Kind gesehen haben. Aber dann finde ich es eine weitere Hilfe, wenn die nicht auf die Wöchnerinnenstation, sondern auf die gynäkologische Station kommen und während der Zeit dann möglichst keine Besuche von Verwandten bekommen, die immer wieder das Thema aufrühren und möglichst dann mit 'nem Blumenstrauß gratulieren.«[4]

Ein anderer Vermittler berichtet, daß er die Frauen sehr detailliert darauf vorbereite, welche Gefühle sie nach der Geburt erwarten und wie sie damit umgehen sollen: diesen Gefühlen nämlich nicht nachzugeben, sondern ihrer Vernunft zu folgen. Deshalb sollten sie das Kind nicht anschauen. Selbst wenn vor der Geburt schon eine klare Adoptionsentscheidung getroffen worden sei, beginne in der Regel mit der Geburt der ganze Überlegungsprozeß von neuem. Das Ver-

trauen zu dem Vermittler und der Glaube, daß eine Adoption zum Wohle des Kindes sei, müßten stärker sein als die persönlichen Empfindungen nach der Geburt. Die Gefühle der Frau müßten auf eine rationale Ebene gelenkt werden. Bei ihm sei kein einziger Rücktritt vorgekommen, resümiert der Vermittler stolz.[5]
Nach einer solchen Beratung kann in der Tat leicht das Gefühl entstehen, daß »die auf dem Amt« doch nur »scharf« auf das Kind waren. Aber nicht alle VermittlerInnen propagieren die klinisch reine Trennung nach dem Motto: Nur keine Gefühle aufkommen lassen. Ute Schultze-Hagen, Adoptionsvermittlerin beim Diakonischen Werk in Berlin, will den Frauen nach der Geburt alle Möglichkeiten offenlassen. Erst ein paar Tage vor unserem Interview ist sie zu einer 17jährigen in den Kreißsaal gerufen worden. Eine Jugendliche, die recht behütet aufwuchs und mit Mutter und älterer Schwester eine anscheinend recht harmonische Gemeinschaft bildet. Mit dem Vater ihres Kindes verbindet sie nur eine flüchtige Urlaubsbekanntschaft. Die junge Frau hat ihre Schwangerschaft bis zum Ende erfolgreich verdrängt. Die Mutter und ihre ältere Schwester waren bereit, das Kind in die Familie aufzunehmen – doch das wollte die Jugendliche nicht. »Ein Kind braucht einen Vater und eine Mutter, und das kann ich ihm nicht bieten«, sagte sie. Außerdem sei es nicht gut, wenn drei Leute an dem Kind »herumerziehen«. Sie wünschte sich eine »gute Adoptivfamilie«. Ute Schultze-Hagen hat sie gefragt, ob sie den Säugling schon gesehen habe. »Nein, das könnte ich nicht, dann würde ich sofort einknicken, hat ihr die junge Frau geantwortet. »Unter den Umständen vermittle ich Ihr Kind nicht«, antwortete Ute Schultze-Hagen. Einen Tag später hat sie den Vermittlungsantrag doch angenommen, obwohl sich die 17jährige Mutter ihr Baby immer noch nicht angesehen hatte. Sie bestand auf einer Adoption und wollte das Kind auf gar keinen Fall sehen. Ute Schultze-Hagen hat ihr den Aufenthalt in einem Mutter-Kind-Heim und einmalige Hilfen der Stiftung Mutter und Kind angeboten, aber die 17jährige wollte davon nichts wissen. Die Vermittlerin hat das akzeptiert und in Frage kommende Adoptiveltern benachrichtigt.
AdoptionsvermittlerInnen sind oft enttäuscht, wie selten Frauen an einer Auseinandersetzung mit ihrer Adoptionsentscheidung interessiert sind. Zwei Beratungsgespräche führt Ute Schultze-Hagen in der

Regel, ehe sie den Auftrag annimmt, das Kind zu vermitteln. »Für meinen Geschmack ist das viel zuwenig, denn die Adoption ist eine Wahnsinnsentscheidung. Aber ich kann nicht mehr machen, als immer wieder Gespräche anzubieten. Ich kann die Frauen nicht dazu zwingen, mein Beratungsangebot anzunehmen. Es ist ein Problem, an die Frauen überhaupt ranzukommen.« Oft zeigen sich die Frauen sehr entschlossen, wenn sie die Adoptionsvermittlung aufsuchen. Sie haben sich offenbar alles gut überlegt, wissen keine andere Lösung und wollen ihre Entscheidung eigentlich nicht mehr in Frage stellen lassen. »Ich frage trotzdem sehr viel«, sagt Ute Schultze-Hagen. »Ich sehe dann manchmal, wie die Blicke zur Decke wandern, nach dem Motto: Was will denn die jetzt noch alles wissen. Denn es hat schon sehr viel Mut erfordert, überhaupt hierherzukommen. Viele Frauen haben Angst, daß sie hier als Rabenmütter fertiggemacht werden. Ich versuche trotzdem, die Adoption in Frage zu stellen.«
Und wenn die Frauen ihren Entschluß nicht überdenken wollen? »Wenn ich spüre, daß eine Frau das unbedingt will, dann vermittle ich das Kind«, so Ute Schultze-Hagen. »Es steht mir nicht zu, darüber zu urteilen. Jede Frau, die ihr Kind zur Adoption freigeben will, ist ambivalent. Keine Frau gibt ihr Kind einfach so weg. Mal ist sie überzeugt, daß ihre Entscheidung richtig war. Dann zweifelt sie wieder daran. Ich kann nur spüren, welche Seite überwiegt, ob die Entscheidung aufgesetzt oder wirklich echt ist.«

Einmal hat sie sich strikt geweigert, erinnert sie sich. »Ich hatte eine Frau hier sitzen, die hing offensichtlich sehr an ihrem Kind, wollte es aber zur Adoption freigeben. Der habe ich knallhart gesagt: ›Ich vermittle Ihr Kind nicht, Sie werden Ihres Lebens nicht mehr froh. Sie mögen Ihr Kind sehr gerne, die Beziehung stimmt, und nur wegen Geld‹ – sie hatte gesagt, sie wolle das Kind aus finanziellen Gründen weggeben –, da habe ich gesagt, nein, das mache ich nicht.«
Was geschieht, wenn der Wunsch nach einer Adoption für die VermittlerInnen nicht nachvollziehbar ist, weil die äußeren Umstände so sind, daß die Frauen ihr Kind behalten könnten? Einmal hat sie die Entscheidung zur Adoption überhaupt nicht verstehen können, erzählt die Friedberger Vermittlerin Brigitte Löw. Das Elternpaar hätte das Kind von den äußeren Umständen her behalten können, bestand

jedoch auf einer Adoption. Sie habe die Entscheidung dann akzeptiert und das Kind vermittelt. »Ich habe der Mutter aber gesagt, daß das Kind wahrscheinlich eines Tages nach den leiblichen Eltern suchen werde und daß sie dann ihrer Tochter hoffentlich mehr erklären könne als mir.«

Meistens erleben die VermittlerInnen eine Adoptionsfreigabe jedoch als Verzweiflungstat. »Die Frauen, die zur Adoptionsstelle kommen, waren oft schon beim Jugendamt, bei der Erziehungsberatungsstelle oder bei einem Psychologen. Die Adoptionsstelle laufen sie zuletzt an«, meint Ute Schultze-Hagen. »Und von mir verlangen sie dann, daß ich sofort eine Lösung biete und ihr Kind ganz schnell vermittle, weil sie nicht mehr anders können. Manche möchten am liebsten das Kind auf den Tisch setzen, weil sie nicht mehr weiterwissen. Der Adoption ist ja immer ein längerer Prozeß vorangegangen. Keine Frau taucht hier mit der spontanen Idee auf, ich gebe mein Kind weg, und dann wird es vermittelt.«

Gelegentlich sind VermittlerInnen sehr zerrissen zwischen den Interessen der Mutter und den Interessen des Kindes. Dann haben sie das Gefühl, daß sie den Müttern nicht wirklich gerecht werden können. »Manchmal ist das so«, seufzt Christa Steinhauer. »Ich denke spontan an zwei Geschwister, die ich vor einiger Zeit vermittelt habe. Wenn ich mir die Mutter vergegenwärtige, dann ist das eine Frau, mit der würde ich therapeutisch arbeiten, wenn ich die in einem anderen Rahmen kennenlernen würde und nicht so an die Interessen der Kinder denken müßte.« Diese Frau war in psychiatrischer Behandlung und konnte für die Kinder nicht sorgen.

Daß im Zweifel das Interesse des Kindes immer Vorrang hat vor dem Interesse der abgebenden Mutter – das betonen alle AdoptionsvermittlerInnen. Brigitte Löw: »Bei mir überwiegt immer das Interesse des Kindes. Ich erlebe oft, daß mir die Mütter leid tun oder auch die Adoptiveltern. Aber es verleitet mich nicht dazu, danach zu handeln, also den Adoptiveltern das Kind zu geben oder der leiblichen Mutter zu sagen: ›Dann behalt es doch, damit es dir wieder bessergeht.‹ Nach meinen Wertvorstellungen sollen die Kinder die größtmöglichen Chancen haben, im Zweifelsfall auf Kosten der Erwachsenen.« Mit einem solchen Selbstverständnis können VermittlerInnen aber leicht in Versuchung geraten, der Mutter den eigenen Willen

aufzuzwingen. Zumal dann, wenn sie sich in der von Monika Sailer beschriebenen Rolle des Retters wohl fühlen.
Brigitte Löw vermittelt mit dem Selbstverständnis, daß eine Trennung manchmal besser ist, als aus moralischen Gründen zusammenzubleiben. Im Interesse des Kindes und der abgebenden Mutter vermeidet sie allerdings im Gegensatz zu den meisten ihrer KollegInnen die Inkognito-Adoption. (Vgl. das Kapitel »Offene Adoption: Ein Schutz für das Kind?«.)
Viele SozialarbeiterInnen haben Zweifel, ob sie sich mit Beratungsgesprächen aufdrängen dürfen, wenn eine Frau sehr entschieden auftritt und eine Adoptionsfreigabe verlangt. Christa Steinhauer: »Es gibt Frauen, die sagen: Ich habe keine Beziehung zu meinem Kind. Es ist nicht mal die Ausnahme, gerade bei den älteren Kindern, da fallen mir spontan mindestens vier Fälle ein, in denen die Mütter klar sagten: ›Ich kann nicht mehr, und ich will nicht mehr.‹ Ich merke, wie schwer es mir fällt, zu akzeptieren, daß diese Mutter wirklich nichts mit dem Kind zu tun haben will, und zu denken: Aber ich muß ihr doch helfen, ich muß ihr doch Angebote machen.« Aber auch diesen Frauen fällt es schwer, sich von ihrem Kind zu trennen.
»Wir müssen den Wunsch der Mutter nach einer Adoption sehr ernst nehmen. Adoption ist immer ein Hilferuf, ein Signal der Überforderung«, betont Elke Kannenberg. »Selbst in den Fällen, bei denen wir meinen, äußerlich sei alles in Ordnung, die Mutter hat eine Wohnung und eine Arbeit, können wir letztendlich nicht darauf bestehen, daß sie das Kind behält. Weil wir an die eigentlichen psychischen Konflikte oft gar nicht herankommen, die hinter dieser Adoptionsentscheidung stehen.« Elke Kannenberg befürchtet, daß SozialarbeiterInnen eine gefährliche Situation heraufbeschwören, wenn sie zu stark gegen die Adoption argumentieren. »Es ist nun mal leider so, daß Kinder in ihren Elternhäusern Schaden nehmen. Es ist nun mal leider so, daß unsere Heime überfüllt sind. Wir haben mißhandelte und gestörte Kinder. Und in diesem Spannungsfeld stehen wir. Hilfen für die Mutter, unbedingt, aber die Mutter darf sich nicht bedrängt fühlen. Sie darf nicht mit dem Gefühl nach Hause gehen: Jetzt haben die mir soviel Hilfe angeboten, jetzt muß ich mein Kind behalten, obwohl ich psychisch gar nicht dazu stehe.«
Das Dilemma der VermittlerInnen besteht darin, daß sie häufig keine

wirkliche Hilfe anbieten können. Zuwendungen der Stiftung Mutter und Kind sind einmalige Zahlungen und nur ein Tropfen auf den heißen Stein. Probleme wie Abhängigkeit von der Sozialhilfe, Abbruch der Berufstätigkeit oder der Ausbildung und Isolation als Alleinerziehende erscheinen oft unüberwindlich. So entstehen dann groteske Situationen wie die, daß Beatrix ihren Sohn zwar sofort zur Adoption vermitteln lassen konnte, aber in einem heilpädagogischen Kindergarten keinen Platz bekam – was ihr vielleicht ermöglicht hätte, mit dem Kind zusammenzuleben. (Vgl. das Kapitel »Beatrix: ›Ich könnte nichts Schönes aus meinem Leben erzählen – bis auf die Geburt meiner Kinder‹«.)

Anmerkungen

1 Sailer, Monika, Die sogenannte Freigabe zur Adoption – zur Ambivalenz in der Schwangerschaft, Referat, in: Broschüre der Gemeinsamen Zentralen Adoptionsstelle (GZA) Hamburg zur Tagung »Gespräche mit abgebenden Müttern«, Hamburg 1987.
2 ebenda.
3 Wittland-Mittag, Angelika, Adoption und Adoptionsvermittlung: Selbstverständnis von Adoptionsvermittlern und -vermittlerinnen, Essen 1992.
4 ebenda, S. 149
5 ebenda, S. 145 f.

Im Krankenhaus – Geburt und Abschied

Auf der Geburtsstation eines Krankenhauses ist man daran gewöhnt, daß Mütter ihre Neugeborenen mit überschwenglichem Glücksgefühl in Empfang nehmen. Eine Frau, die ihr Baby weggibt, scheint hier völlig fehl am Platze zu sein. Die Verachtung, die sie im allgemeinen in ihrer Umgebung zu spüren bekommt, trifft sie hier um so härter. Hier trennt sie sich endgültig von dem Kind, das sie gerade erst unter Schmerzen geboren hat. Das Krankenhauspersonal ist – unseren Gesprächen nach zu urteilen – in den letzten Jahren etwas sensibler geworden, doch ist es auch heute noch längst keine Selbstverständlichkeit, daß eine abgebende Mutter mit Respekt behandelt wird. Im folgenden erzählen Frauen von ihren Erfahrungen während der Geburt. Die einen haben sich freiwillig zur Adoptionsfreigabe entschlossen, die anderen wurden von ihren Eltern dazu gezwungen. Für das Krankenhauspersonal spielten die unterschiedlichen Beweggründe der abgebenden Mütter jedoch keine Rolle. Auf Unverständnis stießen sie alle gleichermaßen. Ebenso kann man aus den Berichten ablesen, daß sich im Laufe der letzten Jahrzehnte nicht viel verbessert hat. Erst seit Beginn der neunziger Jahre scheint sich langsam der Blick für die Situation der abgebenden Mutter zu öffnen.

1962 – Erika: »Wie der letzte Dreck«

»Die Frau vom Jugendamt, eine Bekannte unserer Familie, hat mich zum Krankenhaus gebracht, als die ersten Wehen eintraten. Sie hat dort gesagt, daß ich das Kind abgeben wollte. Das war natürlich ein großer Fehler. Ich wurde behandelt wie der letzte Dreck. Erst mal wurde jeder Mutter lauthals erzählt: Nebenan ist eine Frau, die

gibt ihr Kind ab, bewußt so laut, daß ich das mitkriegte. Um mich haben sie sich nicht viel gekümmert. ›Wenn Sie Schmerzen haben, nehmen Sie Lachgas!‹ hieß es einfach. Als ich mich übergeben mußte, haben sie gerufen: ›Halten Sie auf!‹ Da habe ich denen natürlich den Fußboden vollgemacht. Das war ein Drama. Also daß die mich da nicht wie eine junge Katze durchgerieben haben, das war alles. Es war eine bewußte Schikane. Heute wäre das vielleicht anders. Dann bekam ich einen Krampf bei der Geburt. Der Doktor hat mir eine Spritze gegeben. Irgendwann wurde ich wach und hatte ein Baby. ›Wo ist es denn?‹ – ›Ja, das hat Sie doch nicht zu interessieren. Sie wollen das Kind doch sowieso nicht haben‹, bekam ich zu hören. Ich wollte unbedingt wissen, wo das Kind war. ›Das ist weg!‹ Da habe ich mich beschwert, es war das erste Mal in meinem Leben, daß ich aggressiv wurde. Ich wollte das Kind sehen. ›Das ist nicht üblich‹, hieß es, ›wenn man ein Kind abgibt, braucht man es nicht zu sehen. Sie stillen ja auch nicht.‹ Nach vielem Hin und Her durfte ich die Britta sehen. ›Haben Sie jetzt alles gesehen?‹ fragten die Schwestern nach kurzer Zeit. Kind weg, das war's.
Ich konnte Britta dann dreimal am Tag sehen, wenn die anderen Babys ihre Mahlzeiten bekamen. Aber ich war grundsätzlich die letzte, und sie holten Britta als erste wieder ab. Ich war damals traurig, vor allem aber wütend. Wenn ich gekonnt hätte, wie ich wollte, ich hätte jemanden zerfleischen können. Ich hatte sowieso das heulende Elend, weil Britta wegmußte, und dann gönnen sie einem noch nicht mal die paar Minuten.
Am dritten Tag sagte die Frau vom Jugendamt zu mir: ›Morgen kommt die Mutter, um das Kind zu holen.‹ Ich dachte: Da bist du nicht im Krankenhaus, dann hast du vielleicht gerade das Kind für fünf Minuten, und dann kommt die und sagt: ›Hier, bitte schön!‹ Nee, das tust du dir nicht an. Ich habe meine Klamotten gepackt und bin nach Hause.« (Vgl. das Kapitel: »Die Abgeschobenen – die Adoptivkinder«.)

»Mit der Geburt an sich wäre ich sehr gut klargekommen, wenn die Ärzte und Schwestern nicht gewesen wären. Ich hatte mir irgendwo eine Atemtechnik angelesen und war sehr ausgeglichen. In den letzten Minuten habe ich eine Narkose bekommen. Hinterher habe ich eine totale Erleichterung gespürt, weil ich dachte, nun würde alles normal weitergehen und ich würde – nach den Worten meiner Eltern – ein neues Leben beginnen können. Aber es kann nie neu beginnen, es geht immer weiter, das wußte ich damals noch nicht. Die eigentliche Geburt, den Austritt des Kindes, habe ich nicht mitbekommen. Das wollte ich so. Ich bin davor weggelaufen. Wenn ich die Geburt bewußt miterlebt hätte, dann wäre es mir wahrscheinlich noch schwerer gefallen, das Kind wegzugeben. Ich glaube, meine Mutter hatte die Idee mit der Narkose.
Die katholischen Schwestern waren sehr distanziert. Ich hatte keinen Ansprechpartner. Sie haben sich nicht um mich gekümmert, obwohl meine Eltern sie bezahlt haben. Der Arzt war so ein neureicher Schweizer Wohlstandsbürger. Während der ganzen Schwangerschaft war ich wie erstarrt, ich hatte keine Gefühle. Ich war so mit dem Überleben beschäftigt.
Es wird ja immer behauptet, Muttergefühle würden erst nach und nach entstehen, ich glaube das nicht. Die sind da, schon durch die neun Monate, in denen das Kind in einem lebt. Ich mußte mein Kind sehen, irgend etwas hat mich getrieben, obwohl ich ursprünglich nicht wollte. Also bin ich in das Säuglingszimmer gegangen, habe meine Tochter nur dieses eine Mal gesehen und bin dann heulend zusammengebrochen. Der Frauenarzt kam und fragte mich, was denn los sei. Als ich ihm erzählt habe, daß ich meine Tochter gesehen habe, hat der Kerl mich angebrüllt: So eine Unverschämtheit, wie ich dazu käme, das Kind sei nicht mehr meins, und es sei jetzt zur Adoption freigegeben, was ich noch wollte.«

1977 – Ulrike: »Der Schmerz kam erst später«

»Im Krankenhaus war alles sehr traumatisch für mich, weil ich mit Frauen zusammengelegen habe, die ihre Kinder bekamen und behalten konnten. Ich habe das Glück der anderen immer miterlebt, und das über mehrere Wochen, weil ich aus medizinischen Gründen schon lange vor dem Entbindungstermin dasein mußte. Drei Wochen lang habe ich die Frauen in ihrem Glückstaumel gesehen. Sie hatten auch mit mir Probleme. Ich glaube, sie konnten sich nicht mehr so über ihr Kind freuen. Ich denke, es tat ihnen leid. Aber keine hat nachgefragt oder einen Vorschlag gemacht, an wen ich mich wenden könnte, wer mir helfen könnte.

Ich bin schlecht behandelt worden im Krankenhaus, wie ein Mensch dritter Klasse, herzlos (sie weint). Die Schwestern haben sich überhaupt nicht um mich gekümmert, machten nur das Nötigste. Und während der Entbindung habe ich in einem Zimmer gelegen, in dem die Neugeborenen gemessen und untersucht wurden, so daß ich mir während der Geburt permanent Säuglinge angucken mußte. Heute kann ich mir gar nicht mehr vorstellen, daß ich da nicht reagiert habe, aber irgend etwas muß tot gewesen sein in mir.

Ich hatte eine Steißgeburt. Die Studenten wurden herbeigerufen und durften gucken, wie ein Kind trotz Steißlage auf natürlichem Wege geboren wird. Normalerweise macht man wohl eher einen Kaiserschnitt. Ich weiß nicht, ob sie bei mir mal ausprobieren wollten, ob es auch so geht.

Als das Kind da war, spürte ich erst mal ein Glücksgefühl. Ich war unheimlich stolz und habe mich gefreut. Der Schmerz war eigentlich noch nicht so richtig da, den habe ich irgendwie weggedrückt. Sonst hätte ich das Kind wahrscheinlich gar nicht weggeben können. Das Schmerzliche kam erst später.«

1988 – Gina: »Ich möchte das Kind nicht sehen«

Ich wurde in ein Zimmer gesteckt, in dem nur Frauen lagen, die abgetrieben hatten. Die Krankenschwestern haben mich schief angeguckt. Das Kind durfte nach der Geburt nicht bei mir im

Zimmer sein. Bei der Anmeldung im Krankenhaus hatte ich allerdings auch gedacht, ich möchte das Kind gar nicht sehen, ich schaffe das nicht, auch noch tschüs zu sagen. Es ist schlimm genug, daß es weg ist. Aber nach der Geburt habe ich gemerkt, daß ich das Kind einfach in den Arm nehmen mußte, das war ganz logisch. Ich konnte nicht einfach sehen, aha, es ist gesund, und dann wird es ins andere Zimmer getragen. Das war ein Fehler von mir, ich wußte nicht, was auf mich zukommt. Ich hab vorher gedacht, wenn ich das Kind nicht sehe, komme ich besser damit klar.
Anna ist morgens um 8 Uhr geboren worden. Den ersten Vormittag habe ich bis um 12 Uhr in einem Warteraum gesessen und sie einfach auf dem Bauch gehabt. Ich wollte sie allerdings nicht stillen. Die Schwestern haben mich links liegenlassen. Ich bekam meine Tochter nur zu sehen, weil ich immer wieder die zwei Treppen ins Säuglingszimmer hinuntergehinkt bin. Eigentlich durfte man da nicht hineingehen, ich habe ab und zu Ärger bekommen, wenn ich meine Tochter besuchen wollte. Aber sie durfte ja nicht an meinem Bett stehen. Ich fand das eine Schweinerei, denn ich fühlte mich als Mutter verantwortlich. Es war schließlich meine Tochter! Aber dann habe ich gemerkt, daß ich mich von ihr trennen mußte, weil meine Situation nichts anderes zuließ.«

1991 – Susanne: »Ich wollte das Kind nicht gehen lassen«

»Die Geburt hat sich hinausgezögert. Meine Tochter sollte eigentlich zwei Tage früher zur Welt kommen. Im Krankenhaus habe ich stundenlang mit den Wehen gekämpft, sie ließen dann schließlich nach. Die Hebamme kam zu mir und sagte: ›Du willst das Kind nicht gehen lassen. Presse!‹ Sie hat mich plötzlich geduzt. Sie war sehr nett. Ich fühlte mich wirklich angenommen. Ich habe gemeint, ich könnte gar nicht pressen, da ja nun die Wehen nachgelassen hatten. Aber sie sagte, ich solle es versuchen, ich müsse mich davon lösen. Und das war ja nun auch mein Anspruch, das Kind nicht unter Sauerstoffmangel zur Welt zu bringen. Ich habe gepreßt. Schließlich hat es geklappt, meine Tochter ist gekommen.

Sie lag dann eine Stunde lang in einem Kinderbettchen neben mir. Es war verdammt schwer, nicht auf sie zuzugehen. Ich hatte mich allerdings vorher so entschieden, um mir möglichst wenig Schwierigkeiten zu machen. Ärztin und Hebamme hatten nach der Geburt den Raum verlassen, mir allerdings gesagt, wenn ich Hilfe bräuchte, sollte ich sie rufen.
Ich hatte ganz bewußt ein Krankenhaus gewählt, das mich bei meiner Entscheidung zur Adoption unterstützte. Es war ausgemacht, daß wir unser Kind sehen konnten. Es sollte allerdings – das war mehr oder weniger Auflage des Jugendamtes – im Säuglingszimmer bleiben. Aber ich konnte sie jeden Tag sehen, wenn ich wollte. Man hat mich – das fand ich sehr geschickt vom Krankenhauspersonal – nicht unter die Wöchnerinnen gelegt, sondern auf eine normale Frauenstation. Ein sehr negatives Erlebnis hatte ich allerdings doch, gleich nach der Geburt. Irgendeine Angestellte des Krankenhauses kam herein. Sie hat mich beschimpft, wie ich nur das Kind da in seinem Kinderbettchen unweit von mir stehenlassen könnte. Und dann meinte sie noch, aber essen nach der Geburt, das könnte ich wohl. Das war sehr schwer zu ertragen. Ich mußte mich aber an das halten, was ich vorher für mich entschieden hatte. Mein Mann war die ganze Zeit bei mir. Wir haben uns die Hand gehalten und gesagt: Den Weg, den wir eingeschlagen haben, den wollen wir auch weitergehen und uns nicht durch derartige unqualifizierte Äußerungen hemmen lassen.
Nachdem ich auf mein Zimmer in der Frauenstation gebracht worden war, fühlte ich mich sehr elend. Die Ärzte haben mich bald darauf besucht und mir mitgeteilt, wo sich unsere Tochter aufhielt und daß ich sie dort jederzeit besuchen könnte. Ich hatte allerdings Hemmungen, weil die Mitarbeiterin des Jugendamtes von solchen Besuchen unterrichtet werden wollte. Sie wollte wohl unsere Beweggründe einschätzen und die schon ausgewählten Adoptiveltern unterrichten. Der größte Wunsch des Jugendamtes war es, eine Adoption zu verbuchen.
Nach drei Tagen habe ich mich dann entschieden, meine Tochter zu besuchen. Ich bin mit dem Kinderbettchen in einen Besucherraum gefahren und konnte sie dort auf den Arm nehmen. Ich war allein, allerdings war dieser Raum von außen einsehbar. So habe ich mich von ihr verabschiedet.«

Väter lassen abgeben

Abgebende Väter kommen in diesem Buch nicht vor. Denn Väter lassen abgeben. Trotz intensiver Suche haben wir keinen abgebenden Vater gefunden, den wir hätten interviewen können. Die abgebenden Mütter hatten entweder keine Adresse des »Erzeugers« ihrer Kinder mehr, oder sie wollten den Kontakt zu ihm nicht herstellen. Auch unsere Bemühungen über die Jugendämter liefen ins Leere: »Einen Vater, der Informationen haben oder einen Kontakt zu seinem Kind herstellen wollte? Das hatten wir noch nie!« So reagierte beispielsweise Ute Schultze-Hagen vom Diakonischen Werk in Berlin. Eine Aussage, die uns von vielen Jugendämtern bestätigt wurde. Auch Christine Swientek, Erziehungswissenschaftlerin an der Universität Hannover, schreibt: »In all den Jahren meiner Arbeit mit Adoptierten und abgebenden Müttern habe ich nur einen Fall erlebt, daß ein Vater seine inzwischen erwachsenen Kinder suchte. Es handelte sich um eheliche Kinder, die dem Ehepaar fortgenommen worden waren.«[1]

Auch zu den Beratungsgesprächen erscheinen die Frauen in der Regel ohne den Vater des Kindes. Sabine Biwer vom Sozialdienst Katholischer Frauen glaubt, daß die Frauen oft nicht wollen, daß die Männer sie begleiten. »Die Frauen sehen das seltsamerweise als ihr Problem an und wollen die Männer nicht hineinreißen. Sie haben auch Angst, daß die Männer danach zur Kasse gebeten werden oder daß sie in irgendeiner Form Schwierigkeiten bekommen.« Im vergangenen Jahr sei zweimal der Kindsvater mitgekommen, erinnert sie sich. Nach dem Notartermin waren die Männer »nicht mehr greifbar«. Das bedeutet: Nach der Adoptionsfreigabe kamen die Frauen noch sporadisch zum Gespräch, jetzt allerdings ohne den Mann. »Die Männer wehrten ab, sicherlich aus einem Schuldgefühl heraus, sich vor der

Verantwortung gedrückt zu haben«, wie sie vermutet. »Soweit ich das beobachten konnte, litten auch die Männer unter der Adoption, waren aber nicht in der Lage, mit ihren Frauen darüber zu sprechen.« Manchmal hat sie den Mann aber auch schon als Kontrollinstanz erlebt – er begleitete die Frau, um sicherzugehen, daß sie das Kind auch freigeben würde.

Adoptionen verlaufen meistens nach einem klassischen Muster: Der Mann fühlt sich nicht verantwortlich für das Kind, die Eltern der abgebenden Mutter bieten keine Unterstützung – das Jugendamt weiß schließlich die Lösung: Adoption.

Ulrike hat ihren Sohn auch deshalb zur Adoption freigegeben, weil der Vater um das Kind erst kämpfen wollte, als es viel zu spät war. Sie wurde von ihren Eltern zur Weggabe des Kindes gezwungen, mit Unterstützung des Mannes hätte Ulrike diesem Druck vielleicht widerstehen können. »Der Vater des Kindes stand nicht dazu, er hatte Angst davor, plötzlich mit Frau und Kind dazustehen. Nach der Geburt hat er mich einmal im Krankenhaus besucht. Über die Adoption haben wir gar nicht gesprochen. Er war im Grunde froh, daß er die Belastung los war, mich und das Kind. Das Einverständnis zur Adoption war überhaupt kein Problem für ihn. Zwei Monate nach der Geburt hat er dann versucht, die Beziehung zu mir fortzusetzen. Er kam also und wollte wieder mit mir zusammenleben. Aber für mich war dieses Kapitel beendet. Ich wußte damals: Er hat um das Kind nicht gekämpft. Später habe ich dann erfahren, daß es zwischen ihm und der Adoptionsvermittlungsstelle noch einen Briefwechsel gab. Zu irgendeinem Zeitpunkt wollte er das Kind zurückhaben. Es hat so ausgesehen: Da ich nicht mit ihm leben wollte, wollte er das Kind dann doch haben. Ich hab vor vier Jahren noch einmal versucht, mit ihm zu sprechen. Aber das war nicht möglich, weil er diese ganze Geschichte nicht reflektiert hat und nur sagen konnte, er verstehe heute noch nicht, wieso ich das gemacht habe. Und da war für mich klar: Ich kann mit ihm nicht darüber sprechen.«

Typisch für das Verhalten der Väter ist auch die Erfahrung, die Corinna gemacht hat: »Mein Freund war damals zu Besuch bei seinen Eltern, er hatte Semesterferien. Kurz bevor ich in die Schweiz mußte, um das Kind zur Welt zu bringen, hat mein Vater ihn gefragt, wieso er denn keine Präservative benutzt hätte. Aber der hat so getan, als ob er nichts wüßte, und hat sich getrollt. Er war verschwunden, und ich mußte allein damit fertig werden. 1989 habe ich ihn wiedergesehen. Ich habe ihn gefragt, ob er wisse, was aus unserer Tochter geworden sei; ganz hinterlistig habe ich das gefragt, um mal zu sehen, was da kommen würde. Aber er tat so, als ob er von nichts wüßte. Er hat erst die Vaterschaft angezweifelt und gefragt, ob ich denn sicher sei. Er hat sich sehr blödsinnig verhalten. Komischerweise ähnlich wie meine Eltern, auch sehr repressiv und rigide. Er sei jetzt verheiratet, Kinder habe er nicht, und mit seiner Frau, das klappe auch nicht mehr so. Aber für mich stehe er jederzeit zur Verfügung. Da habe ich vorgezogen, den Kontakt abzubrechen, weil das nicht das Thema war.

Später wollte ich ein Foto von ihm für meine Tochter. Ich weiß seine Adresse nicht und habe seine Mutter angeschrieben, ob sie nicht ein Bild von ihrem Sohn hätte. Die Frau rief mich an und sagte, sie wollten mit der Sache nichts zu tun haben. Und es stünde ja gar nicht fest, ob er der Vater sei. Da hab ich ganz cool gesagt, wir könnten ja einen Vaterschaftstest machen lassen. Da wurde sie gleich freundlicher. Sie hatte wohl Angst, daß noch Kosten auf sie zukommen könnten. Außerdem hat der liebe Vater meiner Tochter jetzt Zwillinge. Die spielen jetzt heile Welt. Ich hab also kein Foto bekommen.«

Wie viele andere erspart sich auch dieser Vater alle Aufregungen, indem er das Kind verleugnet und Desinteresse zeigt.

Im wesentlichen kann man die Väter in fünf Gruppen einteilen:

Die jungen Väter: Sie sind überfordert mit der frühen Ernährerrolle und kommen – wie übrigens auch die Mütter – teilweise aus sozial benachteiligten Milieus. Manchmal muß man vermuten, daß diese Väter selbst eine unglückliche Kindheit erlebt haben.

Beatrix beispielsweise erzählt über den Vater ihres Sohnes: »Der Erzeuger von Tobias war damals 17 Jahre alt. Er hatte selbst massive Kindheitsprobleme, so daß er überhaupt nicht in der Lage gewesen wäre, für das Kind dazusein. Er ist ein brutaler, aggressiver Mensch. Er hat die Vaterschaft bestritten, die wurde dann festgestellt. Zu 99,64 Prozent ist er der Vater. Er hat das Verfahren zahlen müssen. Im Prinzip hat er zu dem Jungen gar nicht gestanden. Nach sechs Jahren ist ihm dann eingefallen: Ach ja, ich habe ja noch ein Kind. Da wollte er dann den Jungen zu sich holen. Das habe ich abgelehnt, weil das der Untergang für das Kind gewesen wäre. Du kannst nicht nach sechs

Jahren hingehen und sagen: ›Hallo, ich bin dein Vater, ich nehme dich jetzt mit.‹ Da hätte Tobias auch nicht mitgespielt. Unterhalt hat er mir nie bezahlt. Er weiß gar nicht, wie das Wort geschrieben wird.«

Die Verheirateten: ältere, schon verheiratete Männer, die eigentlich nur ein bißchen Abwechslung suchen und sich dann rigoros zurückziehen, wenn bei der Freundin ein Kind unterwegs ist. Immerhin ein Fünftel aller unehelich geborenen Kinder werden von anderweitig verheirateten Männern gezeugt. Diese Männer erklären sich nur allzugern mit der Adoption einverstanden, zumal ihnen so Unterhaltszahlungen erspart bleiben. Je nach Einkommen können das bis zum 18. Lebensjahr des Kindes immerhin bis zu 100 000 DM sein. Vielfach müssen sie vom Jugendamt über die Adoption gar nicht informiert werden, weil die Mütter »Vater unbekannt« angegeben haben. Wenn zu der Frau keine engere Bindung bestand, bleibt dieses Kind nur eine Episode im Leben des Mannes. Die Entscheidung zur Adoptionsfreigabe ist eine Sache der Mütter, die Männer anscheinend nichts angeht.

Die Scheidungsväter: Hier kommt es zur Adoption, wenn der Mann seine Exehefrau bei der Erziehung der Kinder nach der Scheidung nicht mehr unterstützt oder die Mutter mit dem Vater nichts mehr zu tun haben will und mit den oft trennungs- und beziehungsgeschädigten Kindern »nicht mehr fertig wird«. Wie die Ehemänner müssen auch Scheidungsväter in die Adoption notariell einwilligen. Wenn sie mit der Adoption nicht einverstanden sind, für das Kind aber selbst nicht sorgen wollen oder können, kann ihre Einwilligung ersetzt und die Adoption auch gegen ihren Willen vollzogen werden.

Katrins Exehemann Lutz hat zum Beispiel versucht, seinen Sohn Matthias aus dem Heim herauszuholen, weil er mit der Adoption des Kindes nicht einverstanden war. (Vgl. das Kapitel: »Die Großmütter: ›Das tut mir herzensweh, immer noch‹«.) Katrin, die nach der Scheidung das Sorgerecht erhielt, war dagegen zur Adoptionsfreigabe entschlossen: »Lutz hat mal auf Biegen und Brechen versucht, ihn aus dem Kinderheim herauszuholen, hat seine Eltern aktiviert, eine riesige Show gemacht. Er hat nichts erreicht, weil ich von vornherein gesagt habe: ›Laßt bloß den Vater raus, das ist kein guter Einfluß.‹ Da hat er keine Chance gehabt und auch nicht mehr weiter nachgefragt. Wir haben kaum noch Kontakt. Wir telefonieren vielleicht dreimal im Jahr miteinander, wenn er den Unterhalt für den Älteren nicht bezahlt hat. Lutz ist zwei Jahre älter als ich, aber selbst jetzt mit 32 Jahren noch ein sehr unreifer Kerl, der nicht in der Lage ist, Verantwortung zu übernehmen, der auch keinen richtigen Draht zu seinen Kindern hat. Er läuft heute noch mit Babyfotos von ihnen im Portemonnaie rum und zeigt die: ›Ach, meine Söhne.‹ Aber wenn Sie meinen, der hätte den Jüngsten auch nur einmal gewickelt: Nee, ist nicht.«

Lutz wollte offenbar nur erreichen, daß seine Exfrau Katrin weiter für den Jungen sorgt. Er selbst war dazu nicht bereit. Er habe eine neue Partnerin, eine kleine Wohnung und wenig Geld, erklärte er gegenüber dem Jugendamt, als die Sozialarbeiterin ihn fragte, ob er denn das Sorgerecht übernehmen wolle. Die Sozialarbeiterin erlebte das Verhalten von Lutz als reines Machtspiel gegenüber der Exfrau und nicht als wirkliches Interesse an dem Kind. Falls sich Lutz weiterhin gegen die Adoption ausspricht, läuft er Gefahr, daß seine Einwilligung vom Gericht ersetzt wird.

Der Vater von Utes Tochter Saskia schien der Adoption sehr gleichgültig gegenüberzustehen. (Vgl. das Kapitel »Ute: ›Jetzt ist sie weg, jetzt kann ich es nicht mehr ändern‹«.) Vielleicht ist es aus Sicht des Mannes vom Verlust des Sorgerechts bis zur Einwilligung in die Adoption kein allzu weiter Schritt mehr. »Vorm Notar mußte ich dann unterschreiben, daß ich meine Tochter abgebe. Das wollte ich eigentlich gar nicht, aber mein erster Mann, der Vater von Saskia, hatte die Unterschrift schon geleistet«, erzählt Ute. »Da habe ich dann auch unterschrieben.«

Die Ehemänner: Susanne betont, sie und ihr Mann hätten sich gemeinsam dafür entschieden, ihr Kind zur Adoption freizugeben. Bei weiteren Nachfragen stellte sich dann heraus, daß sie sich von ihrem Mann unter Druck setzen ließ: »Die Schwangerschaft habe ich auf der einen Seite sehr bewußt erlebt, schon von vornherein mit dem Gedanken, daß ich die Tochter nicht behalten kann. Ich muß das mal so ausdrücken: ›Nicht behalten kann‹, da mein Mann von vornherein gegen dieses dritte Kind war. Um die Familienstruktur zu wahren, habe ich mich seinem Entschluß gebeugt.« Eine Konstellation, der VermittlerInnen häufiger begegnen, wenn sich Ehepaare zur Adoptionsfreigabe entschließen. Wobei sicherlich auch die Frauen dem

Kind gegenüber sehr ambivalent eingestellt sind, sonst würden sie sich dem Wunsch des Ehemannes wohl kaum unterordnen.

Die »unwissenden« Väter: »Unwissend« sind diese Väter deshalb, weil die Frauen ihnen Schwangerschaft und Geburt des Kindes verheimlichen. Der Vater von Britta (vgl. das Kapitel »Die Abgeschobenen – die Adoptivkinder«) erfuhr erst von seinem Glück, als die Tochter nicht nur ihre leibliche Mutter, sondern auch den leiblichen Vater kennenlernen wollte. Warum verschweigen die Frauen ihre Schwangerschaft? Erika, Brittas Mutter, kann diese Frage nicht beantworten. »Als wenn ich meschugge gewesen wäre«, sagt sie nur. »Irgendwie wollte ich ihn nicht damit belasten.«

Die Frauen schonen den Mann, obwohl sie selbst an der Belastung durch dieses Kind fast verzweifeln. Hier spielt wohl das gesellschaftliche Frauenbild eine zentrale Rolle. Im Grunde schämen sich die Frauen ihrer Schwangerschaft. »Die Erwartung an die Frau, entweder enthaltsam zu leben oder aber zu verhüten, ist durch die Jahrzehnte hindurch erhalten geblieben«, so Christine Swientek. »Wenn die Frau schwanger wird, dann hat sie ›schuld‹. Sie hat den Mann ›reingelegt‹, sie hat es dann ›nicht anders verdient‹.«[2] Vorurteile, die Frauen so verinnerlicht haben, daß sie dafür große Nachteile für ihr eigenes Leben in Kauf nehmen.

Daß abgebende Mütter keine Angaben über die Väter machen, haben die Jugendämter häufig gerne akzeptiert, weil es die Adoption erleichtert: Anders als eheliche Väter müssen die unehelichen Väter zwar nicht notariell zustimmen, sondern nur »belehrt« werden, aber auch diese Belehrung bedeutet zusätzlichen Verwaltungsaufwand. Manche Vermittlungsstellen bemühen sich heute immerhin etwas intensiver, den Abgebenden zu ermitteln, auch im Interesse des Kindes, das womöglich später etwas über den leiblichen Vater erfahren möchte.

Manche Frauen wollen die Verantwortung für das Kind auch nicht mit einem Mann teilen, den sie noch nicht lange kennen und schlecht einschätzen können. Dies hat sicherlich für Gina eine Rolle gespielt. (Vgl. das Kapitel »Gina: ›Diesen Schmerz würde ich kein zweites Mal verkraften‹«.) Sie ist durch negative Erfahrungen mit dem Vater ihres ersten Kindes vorgewarnt und überträgt diese auf den Vater ihrer zweiten Tochter Anna. Auffallend ist jedenfalls, daß sie ihn nie ge-

fragt hat, ob er jemals für Anna sorgen würde. Kindererziehung traute sie ihm einfach nicht zu: »Der Vater von Anna lebte als Asylant in Hamburg, und ich hatte das Gefühl, daß er mit seinem Leben selbst schwer zurechtkam. Ich hatte ihn auf einem Fest mit afrikanischer Musik kennengelernt. Das hat man mir auf dem Adoptionsamt nicht geglaubt, weil viele Mütter angeben: ›Vater unbekannt, in der Disco kennengelernt.‹ Ich habe mich von Annas Vater getrennt, als ich bemerkte, daß ich schwanger war. Danach wußte ich nicht mehr, wie er zu erreichen war. Gut, seine Adresse hätte ich vielleicht herausfinden können, aber das wollte ich nicht.
Später habe ich den Vater von Anna zufällig auf der Straße wiedergetroffen. Ich habe ihm erzählt, daß er Vater geworden ist. Weil er nicht glauben wollte, daß nach deutschem Adoptionsrecht der uneheliche Vater der Adoption nicht zustimmen muß, habe ich ihn zur Adoptionsstelle mitgenommen. Dort hat er erfahren, daß man nach deutschem Adoptionsrecht seine Kinder nicht einmal treffen darf. Daraufhin hat er nur gefragt, warum ich seine Tochter weggegeben hätte und nicht meinen Sohn. Ob ich sie abgegeben hätte, weil sie schwarz ist.«
Die Tatsache, daß für die Tochter im Notfall möglicherweise kein Vater zur Stelle gewesen wäre, wird zum Auslöser für Ginas Entscheidung zur Adoptionsfreigabe. Vielleicht hatte Gina selbst keine Kraft mehr für dieses zweite Kind, konnte aber diese Entscheidung vor sich selbst nur rechtfertigen, indem sie dem Vater von vornherein jedes Verantwortungsgefühl absprach und ihm erst gar nicht die Möglichkeit gab, für das Kind zu sorgen.

Anmerkungen

1 Christine Swientek, Wer sagt mir, wessen Kind ich bin? Von der Adoption Betroffene auf der Suche, Freiburg 1993.
2 ebenda, S. 122.

Die Abgeschobenen – die Adoptivkinder

Die Adoptivkinder sind die »Weggegebenen«, sie sind die »Verstoßenen«. Sie mußten die Erfahrung machen, nicht akzeptiert zu werden, und das ausgerechnet von der Frau, die sie auf die Welt gebracht hat. Das überstehen die wenigsten ohne eine Verletzung des Selbstwertgefühls. Je älter sie bei der Adoption waren, desto häufiger stellen sie sich die Frage: War ich nicht gut, nicht brav genug? Selbst eine Adoption direkt nach der Geburt bewahrt Kinder nicht vor solchen Schuldgefühlen. Denn schließlich ist es doch »normal« in unserer Gesellschaft, daß eine Frau, die ein Kind bekommt, dieses auch großzieht, daß also biologische und soziale Mutterschaft zusammenfallen. Hätte sie mich wirklich geliebt, schlußfolgern viele Adoptivkinder, dann hätte sie mich behalten – trotz aller Schwierigkeiten.

Selbst Kinder, die es mit ihrer Adoptivfamilie gut getroffen haben, erleben ihre Situation als »unnormal«. Sie suchen nach Erklärungen und Hintergründen. Sie hoffen auch, mit ihrer Herkunft einen wichtigen, bisher unbekannten Bereich ihrer Identität kennenzulernen. Das Interesse an den leiblichen Eltern wird deshalb oft in der Pubertät, in der Phase der Selbstfindung, besonders stark. Einige begeben sich direkt auf die Suche, andere schieben den Gedanken daran jahrelang vor sich her. Dahinter stehen oft Bedenken, die Adoptiveltern zu verletzen, aber auch die Angst, zum zweitenmal abgewiesen zu werden oder eine unsympathische, nicht akzeptable Mutter vorzufinden.

Warum hat sie mich weggegeben? Diese Frage ist ausschlaggebend für den Entschluß, auf die Suche zu gehen. Adoptivkinder wollen aber auch wissen: Wie sieht die leibliche Mutter aus, was für einen Charakter hat sie, was ist aus ihr geworden? Auffällig ist dabei, daß das Interesse an der Herkunft bei Jungen weit weniger ausgeprägt ist als bei Mädchen. Wenn Jungen suchen, dann eher nach dem Vater. Mäd-

chen verspüren einen dringenderen Wunsch, die leibliche Mutter kennenzulernen.
Haben sich Mutter und Kind gefunden – oft erst, wenn das Kind über 18 ist –, dann hängt es von vielen Faktoren ab, ob eine dauerhafte Beziehung entsteht und wie sie aussieht. Mit entscheidend ist die Reaktion der Adoptiveltern. Wichtig ist auch, wie beide Seiten mit ihren Schuldgefühlen umgehen. Will zum Beipiel eine Seite, um das in der Vergangenheit Verpaßte auszugleichen, zu schnell zuviel, so wird sich das Verhältnis kaum stabilisieren.
Was denken Adoptivkinder über ihre leiblichen Mütter? Wie erleben Mutter und Kind ihr Wiedersehen? Wir berichten im folgenden von zwei Mutter-Kind-Begegnungen nach langer Zeit, zwei sehr unterschiedliche Geschichten. Uns interessieren dabei auch die Sichtweisen der Mütter auf der einen und der Töchter auf der anderen Seite. So lassen wir jeweils beide Parteien aus ihrem Blickwinkel berichten.

Britta: »Ich habe vier Kinder, warum soll ich nicht zwei Mütter haben«

So unkompliziert wie bei Britta und Erika entwickelt sich selten eine Beziehung zwischen »verlorener« Tochter und Mutter. Britta weiß seit ihrem dritten Lebensjahr, daß sie ein Adoptivkind ist. Inzwischen ist sie 31 Jahre alt und hat selbst vier Kinder im Alter von vier bis zwölf. Nach der Trennung von ihrem ersten Mann betreibt sie jetzt mit ihrem Freund eine Bäckerei. Britta ist ein burschikoser, sportlicher Typ: kurze dunkle Haare, Jeans und Sweatshirt. »Weinen und Frust bringen nichts!« lautet ihre Devise. So hört sich alles, was sie über ihre Erfahrungen als Adoptivkind erzählt, sehr abgeklärt an. »Schließlich denke ich schon seit 31 Jahren darüber nach, das ist für mich nichts Neues«, kommentiert sie schulterzuckend. Natürlich habe sie – wie die meisten Adoptivkinder – große Ängste, verlassen zu werden. »Entweder ich stelle mich diesen Ängsten oder ich bedaure mich selbst. Jeder muß mit irgend etwas fertig werden, meine Kinder zum Beispiel mit der Scheidung.«
Obwohl ihre Eltern ihr sehr früh erzählt haben, was sie über ihre leibliche Mutter wußten, hat Britta immer gespürt, daß ihre Herkunft

in der Adoptivfamilie ein schwieriges, ein Tabuthema ist. Bis heute. Die Angst, das angenommene Kind gehöre doch nicht ganz zur Familie, bleibt. Nicht nur ihre Eltern haben das Thema verdrängt, auch sie selbst hat vermieden, es anzusprechen. »Man weiß nicht, wo es anfängt weh zu tun. Mir selbst tut es auch weh, darüber zu reden. Ich tue das nur, wenn es einen Anlaß gibt, wenn meine Mutter nachfragt zum Beispiel. Dann können wir auch darüber sprechen. Mit jedem anderen unterhalte ich mich darüber, weil es nun mal Tatsachen sind.«

Es sind oft die Ängste der Adoptiveltern, die die Kinder davon abhalten, ihre leiblichen Eltern zu suchen. Sie wollen die Eltern, bei denen sie aufgewachsen sind, die ihnen soviel gegeben haben, nicht verletzen, wollen nicht den Eindruck erwecken, undankbar zu sein. Das ging auch Britta so. Aber der Wunsch, eine persönliche Erklärung zu hören, wurde immer stärker. »Wenn man nicht weiß, warum man weggegeben wurde, bedeutet Adoption, man ist weggeworfen worden. Es half mir nichts, daß mir meine Eltern erklärten, meine leibliche Mutter habe es gut gemeint. Sie selbst sollte das bestätigen.«

Britta hat erst mit 28 Jahren angefangen, ihre Herkunft zu erforschen. »Bevor man sich auf die Suche macht, muß man sich zwei verschiedene Möglichkeiten klarmachen: Vielleicht hat die Dame inzwischen wahnsinnig viel Geld, und man selbst ist dagegen ein armes Schwein. Vielleicht ist sie aber auch eine alkoholabhängige Prostituierte. Nur wenn ich mir beides klarmache, habe ich die Wahl, sie auch wieder auszuklammern aus meinem Leben.«

Als sie noch ein kleines Kind war, hat Britta sich ihre leibliche Mutter nie vorgestellt. Es gab sie einfach irgendwo. Als sie älter wurde, mit zehn, elf Jahren, wurde die Unbekannte zur verwunschenen Prinzessin. »Meine richtige Mutter hätte mir bestimmt nie verboten, nachts um eins fernzusehen!« Später dann kam eine Phase, in der Britta auch damit rechnete, daß die Mutter »auf den Strich geht und gar nicht mehr weiß, welche Nummer ich eigentlich bin«. Aber im Grunde genommen hat sie sich nie eine konkrete Vorstellung gemacht. »Gott sei Dank!« sagt sie.

Sie wußte von ihren Adoptiveltern, daß ihre leibliche Mutter Erika heißt und noch weitere Kinder hat, daß sie selbst das zweite uneheliche Kind war und deswegen abgegeben wurde. Sie erhielt noch einige Informationen vom Jugendamt, die sich später fast alle als falsch herausstellten. Sie wollte nicht unbedingt einen engen Kontakt zu Erika. Sie wollte sie kennenlernen und wissen: Warum? Und sie wollte ihre Brüder sehen. »Ich trug die Horrorvorstellung mit mir herum, mich einmal aus Versehen in einen meiner Brüder zu verknallen.«

Was so gründliche innere Vorbereitung brauchte, entwickelte sich – einmal in Angriff genommen – sehr schnell. Britta entschied sich, auf die Suche zu gehen, und fuhr am nächsten Morgen um halb zehn los in eine andere Stadt, zu dem Jugendamt, das sie damals vermittelt hatte. Um halb zwölf wußte sie Erikas Adresse, um ein Uhr stand sie vor Erikas Haus. Sie klingelte nicht, sie überschlief das Ganze. Am Tag darauf rief sie bei Erika an. Sie wollte sie nicht in Verlegenheit bringen, denn sie hatte gehört, Erika habe ihrem Ehemann nichts von der zur Adoption freigegebenen Tochter erzählt. »Erika hatte gleich Zeit, was mich sehr gefreut und gewundert hat, weil es ja nicht so ganz ohne ist, wenn nach 28 Jahren auf einmal jemand dasteht und sagt: ›Hi, ich bin deine Tochter!‹«

Britta und Erika verabredeten sich noch für denselben Abend, beim Griechen in Erikas Nachbarschaft. Frappierende Ähnlichkeiten nicht nur im Aussehen, sondern auch in den Gewohnheiten stellten sie bei diesem Treffen fest. »Erst mal hat sie natürlich das gegessen, was ich auch immer esse. Zwar bin ich auch meinem Adoptivvater unheimlich ähnlich, aber ich weiß, das ist nur geliehen.« Oft zeigen sich leibliche Mutter und Kind verblüfft und berührt von solchen Übereinstimmungen nach jahrzehntelanger Trennung. Die Adoptierten meinen, auf der Suche nach ihrer Identität einen bisher unbekannten Teil ihrer Persönlichkeit zu finden. Die Mütter werten diese Gemeinsamkeiten als Zeichen einer tiefen Verbindung zu dem verloren geglaubten Kind.

Brittas erster Eindruck von ihrer leiblichen Mutter war nicht gerade der beste. »Sie hat mich nach Strich und Faden belogen. Sie wollte mir unterjubeln, daß sie den richtigen Namen meines Vaters nie erfahren hätte, sie sei ein Dummchen gewesen, habe ihn gesucht, nicht gefunden und nicht gewußt, an wen sie sich wenden könne. Das habe ich mir brav angehört, aber es war mir sofort klar, daß das alles gelogen war.« Britta ließ sich nichts anmerken. Nach dem mißlungenen Erklärungsversuch plauderten die beiden über Alltägliches und Belangloses. Erikas Sohn, Brittas Halbbruder, stieß zu ihnen, völlig ahnungslos, mit wem er da an einem Tisch saß. Zwei Tage später erhielt Britta zu Hause einen Anruf. »Noch mal würde ich dich nicht sitzenlassen«, versicherte Erika. »Wenn du Probleme hast, kannst du zu mir kommen, ich würde mich auch um deine Kinder kümmern.« Britta lehnte das Angebot dankend ab und sagte Erika offen, daß es für sie keinen Sinn mache, die Beziehung fortzuführen, solange sie angeschwindelt werde. Erika dachte darüber nach und rief eine viertel Stunde später wieder an, bereit zu einer ehrlichen Version. Sie schämte sich sehr. Es sei ganz entsetzlich, Brittas Vater sei auch der ihres älteren Bruders. Sie habe zwei uneheliche Kinder in die Welt gesetzt.

Britta war nicht einmal gekränkt durch die Lügengeschichte ihrer Mutter. »Würden Sie einer jungen Frau, die Sie gar nicht kennen, erzählen, daß Sie zweimal hintereinander auf denselben verheirateten Mann reingefallen sind? Ich hätte wahrscheinlich auch versucht, vor meiner lang entschwundenen Tochter erst mal das arme kleine Mädchen zu markieren. Was ich mir zubillige, das muß ich auch anderen zubilligen.« Schön habe sie es aber nicht gerade gefunden, so angelogen zu werden, gibt Britta zu. Das habe sie Erika auch gesagt.

So hat Britta endlich die wirkliche Vorgeschichte ihrer Adoption erfahren. Erika stammt aus einer streng katholischen Familie in einem streng katholischen Ort, wo schon ein uneheliches Kind eine unvorstellbare Katastrophe bedeutete. Ihre Mutter, also Brittas Großmutter, zwang Erika, das zweite Kind wegzugeben. Das war 1962, Erika war 22 Jahre alt. Britta kann das verstehen. Sie selbst hätte sich dem Druck wohl auch gebeugt und genauso gehandelt wie Erika. Allerdings hätte sie ihrem Baby einen Brief mitgegeben. »Ich würde mein Kind nicht so alleine lassen mit seinen Gefühlen. Ich könnte mir durchaus vorstellen, es zur Adoption freizugeben, besser als eine Abtreibung, aber ich würde immer dasein für das Kind und ihm das auch mitteilen, und zwar nicht erst, wenn es vor der Tür steht.«

Erika sagt, sie habe sich zwischendurch nach ihrer Tochter erkundigen wollen, aber das Jugendamt habe sie unverrichteterdinge weggeschickt. Britta nimmt ihr das nicht so ganz ab. »Ich kann es mir vorstellen, weil ich selber bei der entsprechenden Dame massiv aufgelaufen bin, aber... Es kann sein, ich muß das hinnehmen.«

Natürlich hat sie sich gefragt, warum ihre Brüder bei der Mutter aufwachsen durften und ausgerechnet sie nicht. »Warum ich und nicht die andern? Warum keiner von denen?« Heute ist sie nicht mehr eifersüchtig oder neidisch. »Worauf denn? Auf materielle Dinge? Auf ideelle Dinge? Nein, ich hatte ja alles. Und sie habe ich jetzt auch, eigentlich sogar mehr als meine Brüder. Ich habe meine Mutter, also Gerda, und ich habe Erika. Wir haben eine Super-Beziehung zueinander. Für sie bin ich ihre Tochter, aber ich muß sie nicht als Mutter sehen. D. h., ich kann ihr viel mehr Vertrauen entgegenbringen und viel mehr Spaß mit ihr haben, als wenn sie tatsächlich meine Mutter wäre. Im Notfall kann ich mich zurückziehen und sagen: Ich lebe mein Leben.«

Normalerweise sagt sie »Erika« zu ihr, manchmal auch »Mütterchen« oder »Muttern«, wenn sie sie aufmuntern oder ihr sagen will: Ich hab dich gern. »Mama« nennt sie sie nicht, das ist Gerda, ihrer Adoptivmutter, vorbehalten. Erika und Britta telefonieren fast jeden Tag miteinander. Brittas Kinder haben schon zwei Wochen Ferien bei ihrem leiblichen Bruder verbracht. Zunächst hat Britta den Kindern verschwiegen, wer Erika ist, damit sie es den Adoptiveltern nicht weitererzählen. Sie wollte sie schonen und nicht wissen lassen, wie intensiv der Kontakt zu Erikas Familie inzwischen geworden ist. Denn für ihre Adoptivmutter ist es bis heute schwer zu akzeptieren, daß Erika etwas »geschafft« hat, was sie nicht schaffen konnte: Sie hat das Kind geboren. Diese einzigartige Beziehung existiert nur zwischen leiblicher Mutter und Kind. Umgekehrt, betont Britta, könne ihre leibliche Mutter nie ihre Kindheitserinnerungen mit ihr teilen.

Haben sich die Befürchtungen ihrer Adoptivmutter denn bestätigt, gehört Britta doch nicht so ganz zur Adoptivfamilie? »Die Frage stellt sich überhaupt nicht. Gerda ist meine Mutter. Punkt. Und Erika ist auch meine Mutter. Punkt. Ich habe vier Kinder, warum soll ich nicht zwei Mütter haben? Scheidungskinder oder Halbwaisen haben auch zwei verschiedene Mütter, verschiedene Beziehungen zu zwei verschiedenen Frauen.«

Brittas Verhältnis zu Erika ist frei von Bitterkeit und Vorwürfen. Beide sind der Überzeugung, daß die Adoption die beste Lösung war.

So intensiv und unbefangen entwickelt sich die Beziehung zwischen leiblicher Mutter und abgegebenem Kind nur selten. »Erika ist eine ganz tolle Frau. Es wäre vielleicht schlimmer für mich, wenn sie eine drogenabhängige Nutte gewesen wäre. Aber sie ist ein Mensch, den ich akzeptieren kann. Sie hat ihre Macken, ich habe auch meine Makken. Ich schätze sie. Was sie gemacht hat, finde ich in Ordnung. Sie hatte ja sonst nur die Möglichkeit, mich irgendwie mitzuschleifen oder mich abzutreiben. Und ich bin ganz froh, daß ich lebe.«
Adoptivkinder verstehen ihre leiblichen Mütter dann am besten, wenn sie sehen, daß die Entscheidung zur Adoptionsfreigabe in einer extremen Zwangslage getroffen wurde. Dann wird aus der verletzenden Erkenntnis »Sie wollte mich nicht« die leichter zu verkraftende Feststellung »Sie wollte mich, aber sie konnte mich nicht behalten«. Dies gilt insbesondere dann, wenn junge, unselbständige Mütter wie Erika von ihren Eltern oder ihrem Partner zur Adoptionsfreigabe getrieben wurden. Je freiwilliger die Entscheidung der leiblichen Mutter erscheint, desto schwerer fällt es dem Kind, sie zu verstehen und zu akzeptieren. Eine verheiratete Mutter zum Beispiel, die mit dem dritten Kind ihre berufliche Entwicklung und den wirtschaftlichen Status der Familie gefährdet sieht, muß mit Unverständnis rechnen. Ebenso eine Mutter, die ihr Kind vernachlässigt hat, sei es auch infolge einer eigenen schweren Kindheit.
Britta hat sich mit ihrem Schicksal vollauf versöhnt und genießt inzwischen den Vorteil, zwei Familien zu haben. Beide gehören zu ihr, und sie gehört zu beiden. Auch Erikas Ehemann hat sie herzlich aufgenommen, nachdem sich Erika zur großen Beichte durchgerungen hatte. »Jeder guckt mich so zweifelnd an: ›Das muß doch entsetzlich sein‹«, hört Britta immer wieder. »Ich finde das gar nicht entsetzlich.« Sie hat noch einen großen Wunsch: eine Familienfeier, an der alle teilnehmen, ohne Streß und Streit, vielleicht zur Erstkommunion ihres Sohnes oder zur Hochzeit ihrer Tochter. »Ob das klappt, weiß ich nicht, aber das wäre super, und wenn's geht, nicht erst auf meiner Beerdigung!«

Erika, Brittas Mutter: »Vor der Ehe pfui, in der Ehe hui«

Ahnungslos ging Erika eines Tages ans Telefon. Britta war am Apparat. Ihr Mann war nebenan im Bad, die Tür war nicht geschlossen. Erika war entgeistert. »Ich kann das Gefühl gar nicht beschreiben. Es ist Wahnsinn. Ich dachte, ich kippe um.« Und dann stand ihr Mann neben ihr und wollte wissen, wer dran sei. »Ja, wie bringe ich's ihm bei? Und Britta wollte mich jetzt natürlich treffen, aber ich konnte nicht frei sprechen, weil er mit riesengroßen Ohren neben mir stand. Sie hat das sofort gemerkt und mich gefragt: ›Ist eines Ihrer Kinder oder Ihr Mann in der Nähe?‹ Ob sie mich denn beim Griechen an der Ecke treffen könnte? Dort haben wir uns dann für abends verabredet.«
Erst mal mußte Erika sich eine Ausrede für ihren Mann überlegen. Sie erfand eine halbwegs glaubwürdige Geschichte, woraufhin er fröhlich verkündete, daß er mitkommen wolle. »Gott im Himmel, das hatte mir noch gefehlt. ›Aber nicht, daß du denkst, wir gehen nach Hause, wenn du ein oder zwei Bier getrunken hast‹, habe ich ihn gewarnt, ›das kann sich hinziehen.‹ Da wollte er doch nicht mehr mit. Lieber Gott, danke dir! Was hätte ich gemacht, wenn er mitgegangen wäre?«
Wie Britta war auch Erika erstaunt über die offensichtlichen Ähnlichkeiten. »Nein, das ist ein Gesicht, mein Sohn und Sie!« sagte sie ihr. Sie haben vieles gemeinsam, wie sich schon am ersten Abend herausstellte. »Wenn das Kind mehrere Jahre bei mir gewesen wäre, dann könnte man sagen, sie hat das alles angenommen: die Art, wie sie das Besteck hält, wie sie sich die Augen, die Nase reibt.« Auch der griechische Wirt hat sofort erkannt, daß Britta Erikas Tochter ist. Sie haben häufig dieselben Ideen, lesen die gleichen Bücher, rufen sich zur selben Zeit an.
Erika ist genauso burschikos und lebhaft wie ihre Tochter. Sie gestikuliert mit Händen und Füßen, während sie ihre Geschichte mit allen Neben- und Untergeschichtchen erzählt. Dabei streicht sie sich ab und an die kurzen grauen Haare aus dem Gesicht. Sie ist eine lustige Person, aus jedem Erlebnis macht sie eine Anekdote. Lachend stellt sie mir der Reihe nach all ihre Söhne vor, die jahrzehntelang nicht

verstehen konnten, warum die Mutter jedes Jahr zu Weihnachten unablässig weinte.
Das ist vorbei seit jenem ersten Treffen beim Griechen. »Ich fand es sehr nett von Britta, daß sie als erstes gesagt hat: ›Ich bedanke mich, daß ich leben durfte. Man hätte ja auch damals schon eine Abtreibung vornehmen können, aber ich lebe gerne und bin froh.‹ Und das sagt sie mir immer wieder: ›Ich liebe dich, und vielen Dank, daß du mich hast leben lassen.‹ Das ist ein gutes Gefühl. Sicher, ich hätte sie damals wegmachen lassen können, aber das war für mich kein Thema.«
Erika hatte sehr lange verbergen können, daß sie schwanger war. Sie verdrängte es und dachte: »Kommt Zeit, kommt Rat.« 1962 war das, sie war 22 Jahre alt und hatte bereits ein eineinhalbjähriges Kind, ebenfalls unehelich.
Der Geburtstermin rückte näher, es führte kein Weg daran vorbei, sie mußte bei der Krankenkasse einen Antrag auf Entbindung im Krankenhaus stellen. »Und da ging der Ärger los.« Die Krankenkasse beschwerte sich bei Erikas Arbeitgeber, einem katholischen Kinderheim, darüber, daß sie eine hochschwangere Kindergärtnerin beschäftigten. Die Nonnen fielen aus allen Wolken. In drei Wochen schon sollte das Baby kommen, doch niemand hatte von der Schwangerschaft gewußt. Erika mußte sofort ihre Sachen packen und mit ihrem Sohn das christliche Haus für immer verlassen. »Wir sind kein Heim für gefallene Mädchen!« hieß es. Dabei hatte sie insgeheim gehofft, mit beiden Kindern bleiben zu können.
»Und meine Mutter, man soll über Tote nicht schlecht reden, aber die hat sich wirklich benommen wie eine Furie: ›Das geht nicht! Wie stellst du dir das vor? Was sollen die Leute sagen? Was meinst du, was der Oberkreisdirektor sagt? Das Kind kommt mir nicht ins Haus!‹« Sie machte Erika gleich klar, daß sie nicht mit finanzieller Unterstützung der Eltern rechnen könne. Der Vater, als Ingenieur beim Landkreis beschäftigt, wurde gar nicht erst über das »Unheil« informiert. »Ein kleiner katholischer Ort, in dem man ein bißchen mehr darstellt als die anderen, die Mutter im Vorstand der Caritas, im Vorstand des Mütter-Vereins und was weiß ich wo noch. Sie verkehrte beim Dechanten. Diese Schande!« Jahre später hat Erika ihren Eltern gesagt, sie finde das merkwürdig: »Vor der Ehe pfui und in der Ehe hui.« Für diese »Frechheit« erhielt sie eine Ohrfeige – im Alter von 26 Jahren.

Erika versuchte, in einem Privathaushalt oder in einem Kinderdorf unterzukommen. Mit einem Kind hätte sie eine Chance gehabt, mit zwei Kindern aber war das aussichtslos. »Ich war damals so unerfahren, ich wußte gar nicht, wie man Geld vom Sozialamt bekommt. Ich saß praktisch auf dem Trockenen.« Ihre Mutter sorgte ohne ihr Wissen für einen Platz in einem privaten Heim, wo sie das Kind zur Welt bringen und gleich anschließend zur Adoptionsvermittlung freigeben sollte. Damit die Nachbarn nichts merkten, durfte sie bis zu ihrer Abfahrt das elterliche Haus nicht mehr verlassen.

In den letzten drei Wochen ihrer Schwangerschaft wurde Erika von ihrer Mutter und einer Sozialfürsorgerin gedrängt, das Baby wegzugeben. Schon beim ersten Kind hatte die Mutter sie zur Adoptionsfreigabe zwingen wollen und ihr verboten, mit dem Kleinen nach Hause zu kommen. Aber damals hatte ihr eine Nonne aus dem Kinderheim, in dem sie arbeitete, geraten, den unwilligen Großeltern das Kind einfach in die Arme zu drücken. Und tatsächlich, das Eis war gebrochen. Ein zweites Mal allerdings, das wußte Erika, würde das nicht funktionieren. Hätte ihr jemand geholfen, sie hätte das Kind gerne behalten. »Ich habe dann eingesehen, das hat keinen Zweck. Den Älteren konnte ich schlecht abgeben, den hatte ich ja schon eineinhalb Jahre. Von dem kleineren Kind trennt man sich leichter.«

Sie ist froh, daß Britta das inzwischen verstehen kann. »›Wenn du mich mitgeschleift hättest‹, hat sie mir gesagt, ›wären wir vielleicht alle drei untergegangen, einfach weil kein Geld da war.‹« Trotzdem, Schuldgefühle bleiben. »Aber heute sind das andere Gefühle als vor dreißig Jahren. Jetzt weiß ich, daß sie es mit ihren Eltern wirklich optimal getroffen hat.« Der schlimmste Gedanke war für Erika der, ihrer Tochter könnte es bei den Adoptiveltern nicht gutgehen. Es wäre sicherlich leichter für sie gewesen, wenn sie gelegentlich eine Nachricht erhalten hätte.

Aber die Informationen wurden ihr verwehrt. In den Monaten nach der Geburt fragte sie mehrmals nach ihrer Tochter, doch irgendwann wurde sie der Sozialfürsorgerin, die die Adoption vermittelt hatte, lästig. »Hör mal«, belehrte diese sie, »immer wenn du mich siehst, fragst du nach dem Kind. Das hat keinen Zweck, du hast das Kind abgegeben und mußt dich langsam damit abfinden. Es ist weg, und du bekommst es nicht wieder!« Erika unterließ weitere Nachfragen, so lange, bis ein »komisches Gefühl« in ihr wuchs, daß mit dem Kind etwas nicht stimme, daß es vielleicht gar nicht mehr lebe. Das Jugendamt wies sie ab: »Ich sollte so tun, als sei das Kind überhaupt nicht oder tot geboren, ich dürfe mich nicht mehr dafür interessieren.« So ist Erika gar nicht auf die Idee gekommen, daß sie einen Brief für Britta hätte hinterlegen können. Und Britta weiß bis heute nicht, ob sie ihrer leiblichen Mutter glauben soll, daß sie sich nach ihr erkundigt hat. Nur weil beide gleichermaßen unsentimental und nicht allzu zartbesaitet sind, hat das ihr Verhältnis nicht nachhaltig getrübt.

Aber warum hat Erika ihrer Tochter nicht gleich die Wahrheit erzählt? »Ich wußte nicht, wie ich erklären sollte, daß man zwei uneheliche Kinder von einem Mann kriegen kann.« Und wie erklärt sie sich das selbst? »Ganz einfach, wenn ich den heute sehen würde, hätte ich immer noch Schmetterlinge im Bauch. Mein Mann lacht darüber, aber es stimmt. Es ist meine erste Liebe gewesen, dazu stehe ich.« Nur leider war diese erste Liebe verheiratet, und die betrogene Ehefrau willigte in die Scheidung nicht ein, was nach damaligem Gesetz eine rechtliche Trennung unmöglich machte. »Als er mir sagte, es würde nichts mit der Heirat, sind wir zum Bockbiertrinken gefahren, das mochte ich gerne. In dieser Situation ist Britta entstanden. Bei normalem Verstand wäre mir das vielleicht nicht passiert. Britta war also mehr oder weniger ein Abschiedsgeschenk.«

Mutter und Tochter haben erstaunlich viel Verständnis füreinander. Britta hat nie von Erika verlangt, zu Hause reinen Tisch zu machen und dem Ehemann alles zu beichten. »Aber daran wäre ich erstickt. Vorher war das für mich ein abgeschlossenes Kapitel, aber jetzt, nachdem meine Tochter aufgetaucht ist, will ich nicht immer mit falschen Karten spielen.« Das große Geständnis wurde nicht zur Katastrophe. Statt ihr eine Standpauke zu halten oder gar die Scheidung einzureichen, wie sie befürchtet hatte, stellte ihr Mann nur die Frage: »Ja und, warum hast du sie nicht mit nach Hause gebracht?«

Erika empfahl ihrer Tochter, der Adoptivmutter nicht zu erzählen, daß sie sich kennengelernt hatten. Sie wollte alles vermeiden, was dieser Frau das Gefühl vermitteln könnte, sie werde jetzt weniger geliebt. »Auch wenn ich Britta geboren habe, ich bin nicht die Mutter, die Gerda für sie war. Sie hat alle Sorgen, alles Leid, alle Krankheiten mit Britta geteilt. Ich fände es nicht gut, wenn man dieser Mutter etwas wegnehmen würde.«

Am Anfang tat sich Erika sehr schwer mit dem Namen »Britta«, den die Adoptiveltern ihrer Tochter gegeben haben. Sie sagte immer wieder »Katia« zu ihr. Die Adoptionsvermittlerin wollte damals das Kind ohne Namen haben. »Aber ein Kind ohne Namen abzugeben, das wäre für mich gewesen, als ob es tot wäre. Es ist ein anderes Gefühl, an ein Kind mit einem Namen zu denken als an etwas Namenloses.« Also hat Erika ihr Mädchen heimlich beim Standesamt mit dem Namen »Katia« eintragen lassen. »Katia« mit »i« und nicht mit »j«, damit sie später noch mal eine zweite »Katja« haben könnte. »Ich habe mir immer vorgestellt, ein neues Mädchen für dieses Mädchen zu bekommen. Aber ich bekam zwei Jungen. Vielleicht war das die Strafe.«

Silke: »Wenn sie mal nachdenken würde, was sie gemacht hat, würde sie sich einen Strick nehmen«

Silke ist 29 Jahre alt und hat zwei Kinder. Die beiden sind noch viel zu klein, um die Geschichte von Silkes Adoption zu verstehen. Sie selbst erfuhr erst mit 21 Jahren, daß sie ein angenommenes Kind ist. Hätte sie nicht geheiratet, wüßte sie wohl bis heute nicht Bescheid. Nur schweren Herzens sprachen die Adoptiveltern mit ihr darüber, denn aus der Abstammungsurkunde, die dem Standesamt zur Eheschließung eingereicht werden muß, hätte Silke zwangsläufig die Wahrheit erfahren. Silkes Wiedersehen mit der leiblichen Mutter verlief ganz anders als Brittas Begegnung mit Erika. Silke besuchte ihre Mutter zweimal, brach den Kontakt dann aber ab. Auch sie begann – wie Britta – erst sehr spät, ihre Herkunft zu ergründen. Erste Nachforschungen nach ihrer Hochzeit – Heirat und die Geburt eigener Kinder geben übrigens häufig den letzten Anstoß für die Suche nach den leiblichen Eltern – verliefen im Sande. Silke fiel es sehr schwer, die Suche gegen den ausdrücklichen Wunsch ihrer Eltern auf-

zunehmen. Sie hatte nur wenige Informationen über ihre Abstammung. Erst im Laufe eines Streits verriet ihr der Adoptivvater schließlich Herkunft und Beruf der Mutter. »Allerdings hat er immer betont, es gebe Sachen, die würde er mir nie erzählen, sondern mit ins Grab nehmen. So hatte ich ein ganz schlimmes Bild von meiner Mutter, eine richtige Horrorvision von der Frau. Mein Vater hat sie so schlechtgemacht, daß ich dachte, sie hätte nichts Gutes an sich.«
Schließlich gab Silke sich einen Ruck und fuhr zu dem Jugendamt, das sie damals vermittelt hatte. Nach drei Monaten fand die Sachbearbeiterin die neue Adresse ihrer Mutter. »Es war die Hölle, was da alles rauskam!« Den ersten Brief des Jugendamtes beantwortete Renate, Silkes Mutter, sofort. »Aber total überschwenglich: Sie würde sich freuen, mich als Mutter in die Arme nehmen zu können. Sie hätte mich nie vergessen... Es klang wie ein Bericht aus der Regenbogenpresse.« Nach einem ersten Telefongespräch, das Silke als »sehr nett« empfand, wurde ein Treffen im Jugendamt vereinbart. Renate kam nicht, sie rief auch nicht an. Bei ihr zu Hause ging nur der Ehemann an den Apparat. »Er hat sich dumm gestellt und behauptet, sie sei zum Einkaufen in die Stadt gefahren, dabei saß sie wahrscheinlich daneben.« Silke war sehr enttäuscht. Renate gab später zu, daß sie Angst gehabt hatte. Dabei habe sie sich extra eine neue Lederjacke und einen Hut gekauft, obwohl das Geld so knapp sei. Zur nächsten Verabredung komme sie bestimmt, versicherte Renate, aber Silke traute dem Versprechen nicht. Ein paar Wochen später hielt sie es nicht mehr aus, setzte sich ins Auto und fuhr zweihundert Kilometer zu Renates Wohnort. »Unangemeldet, sonst wäre sie wahrscheinlich wieder nicht dagewesen.« Ein Freund begleitete sie. »Er hätte mich trösten können. Ich hatte Angst, daß sie mich rausschmeißt. Ich habe sie mir eiskalt vorgestellt.«
Renate ist inzwischen seit 14 Jahren verheiratet und wohnt in einer kleinen Zweizimmerwohnung, die nicht gerade im besten Viertel der Stadt liegt. Ihr Mann öffnete Silke die Tür, Renate stand hinter ihm. »Ich war erst mal entsetzt. Sie trug kein Gebiß und hatte ganz kurze Haare. Sie sieht aus, das hört sich jetzt schlimm an, aber sie sieht aus wie eine Pennerin. Sie ist nicht schmutzig, aber die ganze äußere Erscheinung, das Gesicht, total verlebt.«
Renate konnte gar nicht fassen, daß ihre Tochter vor der Tür stand.

»Ach nein, meine Karin, meine Karin. Das gibt's doch gar nicht!« Sie schlug immer wieder die Hände vors Gesicht, versuchte ihren zahnlosen Mund vor der Tochter zu verstecken, die sie vor 27 Jahren geboren und seither nicht mehr gesehen hatte. Silke verschwieg, daß ihre Adoptiveltern ihr einen anderen Namen gegeben haben, sie verriet auch ihre Adresse nicht. »Der erste Moment war schlimm, weil ich sie mir ganz anders vorgestellt hatte. Das darf nicht wahr sein, habe ich gedacht. Ich war so enttäuscht. Ich wußte, daß sie ein gewisses Vorleben hatte, aber als ich sie gesehen habe, war ich entsetzt.«
Silke ist aufgeregt, während sie all das erzählt. Immer wieder lacht sie unsicher, wenn sie ihre leibliche Mutter beschreibt. Von dieser Frau soll sie tatsächlich abstammen? Was hat sie mit ihr gemeinsam? Was hat sie von ihr geerbt? Diese Fragen haben Silke sehr beunruhigt.
Nachdem sich Renates erster Schreck gelegt hatte, bat sie Silke ins Wohnzimmer und machte sich schnell zurecht. Dann erzählte sie aus ihrem Leben, auch lustige Geschichten, wie Silke fast verwundert anmerkt. Renate ist Prostituierte gewesen. Sie hat mehrere Kinder von verschiedenen Vätern geboren und weggegeben. Sie hat im Gefängnis und in einer Arbeitsanstalt – so etwas gab es in den sechziger Jahren noch – gesessen. Während dieses ersten Besuchs redete sie die meiste Zeit und fragte kaum, wie es Silke denn ergangen sei. Als sie beide einmal zufällig nebeneinander standen, nahm Renate ihre Tochter in den Arm und weinte. »Beim Abschied wollte sie mich gar nicht mehr loslassen.« Silke hat ein Paßbild von der Mutter bekommen. »Jetzt muß ich dich ein zweites Mal gehen lassen. Kommst du wieder?« wollte Renate wissen. Silke war sich nicht sicher und versprach anzurufen. »Ganz bestimmt?« fragte Renate mehrmals. »Ganz bestimmt!« versicherte Silke, bevor sie abends mit ihrem Bekannten wieder nach Hause fuhr. Im Auto brach sie in Tränen aus.
Nach dieser ersten Begegnung telefonierten die beiden mehrmals miteinander. Die Initiative ging immer von Silke aus, da Renate ja ihre Nummer nicht hatte. Ein paar Monate später besuchte Silke ihre Mutter ein zweites Mal, diesmal mit einer Freundin. Während eines Spaziergangs trafen sie eine Nachbarin. »Renate stupste mich an und sagte: ›Das ist meine reiche Tochter aus Amerika.‹« Silke wunderte sich über diese Lüge und darüber, wie stolz Renate auf sie zu sein schien. Sie hoffte auf ein vertrauliches Gespräch, beim Spaziergang

wäre Gelegenheit dazu gewesen, aber »man kommt nicht an sie ran. Sie kennt nur drei Themen: das Wetter, die Asylanten und ihren Hund. Sie ist zu oberflächlich. Ich glaube, sie will das nicht. Sie hat sich ihre Welt aufgebaut und ist da ganz glücklich drin. Wenn sie mal nachdenken würde, was sie gemacht hat, würde sie sich wohl einen Strick nehmen.«

Acht Stunden lang studierte Silke die Strafakte ihrer Mutter aus der damaligen Zeit. Renate gab, ohne zu zögern, ihre Einwilligung. »›Nimm dir Kuchen und eine Thermoskanne mit‹, sagte sie, ›da hast du was zu tun.‹« Silke wußte nur von drei Geschwistern. In der Akte las sie nun, daß Renate insgesamt sechs Kinder geboren hat, zwei sind im ersten Lebensjahr gestorben. Sie seien von vornherein nicht gesund gewesen und mit Fieber in ihren Armen gestorben, versuchte Renate zu erklären. Aber Silkes Adoptivmutter hatte vom Jugendamt erfahren, daß sie ihre Kinder zu sehr vernachlässigt habe.

Was Silke am meisten entsetzt, ist der Gedanke, daß Renate hochschwanger mit ihr auf den Strich gegangen ist. »Da habe ich fast das Kotzen gekriegt. Ich habe sie angerufen und gesagt: ›Du bist ein Schwein! Damit hast du nicht nur dich gefährdet, sondern mich auch.‹ Da hat die nie drüber nachgedacht.« Silke war zu früh auf die Welt gekommen. Nach der Geburt mußte Renate mit ihr in die Arbeitsanstalt. Ihre Adoptiveltern hatten Kontakt zu einem Anstaltsaufseher, der dann die Adoption vermittelte. Renate hat Silke erzählt, sie habe sich in den ersten sechs Wochen rührend um sie gekümmert. Die Adoptivmutter dagegen behauptet, Silke habe ganz schlimm ausgesehen, als sie sie abholten.

»Einerseits tut sie mir leid, aber andererseits... Wenn sie gewollt hätte, dann hätte sie da auch rausgekonnt. Nach ihrer Entlassung sollte sie sich immer bei der Bahnhofsmission oder anderen Stellen melden, das hat sie nie gemacht. Sie hatte Möglichkeiten, aber sie wollte nicht anders.« Sie bereue nichts, hat Renate bei einem der letzten Telefongespräche gesagt. Es sei eine schöne Zeit gewesen mit der ganzen Clique damals, sie hätten soviel Spaß gehabt. Sie sei immer gut gekleidet gewesen, hätte immer warm zu essen und Geld gehabt.

Hat Silke Verständnis für die Frau, die sie geboren hat? Sie antwortet mit einem zögerlichen Ja. Eine Zeitlang war sie nicht nur wütend, sie

hat Renate verachtet. Inzwischen hat sie mehr Abstand und Verständnis, weil Renate von Kind an in ihre Situation hineingewachsen ist. Auch ihre Mutter war bereits Prostituierte.
Haben sich am Ende nicht die schlimmen Prophezeiungen ihres Adoptivvaters bewahrheitet? »Nein«, streitet Silke entschieden ab. »Sie ist nicht böse, und sie ist eigentlich auch ein sehr lustiger Mensch. Ich habe immer gedacht, sie sei richtig bösartig, aber das ist sie bestimmt nicht. Ich glaube, sie hat nie darüber nachgedacht, was sie da gemacht hat.«
Ein halbes Jahr nach dem ersten Treffen von Mutter und Tochter gab es ein letztes Telefongespräch, bei dem sich Renate anders verhielt als sonst. »Sie hat total ordinär und abstoßend aus ihrer Vergangenheit erzählt.« Plötzlich unterstellte sie Silke, sie nehme Drogen, hänge an der Nadel. Silke war ganz perplex, sie hatte nie etwas mit Rauschgift zu tun. Ihr Eindruck: Renate wollte sie loswerden, weil sie sich durch die Anrufe kontrolliert fühlte und mehr als einen ganz lockeren Kontakt nicht wünschte. »Einerseits wollte sie die Anrufe, andererseits war ihr das auch zuviel. Zum Schluß gab sie mir ein Küßchen durchs Telefon und sagte, zu deinem Geburtstag rufst du mich an, damit ich dir gratulieren kann. Ich habe nie mehr angerufen.«
Renate hat nicht versucht, den Kontakt wiederzubeleben. »Wenn ihr wirklich was an mir liegt, dann hätte sie sich beim Jugendamt melden können.« Ist Silke traurig darüber? Sie überlegt lange und kommt zu dem Schluß: Nein, denn sie hätte zu Renate wohl nie eine richtige Beziehung herstellen können. »Ich glaube, das will sie nicht. Die hat sich ihr Leben aufgebaut, bewahrt das bißchen, mit dem sie glücklich ist – das soll sie ja auch sein –, aber mehr will sie gar nicht: ihre acht Flaschen Bier am Tag, abends ihre Wirtschaft, noch ein Bierchen. Mehr ist da nicht.« Im Grunde sei es so besser. Bei ihrem zweiten Besuch hat Silke deutlich gespürt, daß Renates Mann, der schwer herzkrank ist, hofft, sie kümmere sich um ihre Mutter, wenn er tot ist. »Aber das kann ich nicht, und das will ich nicht. Ich glaube, wenn sie den Mann nicht mehr hat, dann sackt sie ganz ab. Die kann keine Verantwortung übernehmen, das hat die nie gelernt, und das brauchte sie auch nie. Das hört sich zwar hart an, aber sie muß selber damit fertig werden.«
Für Britta war es erleichternd und wichtig, in ihrer leiblichen Mutter

einen Menschen zu finden, den sie schätzen kann. Sie hätte es sehr viel schwerer gehabt, sagt sie, wenn ihre Mutter eine Prostituierte gewesen wäre. Silke muß nun mit genau dieser Situation fertig werden. Ihre Begegnung mit Renate hat einen sehr typischen Verlauf genommen. Denn nur selten entsteht eine positive Beziehung, wenn leibliche Mutter und Kind aus grundverschiedenen gesellschaftlichen Milieus kommen oder – wie Renate sagt – in zwei verschiedenen Welten leben.

Renate: »Ich weiß nicht mehr, warum ich sie geboren habe«

Nach dem Gespräch mit der Tochter sind wir natürlich gespannt auf die Begegnung mit Renate. Bei Silke hatten wir ein Hochzeitsfoto der Mutter mit ihrem jetzigen Ehemann gesehen: eine etwas angestrengt lächelnde Dame in blauem Faltenkleid neben einem schmächtigen Mann in dunklem Anzug, aufgenommen vor 14 Jahren. Jetzt begrüßt mich – nicht überschwenglich freundlich – eine kleine, hagere Frau mit aufgeschwemmtem Gesicht und streichholzkurzen grauen Haaren. Sie trägt ein hellgraues Herrenhemd zu karierter Hose und braunen Cordpantoffeln. Ein schmächtiger Mann hält sich schüchtern im Hintergrund.
Renate kommt sofort auf den Punkt: »Ich habe sie in die Welt gesetzt. Ich weiß nicht mehr, warum. Sie hat mich nur beschuldigt. Sie hat mich zwar umarmt und geküßt, aber ihre Tränen waren Krokodilstränen. Ich sei eine kalte Frau, ich hätte mich nicht um sie gekümmert.«
Renate hat versucht, ihrer Tochter Silke alles zu erklären, aber »sie hat das aus ihrer Warte gesehen, weil sie ja im Wohlstand aufgewachsen ist. Sie hat nichts entbehrt. Sie ist zu Leuten gekommen, die Geld haben. Und dann kommt sie hierher mit 27 Jahren, freut sich erst, daß sie mich kennenlernt, und dann fängt sie an, auf mir herumzuhacken. Sie hat das wahrscheinlich nicht begreifen wollen.«
Renate ist in ihrer Empörung kaum zu bremsen. Sie lebt – inzwischen 62 Jahre alt – von der sehr bescheidenen Rente ihres Mannes in einer kleinen Zweizimmerwohnung, die dunkel und vergilbt wirkt. Das Wohnzimmer ist nur spärlich eingerichtet: zwei Sessel, ein Tisch-

chen, ein Schrank und eine Schlafcouch. Sie will erst gar nicht mit uns sprechen, weil wir ihr kein Honorar zahlen. Doch die Vorstellung, daß ihre Tochter uns ein sehr einseitiges Bild vermittelt hat, bringt sie doch zum Reden.

Frage: »*Warum haben Sie ihre Tochter weggeben?*

Renate: Ich saß im Gefängnis, als ich schwanger war. Mit der Gefängnisdirektorin habe ich mich sehr gut verstanden, sie hat diese Leute besorgt, die meine Tochter abgeholt haben. Ich habe wirklich bittere Tränen um sie geweint. Aber mich hat doch keiner geholt, ich war auf mich selber angewiesen. Die Gesetze waren knochenhart. Wenn man im Sperrgebiet anschaffen ging, ist man sechs Wochen ins Gefängnis gekommen. Und wer sich rumgetrieben hat, ist ins Arbeitshaus gekommen. Ich habe Höhen und Tiefen kennengelernt. Ich habe Männer kennengelernt, die haben mir den Himmel versprochen, aber dann haben sie mich hängen lassen. Was sollte ich machen? Ich wollte sie nicht im Heim aufwachsen lassen, weil sie dann vielleicht auch kriminell geworden wäre. Das wollte ich vermeiden. Ich habe mir gesagt, wenn sie bei anderen Leuten groß wird, dann bekommt sie Liebe und Geborgenheit. Wenn sie in einem richtigen Zuhause aufwächst, dann wird aus ihr etwas Vernünftiges. Das habe ich ihr alles erklärt, aber sie kann das nicht verstehen, weil sie in einer anderen Welt groß geworden ist. Ich habe mich erst sehr gefreut, als sie gekommen ist. Sie hat mich umarmt, sie hat mich geküßt. Aber dann hat sie mir immer wieder meine Vergangenheit vorgehalten. Warum hast du mich nicht großgezogen? Du hast keinen Wert auf mich gelegt... Das ist nicht wahr!
Also, Sie haben damals Wert auf sie gelegt?
Großen Wert, ja! Ich habe sie acht Wochen gepflegt. Im Gefängnis gab es eine Kinderstation. Ich habe mir das Wiedersehen herzlicher vorgestellt.
Hat es Ihnen denn später leid getan, daß Sie sie weggeben haben?
Doch, doch! Ich habe jahrelang darunter gelitten. Aber sie versteht das anscheinend nicht. Sie hat kein Interesse gehabt, mich persönlich kennenzulernen.
Aber sie war doch hier.
Ja, zweimal. Zu meinem Geburtstag war sie sogar hier und hat mir

einen Strauß Blumen geschenkt. Das ist aber schon zwei Jahre her. Wenn ich interessiert bin, einen Menschen persönlich kennenzulernen, dann befasse ich mich mehr mit ihm. Ich kann diesen Menschen doch nicht nur von einer Seite sehen und sagen: Du hast nicht das Leben geführt, was ich mir vorgestellt habe. Sie hat mir doch keinen Vorwurf zu machen, sie hat doch gute Leute angetroffen. Ich hätte ihr das nie bieten können, was ihr die Eltern geboten haben. Da tu ich doch einem Menschen nicht immer wieder weh. Ich habe mich wirklich riesig gefreut, daß sie kam. Aber dann wollte sie mir nicht sagen, wo sie wohnt. Ich brauche nur 48 Stunden, um das herauszufinden. Sie möchte das nicht wegen ihrer Eltern. Vielleicht erwartet sie eine Erbschaft, ich weiß es nicht. Ich lege ihr auch keine Steine in den Weg. Wenn sie von mir nichts wissen will, dann kann ich es auch nicht ändern. Ich bin enttäuscht. Ich frage mich heute, warum ich sie geboren habe.

Warum haben Sie sie denn geboren?

Tja, weil ich mit einem festen Freund gegangen bin. Der war Handelsvertreter, aber ich habe ihn nicht geheiratet, weil er kriminell geworden ist. Deshalb habe ich sie weggegeben. Ich wollte keinen kriminellen Mann heiraten und mein Leben nur im Gefängnis verbringen. Außerdem hat es ihm nicht gepaßt, daß ich schwanger war. Ich habe gedacht: Wenn er das Kind nicht mag, was soll ich dann mit dem Mann? Ich bin ehrlich, ich hatte mir das anders vorgestellt, als ich von zu Hause weggelaufen bin. Ich bin ohne einen Pfennig Geld abgehauen. Damals war ich 22, und da habe ich natürlich als Prostituierte gearbeitet, weil ich ja nicht in der Gosse enden wollte. Und das versteht sie nicht, weil sie einen Halt hat.

Können Sie denn verstehen, daß sie traurig ist, weil Sie sie nicht selbst großgezogen haben?

Es könnte sein, daß sie traurig ist. Ich weiß es nicht. Sie hat mir erzählt, wie sie erfahren hat, daß sie ein Adoptivkind ist. Und da ich auch als Pflegekind groß geworden bin, weiß ich, wie weh es tut, wenn man das erfährt. Ich war auch in dem Glauben, daß meine Pflegeeltern meine Eltern sind, ich hatte beide lieb. Und auf einmal erfährt man dann: Ich bin gar nicht deine Mutter, ich bin nicht dein Vater. Das ist, als wenn man ein Brett vor den Kopf kriegt. Da entsteht ein Riß, da wird man zurückhaltender mit Liebe und Zuneigung. Als ich älter wurde und zum Tanzen gehen wollte, waren meine Eltern dagegen. Sie haben mich für eineinhalb Jahre in ein Erziehungsheim gesteckt. Das habe ich ihr alles erzählt. Sie hat zu mir gesagt: Du hattest eine sehr böse, harte Kindheit hinter dir, ich kann verstehen, daß du später von zu Hause weggelaufen bist.« Nur wollte sie nicht begreifen, daß ich sie zur Adoption freigegeben habe. Dabei habe ich es wirklich gut gemeint. Und als die Eltern sie holten, habe ich gesagt: »Ich bin die Mutter!« Ich könnte heute noch weinen. Das ist gar nicht so einfach. (Sie weint.) Dann kommt sie hierher mit 27 Jahren und macht mir Vorwürfe. Ich habe gedacht, daß sie mir vielleicht verziehen hat.

Ihre Mutter hat Sie auch weggegeben. Haben Sie ihr verziehen?

Ja, ja! Ich habe meine Mutter in die Arme genommen und gesagt: »Ich verzeihe dir!« Ich habe sie mehrmals besucht. Und dann habe ich plötzlich nichts mehr von ihr gehört. Sie hat sich das Leben genommen. Sie hatte mir erzählt, warum sie mich weggegeben hat: weil sie auch Prostituierte war und mit einem Mann zusammenlebte, der nicht arbeiten ging. Als sie nichts mehr zu essen und zu trinken hatte, hat sie mich und meinen Bruder Hals über Kopf im Stich gelassen und ist in die Welt hinaus. Wir sind für eineinhalb Jahre ins Heim und dann zu Pflegeeltern gekommen. Ich bin mit Liebe aufgewachsen und mit sehr, sehr großer Strenge. Mit 17 habe ich meinen ersten Mann kennengelernt, und wir mußten natürlich heiraten.

Weil Sie schwanger waren?

Ja. (Sie lacht.) Meine Pflegemutter hat das Kind großgezogen. Ich habe später erfahren, daß er Architekt geworden ist. Aus ihm ist was geworden. Insgesamt habe ich sechs Kinder gehabt. Zwei sind gestorben, drei habe ich zur Adoption freigegeben. Silke ist die einzige, die sich gemeldet hat.

Wünschen Sie sich, daß die anderen Kinder sich auch melden?

Jedes Kind ist anders. Vielleicht wäre ein Kind dabei, das mir verzeihen würde. Aber ich glaube nicht daran. Sonst hätten sie sich schon längst gemeldet.

Warum kriegt man sechs Kinder, wenn man sie alle nicht großziehen kann?

Ich stand immer alleine da. Ich hatte immer Pech.

Haben Sie nicht an Verhütung gedacht?

Damals gab es noch keine Verhütungsmittel.
Es gab Kondome.
Aber wer will denn nur mit Kondomen?
Sind die Kinder von Freiern oder Freunden?
Von Freunden. Beim Anschaffengehen war ich eiskalt. Da habe ich nur mein Geld gesehen und war froh, wenn ich es hinter mir hatte. Kein Kind ist von irgendeinem Freier!
Wie haben die Väter reagiert?
Die haben die Flatter gemacht. Die wollten alle keine Verantwortung tragen. Silke weiß das alles, sie hat ja meine ganze Vergangenheit erforscht. Sie hat sich solche Mühe und Arbeit gemacht, um mich zu finden.
Haben Sie nach ihr gesucht?
Nein! Als sie noch ein Kind war, wollte ich nicht, dann hätten die Leute sie wieder hergeben müssen. Später habe ich mir gesagt, sie erfährt vielleicht gar nicht, daß sie adoptiert ist.
Eigentlich sollte das erste Treffen im Jugendamt stattfinden...
...aber ich bin nicht hingefahren. Das hat mir nicht gepaßt. Meine Bekannten haben mir auch abgeraten. Da kriegst du nur Vorwürfe zu hören, haben sie gesagt.
Können Sie sich nicht vorstellen, daß Ihre Tochter sehr enttäuscht war, als Sie einfach nicht gekommen sind? Sie haben nicht einmal abgesagt.
(Sie schweigt lange.) Das ist der Punkt, den sie mir nicht verziehen hat. Später ist sie hierhergekommen, den Mumm hätte sie schon beim ersten Mal haben können. Sie hätte das Jugendamt von vornherein aus dem Spiel lassen können. Und nachdem ich ihr erklärt habe, warum ich nicht gekommen bin, da hätte sie das doch einsehen müssen, mit 27 Jahren, oder nicht? Auf einmal stand sie hier. Ich habe sie sofort erkannt, das ist der Mutterinstinkt. Sie hat geschwitzt, sie hat eine Zigarette nach der anderen geraucht. Allein wäre sie nicht gekommen, das traute sie sich nicht.
Hätten Sie sie lieber alleine getroffen?
Ja, ganz ehrlich! Wenn sie allein gekommen wäre, dann wäre man nicht so gehemmt gewesen. Dann wäre das vielleicht anders verlaufen. Ich kann nicht verstehen, warum sie nicht den Mut hatte, allein zu kommen. Schließlich bin ich auch allein zu meiner Mutter gefah-

ren. Aber ich frage mich, warum hat sie die Verbindung abgebrochen?

Können Sie sich das erklären?

Nein! Das kann ich mir gar nicht erklären. Wenn sie doch wenigstens noch mal kurz angerufen und gesagt hätte: »Ich verzeihe dir, ich bin dir nicht böse. Ich bin glücklich, daß du mich geboren hast.« Dann wäre ich ja der seligste Mensch. So muß ich annehmen, daß sie mir das nicht verziehen hat und nicht verzeihen kann.

Können Sie das verstehen?

Nein! Ich kann das nicht verstehen. Sie ist doch im Wohlstand aufgewachsen. Es wäre nur natürlich, wenn sie das Verlangen hätte, mich allein wiederzusehen. Sie hat doch mein Blut in sich. So muß ich annehmen, daß sie nichts für mich empfindet, daß ich für sie eine fremde Frau geblieben bin. Ich frage mich, warum sie mich kennenlernen wollte. Das weiß ich bis heute nicht. Wenn sie nicht in mein Leben getreten wäre, dann wäre vielleicht einiges anders.

So wie es gelaufen ist, wäre es Ihnen lieber, sie wäre gar nicht erst gekommen?

Ja, vielleicht. Ich befasse mich ja heute noch damit, hoffe immer noch, daß sie von sich hören läßt.

Sie ist, glaube ich, sehr enttäuscht gewesen, als sie erfuhr, daß Sie während der Schwangerschaft auf den Strich gegangen sind.

Das ist der Grund, warum sie böse ist. Aber meine richtige Mutter war auch mit mir schwanger und mußte auf den Strich gehen, weil sie sonst nichts zum Leben gehabt hätte. Und mir ging es genauso. Früher hat einem niemand geholfen, wenn man aus dem Gefängnis kam. Ich glaube, ihre Jugend ist auch nicht ganz einwandfrei gewesen. Sie hat mir erzählt, daß sie mit 16 bei den Rockern gewesen ist und daß sie an der Nadel gehangen hat, das hat sie mir selbst erzählt. Aber ihr Vater hat sie nach Hause zurückgeholt. Wenn er das nicht getan hätte, wo wäre sie dann hingekommen? Ins Verderben!

Sie hat mir gesagt, das stimme gar nicht, sie habe nie Drogen genommen.

Aber ihre Freundin, mit der sie hier war, hat mir erzählt, sie würde an der Nadel hängen. Ich weiß es nicht. Ich hab keine zerstochenen Arme gesehen, sie war auch sehr nett angezogen. Ich bin stolz auf sie. Aber die Freundin hat mir gesagt, daß sie dicht dran war am Verder-

ben, als sie 16 war, und daß der Vater sie da wieder herausgeholt hat.
Was für eine Beziehung hätten Sie gerne zu ihrer Tochter?
Daß sie mir mal schreibt oder mal den Drang hat, mich zu besuchen, daß sie mir ein bißchen Verständnis entgegenbringt und mir verzeiht. Das habe ich mir erhofft.
Wünschen Sie sich heute, daß Sie anders gelebt und die Kinder bei sich behalten hätten?
Doch, ganz ehrlich! Aber diese Gedanken kommen erst im Alter. In der Jugend denkt man anders. Erst im Alter kommt man zur Besinnung.
Sind Sie glücklich?
Ja. Ich lebe ganz solide und zurückhaltend. Ich könnte das Leben gar nicht mehr leben, das ich früher gelebt habe. Heute könnte ich nicht mehr auf die Straße gehen. Wir sind glücklich, wir haben unser Einkommen und Auskommen. Ich trinke schon mal mein Bierchen. Aber das ist auch alles.

Renate verkörpert genau das Schreckensbild einer abgebenden Mutter, das viele Adoptierte mit sich herumtragen; sie verkörpert den Typ Frau, dem diese Gesellschaft zutraut, das eigene Kind einfach in fremde Hände zu geben. Doch sehr viel seltener als allgemein angenommen entsprechen diese Erwartungen tatsächlich der Realität. Renate gehört zu einer Minderheit; die meisten abgebenden Mütter befinden sich in einer anderen sozialen Lage, haben andere Motive. Renate ist nicht hartherzig, aber wir hatten den Eindruck, daß sie in erster Linie an sich denkt. So versucht sie mit aller Kraft, das zu bekommen, was ihr nie ein Mensch gegeben hat, abgesehen vielleicht von dem Mann, mit dem sie nun seit 14 Jahren verheiratet ist: Zuneigung und Verständnis. Wird sie gefragt, welche Beziehung sie gerne zu ihrer Tochter hätte – eine Frage, die Geben und Nehmen auf beiden Seiten einschließt –, antwortet sie ganz selbstverständlich und ausschließlich mit Forderungen an ihre Tochter: Sie soll schreiben, sie soll zu Besuch kommen, sie soll Verständnis haben und verzeihen. So versucht die Mutter, Liebe zu erzwingen. Das wirkt abschreckend auf Silke, sie wehrt ab, und Renate macht zum wiederholten Male in ihrem Leben die Erfahrung, daß andere Menschen für sie nicht viel bereithalten.
Wie soll jemand Einfühlungsvermögen entwickeln, der keine Liebe,

kein Verständnis erfahren hat? Nur so erklärt sich, warum Renate keinen Funken Verständnis für ihre Tochter aufbringt, warum sie nie auf die Idee kam, ihrer Tochter einen Schritt entgegenzugehen, nach ihr zu suchen oder ihr nun selbst einen Brief zu schreiben, beim Jugendamt anzurufen, um den Kontakt wieder aufzunehmen. Hinzu kommt noch, daß sie mit allen Ämtern und Behörden Schikanen verbindet. Renate ist in ihrem Leben oft mit Vorwürfen konfrontiert worden und hat gelernt, sie abzuwehren. Sie will über das dumpfe Schuldgefühl, das in ihr bohrt, nicht nachdenken, sie möchte die Absolution, ohne daß es weh tut. Man hat ihr oft genug weh getan, schon als Kind.

Silke hat nie Drogen genommen, vom Rauchen einmal abgesehen. Genausowenig gehörte sie zu den Rockern. Auch ihre Freundin hat das nie behauptet. Wie kommt Renate darauf, sich solche Geschichten auszudenken? Ob es sie tröstet, daß die Jugend ihrer Tochter »auch nicht ganz einwandfrei« gewesen ist, weil es ihr zeigt, daß viele Schwierigkeiten haben, sich im Leben zurechtzufinden? Nur mit Hilfe ihres Vaters habe sich Silke aus dem Verderben befreien können, betont Renate. Das unterstreicht ihre eigene Unschuld. Hätte ihr jemand geholfen, wäre ihr Leben anders verlaufen. Renate ahnt, daß sie trotz ihrer schlechten Lebensbedingungen doch ein wenig mehr Handlungsspielraum gehabt hätte, ihren eigenen Weg zu gestalten. Um so heftiger schiebt sie die Verantwortung von sich weg, wehrt sie Silkes Fragen und Vorwürfe ab. Vielleicht bringen ihr auch die vermeintlich ähnlichen Erfahrungen am Rande des Abgrunds die Tochter näher, schaffen eine Verbindung zwischen den beiden grundverschiedenen Welten, in denen Mutter und Tochter nun leben.

Keine ganz normale Familie – die Adoptiveltern

Am liebsten hätte das Ehepaar Wertkauf seiner Tochter Silke nie gestanden, daß sie adoptiert wurde. (Vgl. das Kapitel »Die Abgeschobenen – die Adoptivkinder«.) Doch als Silke heiraten wollte, mußten sie es ihr sagen. Aus der Abstammungsurkunde, die beim Standesamt vorzulegen ist, hätte sie es sowieso erfahren. Die Eltern waren sehr unsicher, wie und wann sie Silke über ihre Herkunft aufklären sollten. Als sie sich endlich dazu durchrangen, brachten sie nur unter Tränen heraus, daß sie ihre Tochter adoptiert hatten, als sie sechs Wochen alt war. Silke glaubt, daß sie es viel leichter verkraftet und ganz normal gefunden hätte, wenn sie mit diesem Wissen aufgewachsen wäre.

Der späten elterlichen Aufklärung folgten Drohungen. Silke solle sich unterstehen, nach ihrer leiblichen Mutter zu suchen, dann brauche sie gar nicht mehr nach Hause zu kommen. Nach über zwanzig Jahren scheinbar normalen Familienlebens hatten die Eltern Angst, ihre Tochter zu verlieren. Nur andeutungsweise ließ der Vater durchblicken, daß diese Frau, deren Einfluß auf das Familienleben er so sehr fürchtete, eine Prostituierte war. Die Angst, Silke könne aufgrund »schlechter Erbanlagen« den gleichen Weg einschlagen, hatte die elterliche Erziehung geprägt. Silke wurde auf eine reine Mädchenschule geschickt; sie durfte nicht mit ihrer Freundin zu Feten gehen, weil dort auch Jungen waren; aus Illustrierten wurden »gewisse Seiten« herausgerissen.

Silke erfuhr kaum etwas über ihre leibliche Mutter. Aber eins konnte sie sich zusammenreimen: Das mußte eine ganz schlimme Frau sein, wenn sie von ihren Eltern so tief verachtet wurde. Es war für sie ein bedrückendes Gefühl, denn schließlich hatte diese Frau sie geboren. Irgend etwas mußte sie mit ihr gemeinsam haben. Nicht die Tatsache

der Adoption – dafür war Silke dankbar –, sondern die Verschlossenheit der Eltern trübte das Verhältnis. Silke konnte es eine Zeitlang nicht mehr ertragen, wenn ihr Vater sie in den Arm nahm. Erst nachdem sie ihre leibliche Mutter gefunden und das ihren Eltern gebeichtet hatte, gab es eine große erleichternde Aussprache.
Der Umgang mit der Adoption ist in den letzten Jahren offener geworden. Sie wird von den Beteiligten immer weniger tabuisiert. Doch die meisten Adoptivkinder, die sich heute auf die Suche begeben, die ihre ersten Treffen mit der leiblichen Mutter erleben, sind vor mehr als zwanzig Jahren vermittelt worden, als man noch häufig versuchte, die Adoption zu verheimlichen. Sie können erst jetzt Nachforschungen über ihre Herkunft anstellen, weil die Adoptiveltern die Kontaktaufnahme – wenn überhaupt – besser verkraften, wenn ihr Kind erwachsen ist und das Haus schon verlassen hat. Die gemeinsamen Erfahrungen und Erinnerungen kann ihnen keiner mehr nehmen, auch die leibliche Mutter nicht. Die Familienbande sind dann fest genug geschweißt, hoffen die Adoptiveltern.
Die Angst, das Kind an die leibliche Mutter zu verlieren, ist eigentlich unbegründet. Ist eine Adoption glücklich verlaufen, so bleiben die Adoptiveltern die Eltern, auch wenn sich eine positive Beziehung zwischen Adoptivkind und leiblicher Mutter aufbaut. Letztere übernimmt dann eher die Rolle einer Freundin. Aber vielleicht ist auch das für die Adoptivmutter nur schwer zu verkraften. Denn welche Mutter möchte nicht gerne gleichzeitig die beste Freundin der Tochter oder des Sohnes sein?
Brittas Adoptivmutter (vgl. das Kapitel »Die Abgeschobenen – die Adoptivkinder«) zum Beispiel fühlt sich verletzt durch das »Super-Verhältnis« ihrer Tochter zur leiblichen Mutter. Was empfindet sie, wenn sie hört, daß Britta fast jeden Tag mit ihrer leiblichen Mutter telefoniert, daß sie sie manchmal »Mütterchen« nennt, daß die beiden einmalige Übereinstimmungen feststellen, während Britta Ähnlichkeiten mit den Adoptiveltern nur als »geliehen« empfindet? Britta versichert, sie habe genug Liebe für zwei Mütter, doch nimmt das ihrer Adoptivmutter nicht den Schmerz, plötzlich teilen zu müssen.
Die meisten Paare werden nicht aus freien Stücken Adoptiveltern, sondern aufgrund ungewollter Kinderlosigkeit (von Stiefeltern und

Verwandtschaftsadoptionen abgesehen). Nicht selten haben sie verzweifelte und am Ende erfolglose Versuche, ein Kind zu bekommen, hinter sich. Darunter hat häufig nicht nur die Partnerschaft, sondern auch das Selbstbewußtsein gelitten. Der leiblichen Mutter ist gelungen, was den Adoptiveltern verwehrt blieb: Sie hat ein Kind zur Welt gebracht. Mit dieser Tatsache werden Adoptiveltern nicht gerne konfrontiert, zumal sie ihre Kinderlosigkeit oft nicht nur als persönlichen Schicksalsschlag, sondern auch als gesellschaftlichen Makel empfinden.

Fast alle Adoptivfamilien möchten gerne »ganz normale« Familien sein. Die derzeitige Gesetzgebung, die der leiblichen Mutter nach der Adoption sämtliche verwandtschaftlichen Bindungen abspricht, fördert diese Illusion. Doch läßt sich das gemeinsame Erlebnis von Schwangerschaft und Geburt durch Paragraphen nicht ungeschehen machen, zumal die Abstammung in unserer Gesellschaft ein wesentlicher Bestandteil der Identität ist. Adoptiveltern adoptieren immer auch die Herkunft ihrer Kinder. Sie sind keine »normalen« Eltern, sondern Eltern mit besonderen Problemen, die immer wieder daran zweifeln, ob ihre Elternschaft von Kind und Umgebung hundertprozentig anerkannt wird.

Vielen Adoptiveltern fällt es schwer, die Entscheidung der leiblichen Mutter zu akzeptieren, obwohl für sie persönlich ja ein großes Glück daraus folgte: Hätte die leibliche Mutter ihr Kind nicht weggegeben, so hätten sie keines annehmen können. Peter und Sigrid Herloff haben vor vier Jahren den heute elfjährigen Sven zu sich genommen. Sie wissen nicht viel über seine leibliche Mutter, nur daß sie in schwierigen, wechselnden Partnerbeziehungen lebte und insgesamt drei Kinder zur Welt gebracht hat. Die beiden anderen Kinder wachsen bei den Großeltern auf, Sven wurde gleich nach der Geburt in Pflege gegeben, ohne Verständigung des Jugendamtes, also illegal. Wo die Mutter sich zur Zeit aufhält, ist nicht bekannt. Das hat den endgültigen Vollzug der Adoption verzögert. Da sie unauffindbar blieb, wurde ihre Einwilligung durch eine richterliche Entscheidung ersetzt.

Sigrid Herloff kann sich nicht vorstellen, ihr eigenes Kind wegzugeben: »Ich würde das nicht tun, außer in ganz schlimmen Situationen, die ich nicht beeinflussen könnte, Krieg oder eine Naturkatastrophe.

Eigentlich kann ich sie nicht verstehen. Sven und die anderen Kinder sind gesund und hübsch, keine besonderen Belastungen. Ich denke, daß Kinder zu ihrer Lebenssituation einfach nicht dazugehören.«
Auch Peter Herloff kann letztlich nicht verstehen, warum eine Mutter ihr Kind weggibt, zumal er sich selbst immer ein Kind gewünscht hat und keins zeugen konnte. Ein moralisches Urteil über die leibliche Mutter wollen sich die Herloffs nicht erlauben, denn »das bißchen, was wir wissen, das reicht dazu nicht aus«.
»Vielleicht«, überlegt Sigrid, »steckt doch eine gewisse Verantwortung und Mutterliebe dahinter, der Wunsch, daß es dem Kind woanders besser gehen soll. Insofern kann ich es doch ein bißchen nachvollziehen. Aber sie hat natürlich auch nichts getan, um ihre Lebenssituation zu verbessern. Sie ist wohl ein Mensch, der wenig Eigenverantwortung hat.« Wenn Sven später genauer nachfragt, wollen sie ihm nur Positives über seine leibliche Mutter erzählen, ihm erklären, daß es Lebenssituationen gibt, in denen eine Frau zu dem Schluß kommt, es sei das Beste für ihr Kind, wenn es in einer anderen Familie aufwächst. Den Herloffs ist klar, daß Sven sich fragen wird, warum seine Mutter dann sang- und klanglos verschwunden ist, anstatt ihn offiziell zur Adoption freizugeben.
Viele Eltern reagieren wie die Herloffs. Auch wenn sie selbst sich in die abgebenden Mütter nicht einfühlen können, versuchen sie, bei ihren Adoptivkindern Verständnis zu wecken, damit diese sich nicht verstoßen und ungeliebt fühlen. Es kommt heute seltener vor, daß Adoptiveltern – so wie die Wertkaufs – die abgebende Mutter regelrecht in den Bann schlagen, um die Tochter vor schlechtem Einfluß zu bewahren. Die meisten Adoptiveltern ersparen ihren Kindern heute auch den späten Schock und lassen sie bereits mit dem Wissen um die Adoption aufwachsen.
Ulrich und Edith Kolbe haben versucht, ihrem inzwischen 26jährigen Adoptivsohn Erik zu erklären, daß seine Mutter in ihrer damaligen Situation nicht anders handeln konnte. »Wir waren ein bißchen unter Druck, weil wir dem Kind ein gutes Bild der Mutter vermitteln wollten.« Obwohl sie selbst anfangs überhaupt nicht verstehen konnten, wie eine Mutter ihr eigenes Kind weggeben kann, haben sie ihm versichert: »Sie hat das Beste für dich getan!«
Im Krankenhaus weigerte sich Eriks Mutter, ihr Baby zu sehen, ob-

wohl die katholischen Schwestern immer wieder versuchten, ihr das Kind nahezubringen. Es lag in seinem Bettchen auf dem Flur und weinte. »Wenn ich das Kind geboren hätte«, sagt Edith Kolbe, »ich hätte mich nicht so verschließen können.« Inzwischen haben die Kolbes »große Hochachtung« vor Eriks Mutter, weil sie die Adoption so konsequent durchgezogen hat. »Der Frau ist das wohl sehr schwer gefallen. Sie hat gesehen, daß sie für sich und das Kind keine Lebensqualität gewährleisten kann. Deshalb haben wir immer gesagt, es ist enorm, was sie geleistet hat, indem sie sich gesperrt hat, ihren Sohn zu sehen.«

Eriks Mutter war Hausangestellte, sein Vater, ein farbiger südamerikanischer Student, setzte sich ab, als er von der Schwangerschaft hörte. Sie lernte einen anderen Mann kennen, der sie heiraten wollte, allerdings ohne Kind. »Für ihre persönliche Zukunft hat sie aus damaliger Sicht bestimmt richtig entschieden. Wie sie das später verkraftet hat, wissen wir nicht, aber ich denke, sie war eine starke Frau.« Erik hatte in den ersten Lebensjahren spastische Störungen, die die Ärzte auf einen mißlungenen Abtreibungsversuch während der Zeit der Reflexbildung zurückführten. Das haben die Eltern ihm erst erzählt, als er älter war.

Der Versuch, dem Kind ein schönes Bild seiner Herkunft zu zeichnen, führt bei manchen Adoptiveltern zu einer regelrechten Überhöhung der leiblichen Mutter. Einen Mittelweg zu finden zwischen Idealisierung und Verteufelung, einen Weg, der sowohl den speziellen Motiven der leiblichen Mutter entspricht als auch dem Alter und Verständnis des Kindes angepaßt ist, fällt den meisten Adoptiveltern sehr schwer.

Das Ehepaar Wagner hat zwei Kinder adoptiert. Oliver haben sie im Alter von 14 Monaten zu sich genommen. »Der konnte noch nicht laufen, nicht reden, der konnte nicht lachen, nicht weinen, er war emotional ein Wrack.« Olivers Mutter hat Mann und Kind gleich nach der Geburt verlassen. Sieben Monate lebte der Junge bei seinem alkoholsüchtigen Vater, der sich nicht um ihn kümmerte. Nachbarn sorgten dafür, daß sich das Jugendamt einschaltete, weil das Kind ständig schrie. »Für Oliver war das die Rettung. Wir haben ihm das so erzählt, wie wir es erfahren haben. Unserer Tochter, deren Mutter eine Hure war oder ist, haben wir auch klipp und klar gesagt, daß sie wegen einer übertragenen Geschlechtskrankheit fast blind geworden wäre und daß ihre Mutter auf den Strich gegangen ist. Warum soll man das beschönigen?«

Wagners wissen – wie die meisten Adoptiveltern – nicht viel über die leiblichen Eltern ihrer Kinder. Es hätte sie zwar schon interessiert, etwas mehr zu erfahren, aber sie hatten ihre Gründe, sich nicht so intensiv mit der Vorgeschichte zu beschäftigen: »Man ist unvoreingenommener, wenn man nichts weiß, sonst hat man nachher Vorurteile gegenüber dem Kind.«

Sigrid Herloff denkt ganz ähnlich. Sie würde gerne etwas mehr über Svens Herkunft wissen, aber Kontakt zu seiner leiblichen Mutter möchte sie vorerst vermeiden: »Mir ist es wichtig, Sven als eigenständige Persönlichkeit groß werden zu sehen. Das stelle ich mir schwierig vor, wenn ich direkten Kontakt zu seinen Eltern hätte. Dann würde ich vergleichen und Vorurteile aufbauen. Guck mal, der ist genauso wie seine Mutter oder wie der Vater. Wir wissen von der Mutter, daß sie es nicht geschafft hat, ihr Leben in die Hand zu nehmen, und über den Vater wissen wir auch ein paar unangenehme Sachen. Er hat sie öfter geschlagen und kleine kriminelle Dinger gedreht. Ich will Sven damit nicht vergleichen. Ich möchte ihm eine Chance geben.«

Peter Herloff hingegen würde Svens Mutter doch gerne mal kennenlernen. Aber sie hat offensichtlich kein Interesse. In den letzten sechs Jahren hat sie sich kein einziges Mal nach ihren Kindern erkundigt. Trotzdem haben Herloffs große Angst, daß sie eines Tages vor der Tür stehen könnte und ihren Sohn zurückhaben will.

Die Adoptiveltern Wagner möchten vorerst nicht, daß die leibliche Mutter ihrer Tochter »hier aufkreuzt. Später vielleicht. Aber erst muß unsere Tochter stabilisiert sein. Sonst sitzt sie zwischen zwei Stühlen und weiß nicht, wo sie hingehört.« Svenja ist 16 Jahre alt. Mit 13 hat sie »plötzlich einen Rappel bekommen« und nach ihrer leiblichen Mutter geforscht. Die Eltern erfuhren erst durch das Jugendamt davon und waren überrascht. Sie meinen, Svenja hätte eigentlich das Vertrauen haben müssen, sich an sie zu wenden. Vielleicht hat die Tochter die Ängste und Vorbehalte der Eltern gespürt, vielleicht fürchtete sie Hindernisse, vielleicht wollte sie die Adoptiveltern nicht kränken. »Wir haben gesagt: ›Wenn das anonym bleibt, kannst du über das Jugendamt an deine leibliche Mutter schreiben. Wir haben nichts dagegen.‹«

Das Jugendamt hat die Mutter ausfindig gemacht. Diese hat einen Brief geschrieben, jede Woche beim Jugendamt angerufen, aber Svenja hat nicht geantwortet, aus irgendeinem Grund hat sie kein Interesse mehr an der Verbindung gehabt. Den Eltern ist das ganz recht, sie möchten erst mal den Status quo beibehalten. »Svenja macht uns so schon Probleme genug, ein zusätzliches Problem würden wir vielleicht nicht verkraften.« Marlies Wagner fürchtet vor allem, die Mutter wolle sich dann in die Erziehung einmischen. »Später, wenn Erziehung und Ausbildung abgeschlossen sind, kann man vielleicht losen Kontakt halten.«

Man weiß natürlich nicht, wie die leiblichen Mütter im Einzelfall reagieren, aber die Erfahrung zeigt, daß die meisten nicht an Einmischung interessiert sind, viele nicht einmal an persönlichem Umgang, solange die Kinder noch klein sind (siehe das Kapitel »Offene Adoption«). Doch wünschen sich fast alle Mütter ein Foto und möchten wissen, wie es ihren Kindern geht. »Also, ich würde das als Störung empfinden«, wendet Bernd Wagner ein, »weil ich immer das Gefühl hätte, plötzlich steht sie hier auf der Matte, oder sie fängt Svenja vor der Schule ab. Ich hätte das Gefühl, die mischt sich in jedem Falle irgendwie ein. Wir haben mit allen Konsequenzen ja gesagt zu Svenja, und dann muß das auch für beide Seiten gelten.«

Auch für Kolbes ist klar, daß eine Mutter, die Kontakt sucht, letztendlich Rechte geltend machen will. Für sie war es Vorbedingung für die Adoption, daß Eriks Mutter sich fernhielt und keine Nachforschungen anstellte. »Wir wollten ihn adoptieren, sie wollte ihn freigeben, also wird kein Kontakt stattfinden!« Auch das Jugendamt sei stets darauf bedacht gewesen, den Kontakt zu unterbinden, betont Edith Kolbe. »Denn Adoption heißt ja an Kindes Statt annehmen, also das Kind wie ein eigenes annehmen. Es soll von seiner Herkunft abgeschnitten sein, das ist nicht ganz das richtige Wort, aber es soll eine klare Trennung geben. Die Mutter hat das Kind abgegeben, und damit ist es wirklich von ihr weg.«

Kolbes glauben, das Bedürfnis einer leiblichen Mutter nach regelmäßigen Informationen, vielleicht sogar nach Fotos, sei geradezu selbstquälerisch, wenn sie sonst keinen Kontakt zu ihrem Kind habe. Wenn das Kind unbedingt wissen wolle, wer es gezeugt und geboren habe, dann sei das eine »psychisch gesunde Sache«, aber die Kontaktaufnahme solle vom Kind ausgehen. Hätte sie selbst, meint Edith Kolbe, immer die leibliche Mutter im Hintergrund gespürt, so hätte die Adoption für sie »nur eine halbe Sache« sein können. Sie hätte dann ihre Gefühle etwas zurücknehmen müssen, damit Platz für die Gefühle der anderen Frau gewesen wäre. »Mutter und Vater sind die, die das Kind großziehen«, betont sie, »und nicht diejenigen, die mehr oder weniger zufällig das Kind gezeugt und zur Welt gebracht haben.« Wenn das tatsächlich so einfach wäre, dann allerdings brauchten die Adoptiveltern nicht so große Angst zu haben, Liebe und Gefühle mit dieser anderen Frau teilen zu müssen.

Die Großmütter:
»Das tut mir herzensweh, immer noch«

Klara, Saskias Großmutter, ist schon achtzig Jahre alt und wünscht sich vor allem eines: daß sie ihre Enkeltochter vor ihrem Tod noch einmal wiedersieht. 1979 hat sie das kleine Mädchen zum letzten Mal gesehen, da war Saskia dreieinhalb Jahre alt. »Das tat mir herzensweh, als sie weggekommen ist, auch mein Mann hat damals sehr geweint.« Sie mochte ihre Enkeltochter sehr und hätte sie gerne zu sich genommen, wenn sie etwas mehr Platz gehabt hätte. Aber sie hatten nur eine winzige Wohnung, und außerdem war der Großvater schon krank und pflegebedürftig. Ihre Tochter Ute gab das Enkelkind nach einer gescheiterten Ehe erst in eine Pflegefamilie und dann zur Adoption frei. (Vgl. das Kapitel »Ute: ›Jetzt ist sie weg, jetzt kann ich es nicht mehr ändern‹«.)

»Ute trifft keine Schuld, sie hat selbst immer Tränen in den Augen, wenn sie über Saskia spricht», betont Klara. »Die Verhältnisse waren so schlimm.« Die Verhältnisse – damit meint Klara die Männer, mit denen ihre Tochter zuerst zusammenlebte. Ihr erster Schwiegersohn war gewalttätig und schlug seine Frau sehr oft. Der Lebenspartner, den sich Ute danach aussuchte, lehnte Saskia ab. »Der war so böse zu Saskia, daß sie vor lauter Angst immer ins Höschen gemacht hat.« Wenn sie daran zurückdenkt, kommen Klara die Tränen. Aber weshalb Saskia schließlich zur Adoption freigegeben wurde, das hat die Großmutter doch nicht verstanden, vor allem nicht, daß sie danach zu ihrem Enkelkind überhaupt keinen Kontakt mehr haben durfte. »Wenn ich das vorher gewußt hätte....«, überlegt Klara, um sich dann traurig an ihre damalige Situation zu erinnern: Sie war schon 65 Jahre alt, mußte ihren Mann pflegen und hatte nur eine winzige Wohnung.

Unterstützung durch die Eltern hätte Ute dringend gebraucht, doch

sie waren leider zu alt. Auf das Angebot ihrer Schwester, Saskia zu sich zu nehmen, hat sie insgeheim gewartet – aber sie hat die Schwester nie direkt darum gebeten. Vielleicht konnte die Schwester die Dramatik ihrer Situation gar nicht erkennen, vielleicht habe sie damals auch »heile Welt« gespielt, bekennt Ute. »Wenn es zu Hause mal Reibereien gab, hat Klara, meine Mutter, das immer überspielt. Das habe ich von ihr übernommen. Ich spiele allen etwas vor. Sorgen fresse ich in mich rein.« Ansonsten habe sie ein gutes Elternhaus gehabt und auch die Beziehung ihrer Eltern als ganz harmonisch erlebt.
Ute ist da eine Ausnahme. Die Frage, ob ihre Kindheit die Entscheidung zur Adoptionsfreigabe begünstigt hat, haben alle anderen Interviewpartnerinnen bejaht. Viele Frauen hatten selbst kein richtiges Zuhause, wurden zwischen Heim, Pflegefamilie und Eltern hin und her geschoben. Manchmal stimmte zwar der äußere Rahmen – doch die Frauen vermißten Geborgenheit, Verständnis und Zuneigung in ihrer Kindheit. Vereinfacht könnte man sagen: Als unsere Interviewpartnerinnen ihr Kind zur Adoption freigaben, wiederholten sie genau das, was sie ihren Müttern vorwerfen. Auch sie konnten ihrem Kind die nötige Stabilität und emotionale Wärme nicht schenken, zogen daraus nur radikalere Konsequenzen. Wiederholungen sind psychoanalytisch ein wohlbekannter Mechanismus. Frauen, die als kleines Kind emotional nicht ausreichend versorgt wurden, empfinden diesen Mangel auch als Erwachsene immer noch stark. Als Mütter sind sie kaum in der Lage, sich ihren eigenen Kindern versorgend zuzuwenden.

Wiederholungen

Daß sie immer zu kurz gekommen ist, dieses in ihrer Kindheit gewachsene Lebensgefühl prägt heute noch Ginas Leben als erwachsene Frau. (Vgl. das Kapitel »Gina: ›Diesen Schmerz würde ich kein zweites Mal verkraften‹«.) Ihre Mutter bat Gina lieber gar nicht erst um Hilfe – das hatte sie sich schon in ihrer Kindheit abgewöhnt. Gina kommt aus einer Familie, in der rein äußerlich alles stimmte. Vier Kinder, die Eltern berufstätig, der Vater in angesehener Stellung beschäftigt. An Geld mangelte es nicht. Aber insbesondere ihre Mutter hat sie als distanzierte Frau erlebt, die wenig Lust auf Kinder hatte, und schon gar nicht auf vier. »Ihr fehlte dieser Gluckeninstinkt«, meint Gina. »Eigentlich ist sie sehr sozial. Aber Kinder wollen etwas mehr bedacht werden als alle anderen. Sie wollen ein Extra-Bonbon von den eigenen Eltern.«

Gina und ihre Geschwister waren oft sich selbst überlassen. Sie fühlte sich vernachlässigt, »nicht vom Medizinischen oder von der Ernährung her, aber als Mensch«. Sie glaubt, daß sie deshalb auch ihre Tochter Anna zur Adoption freigegeben hat – sie hatte einfach keine Reserven mehr für dieses zweite Kind. Außerdem verliebt sich Gina immer in sogenannte Lebemänner: »Ich nehme an, daß ich mir gezielt Männer aussuche, die ähnlich sind wie mein Vater, die mich psychisch auch nicht unterstützen.« Jetzt lebt sie mit einem Mann zusammen, der keine Kinder will, obwohl sie sich selbst viele Kinder wünscht. Ihre Eltern wußten von ihrer Absicht, die Tochter adoptieren zu lassen, doch sie zeigten sich gleichgültig. Der Vater sagte nur: »Du mußt wissen, was du tust.« Ihre Mutter äußerte sich überhaupt nicht. »Sie hat eine Zeitlang den Kontakt zu mir ganz abgebrochen.« Wie ihre Mutter darüber denkt, weiß Gina bis heute nicht. Wir hätten gerne mit ihrer Mutter darüber gesprochen, doch das wollte Gina auf gar keinen Fall. Sie hat zwar wieder lockeren Kontakt zu ihr, doch die Adoption ist ein großes Tabu in der Familie. Interessanterweise hat auch ihre Schwester ein Kind zur Adoption freigegeben, obwohl dessen Vater es gerne behalten hätte. Die Geschichte wiederholt sich also doppelt in Ginas Familie.

Renate war selbst ein Pflegekind. (Vgl. das Kapitel »Die Abgeschobenen – die Adoptivkinder«.) Die eigene Mutter verließ Renate und ihre beiden Geschwister, als ihr die Probleme über den Kopf wuchsen, und verschwand spurlos. Das war kurz nach Renates Geburt. Die für die gefühlsmäßige Entwicklung sehr wichtigen ersten eineinhalb Lebensjahre verbrachte das Mädchen im Heim, ehe es in eine Pflegefamilie kam. Erst mit 18 hat sie ihre inzwischen verstorbene Mutter wiedergesehen. Auch in der Pflegefamilie fand Renate viel zuwenig Liebe und Verständnis – ihre Pflegeeltern erzogen sie sehr streng, wahrscheinlich weil sie befürchteten, Renate hätte von ihrer Mutter etwas »geerbt«. So durfte sie zum Beispiel als Jugendliche nie zum Tanzen gehen. Als Renate von zu Hause weglief, kam sie in ein Erziehungsheim. Trotz – oder wahrscheinlich sogar wegen – dieser Strenge trat Renate in die Fußstapfen ihrer Mutter. Sie brachte sechs Kinder zur Welt – drei gab sie zur Adoption frei, eines wuchs bei ihren eigenen Pflegeeltern auf, zwei sind gestorben. Der große Mangel an Zuwendung in ihrer Kindheit hat sie zu einer Frau werden lassen, die auch ihren eigenen Kindern weder Sicherheit noch Geborgenheit geben konnte. Daß ihre Tochter Silke ihr später mit kritischen Fragen und Vorhaltungen begegnet, kann sie nicht verstehen. Sie hatte ja selbst eine Mutter, die sie im Stich gelassen hat, und hat ihr auch keine Vorwürfe gemacht. Ihre eigenen Wünsche nach emotionaler Wärme hat Renate völlig verdrängt. Würde sie zugeben, daß sie ihre eigenen Kinder nicht richtig behandelt hat, und auf die Kritik ihrer Tochter eingehen, müßte sie sich erst selbst diese Wünsche wieder eingestehen.

Aus der Psychoanalyse und der neueren Mißbrauchsforschung ist bekannt, wie sehr mißbrauchte und mißhandelte Frauen unter dem Zwang stehen, selbst erlittene Traumata zu wiederholen. Beatrix (vgl. das Kapitel »Beatrix: ›Ich könnte nichts Schönes aus meinem Leben erzählen – bis auf die Geburt meiner Kinder‹«) ist darin in geradezu tragischer Weise verstrickt. Eigentlich sollte ihr Sohn Tobias es einmal besser haben als sie. Sie wollte ihm eine gute Mutter sein und ihm all das bieten, was sie von ihrer eigenen Mutter nicht bekam. Sie selbst wurde als kleines Kind mißhandelt und die ersten beiden Lebensjahre im Bett festgebunden. Später pendelte sie als kleines Mädchen zwischen ihrer Mutter, wechselnden Stiefvätern und verschiedenen Heimen hin und her. Das alles wollte sie Tobias ersparen. Doch zum einen konnte sie Tobias keinen Halt geben, weil sie nach den Mißhandlungen und vielen Heimaufenthalten mit sich selbst nicht zurechtkam, und zum anderen wählte sie sich ausgerechnet einen Partner, der Tobias mißhandelte. Später stellte sich heraus, daß dieser erste Ehemann auch die beiden Töchter mißbraucht hat. Die Wahl dieses Ehemannes war kein Zufall, sondern eine Folge des Wiederholungszwangs.

Vielleicht weiß Beatrix um diese zwanghafte Verstrickung. Denn nun möchte sie durch die Adoption für Tobias das realisieren, was ihr immer verwehrt blieb. »Ich hätte gerne Pflegeeltern gehabt«, sagt Beatrix. »Aber bei mir hat niemand daran gedacht, ich bin wie ein

Päckchen ohne Absender verschickt worden.« Sie macht dem Jugendamt eher Vorwürfe, weil man sie als Kind viel zu lange den Mißhandlungen ihrer Eltern überließ. Mit solchen Aussagen folgt sie eher ihrer Vernunft. Am liebsten würde sie Tobias sofort wieder zu sich nehmen.

Verweigerung

Katrin hat uns den Kontakt zu ihrer Mutter sofort vermittelt. Sie hat ihren Sohn Matthias mit vier Jahren ins Heim gebracht und dann zur Adoption freigegeben. Noch nie habe sie jemand so sehr beschäftigt wie dieses Kind, sagt uns Matthias' Großmutter Beate gleich zu Beginn unseres Gesprächs. Beate hat die Adoption des Enkelsohnes schon befürwortet, als ihre Tochter noch schwanger war. »Schau dir das Kind erst gar nicht an, gib es gleich zur Adoption frei«, habe sie ihr damals gesagt. Katrin, die Tochter, hat diesen Ratschlag ihrer Mutter nicht befolgt. Wenigstens damals nicht. Vier Jahre später entschied sie sich aber dann doch für den Weg, den ihre Mutter für richtig gehalten hatte.

Beate befürwortet die Adoption immer noch. »An sich war die Adoption richtig, sie kam nur vier Jahre zu spät«, betont sie. Ihr gefiel nur nicht, daß der Junge erst im Heim untergebracht wurde, bis sich eine Adoptivfamilie für ihn fand.

»Tränenüberströmt« sei sie nachts aufgewacht, als sie von Matthias' Heimunterbringung hörte, sagt die Großmutter. Heimlich ging sie ins Heim, um sich selbst ein Bild zu machen. Sie beobachtete den Enkelsohn aus der Ferne und sprach mit seiner Erzieherin. Mit Heimen verbindet sie schlimme Erinnerungen: Weil ihre Mutter bei ihrer Geburt gestorben war, wuchs sie selbst bei einer Tante auf, die ihr oft mit dem Heim drohte. Aber seit Matthias in einer Adoptivfamilie lebt, ist Beate beruhigt. »Was du machst, ist richtig«, hat sie ihre Tochter bestärkt.

Es fällt Beate nicht leicht, über »diese Geschichte« zu sprechen. Sie war »voller Abwehr«, als sie damals von der zweiten Schwangerschaft ihrer Tochter erfuhr. Katrin hatte schon ein Kind, den damals zweijährigen Peter, in den die Großmutter geradezu vernarrt ist. »Der erste war meine große Liebe«, sagt die Großmutter. »Als Matthias unterwegs war, bin ich für Peter rasend eifersüchtig gewesen, weil ich gedacht habe: Der nimmt dem ersten jetzt einen Teil der Mutterliebe.« Hinzu kommt: Matthias sei ein sehr sonniges Kind mit musischen Anlagen, ein Junge, dem die Herzen aller zufliegen, erzählt die Großmutter, während der Enkelsohn Peter eher ernst und zurückhaltend sei. »Ich habe es manchmal kaum ertragen, wenn meine Tochter mit dem Jüngsten herumschmuste und den Älteren links liegenließ«, sagt Beate. Eigentlich ließ Tochter Katrin ihren Älteren nicht »links liegen« – aber die Großmutter empfand offenbar schon normale Zuwendung als »Bevorzugung« des Jüngsten.

Daß sich zwischen den beiden Brüdern eine ausgeprägte Geschwisterkonkurrenz entwickelt hat, wundert nicht. »Die beiden haben sich nur gestritten«, erzählt die Großmutter. »Ich habe die nie zusammen hier gehabt, nach fünf Minuten haben die sich so gestritten, das konnte man nicht aushalten.« Die Großmutter akzeptierte damals das Leben ihrer Tochter ganz und gar nicht. Schon die Heirat mit dem Vater der beiden Kinder empfand sie als »unmöglich«. Sie hatte andere Pläne mit Katrin: Die Tochter sollte Abitur machen, studieren und dann irgendwann später vielleicht eine Familie gründen. Aber Katrin machte genau das Gegenteil: Mit 18 war sie verheiratet und ging ohne Abitur von der Schule ab. Bald hatte sie zwei Kinder, und kurz darauf ging die Ehe in die Brüche. Danach lebte sie mit den beiden Kindern in einer eigenen Wohnung und beantragte Sozialhilfe. Das war für die Großmutter – sie stammt aus einer konservativ-bürgerlichen Familie und war mit einem gutsituierten Geschäftsmann verheiratet – kaum zu ertragen.

»Heute bin ich etwas toleranter geworden, aber damals waren das für mich schon fast asoziale Verhältnisse: Katrin hatte keine eigenen Einkünfte, die Wohnung war zu klein, die Kinder zankten sich ununterbrochen, und meine Tochter war all dem nicht gewachsen.« Warum hat sie Katrin damals nicht unterstützt? Sie habe ihr Geld gegeben – aber sie wollte keines der Kinder zu sich nehmen. »Ich mag Kinder nicht dauernd um mich herum. Ich war froh, als meine Tochter groß war.«

Daß Großmütter ein Enkelkind so bevorzugen und dem anderen so ablehnend begegnen, ist eher ungewöhnlich. Beate findet selbst keine

richtige Erklärung für diese Gefühle. Vielleicht läge es daran, daß ihr verstorbener Mann den ersten Enkelsohn Peter noch im Arm gehabt habe und »überglücklich« gewesen sei. Auch habe er sich sofort nach der Geburt des Enkelsohnes wieder mit der Tochter versöhnt – obwohl er die Heirat anfangs ebenfalls abgelehnt habe, erzählt Beate. Außerdem wollte ihr Mann immer einen Sohn, hatte aber nur Katrin, eine einzige Tochter. Möglicherweise entstand so eine unbewußte Konkurrenzsituation zwischen Mutter und Tochter. Vielleicht fühlte sich Beate abgewertet, weil die Tochter Katrin nun einen Sohn hatte und ihr Mann so überglücklich darauf reagierte. Vielleicht war sie voller Abwehr dem Enkelsohn und der Tochter gegenüber, konnte sich diese Gefühle aber nicht eingestehen und bevorzugte deshalb um so stärker dieses erste Enkelkind. Reaktionsbildung nennt man diesen Mechanismus in der Psychoanalyse. Vielleicht erlaubte sie sich diese Gefühle erst bei dem zweiten Enkelsohn, den ihr Mann nicht mehr kannte. Vielleicht gönnte sie der Tochter auch keine zwei Söhne. Denkbare Erklärungen ihres Verhaltens – fest steht jedenfalls, daß sie das Verhalten der Tochter durch ihre Gefühle den Kindern gegenüber entscheidend geprägt hat.
Daß ihre Tochter letztlich doch ihrem Wunsch gefolgt ist, bestreitet Beate. Katrin habe immer das Gegenteil von dem gemacht, was sie gewollt habe. Immerhin – heute ist ihre Tochter so, »wie ich sie mir immer erträumt habe«, fügt Beate hinzu. Sie hat jetzt auch einen neuen Lebenspartner, den Beate akzeptiert, weil er einen guten Einfluß auf ihre Tochter ausübe. »Wie sie sich gibt, wie sie sich anzieht – das finde ich ganz toll. Sie stellt was dar, ist selbstbewußter geworden, hat einen Beruf und eine anerkannte Position.« Freilich, im Zuge dieses neuen Lebens wurde Matthias zur Adoption freigegeben. Nachdem ihre nachpubertäre Zeit vorbei war, hat sich Katrin zur »Traumtochter« entwickelt – mit allen Konsequenzen.

Ablösungskonflikte

Andere Frauen wurden von ihren Eltern zur Freigabe des Kindes gezwungen – was funktionierte, weil sie noch sehr unselbständig und auch finanziell von den Eltern abhängig waren. Es waren

wohlhabende Eltern, die so handelten. Das uneheliche Kind der Tochter war ein Schandfleck, der beseitigt werden sollte. Die Eltern wollten die eigene gesellschaftliche Stellung und ihr Ansehen nicht gefährden. Die Wünsche der Tochter spielten keine Rolle. Oft wollten die Frauen die Schwangerschaft und das Kind benutzen, um sich aus der noch immer bestehenden Abhängigkeit von den Eltern zu lösen. Die Adoptionsfreigabe des eigenen Kindes steht sinnbildlich dafür, daß dieser Ablösungsprozeß von den Eltern mißlungen ist. Erschreckend ist, daß die Adoptionsvermittlungsstellen hier mitspielten und mit den Eltern ein Bündnis eingingen. (Siehe auch das Kapitel »Die Behörden aus der Sicht der abgebenden Mütter«.)
Corinna sieht zwischen ihrer Familiengeschichte und der Adoption ihres Kindes eine Parallele. (Vgl. das Kapitel »Corinna: ›Alles, was mit Kindern zu tun hatte, war für mich die Pest‹«.) Ihre Eltern haben sie als 17jährige zur Adoptionsfreigabe gezwungen. Daß sie diesem Druck nachgab, sieht sie in der Beziehung zu ihrer mittlerweile verstorbenen Mutter begründet. »Meine Mutter hat mich innerlich nie angenommen. Sie hat es mir nie gesagt, aber ich habe immer fürchterlich um die Liebe meiner Mutter kämpfen müssen. Das ist mir allerdings erst heute klar. Ich habe mein Kind weggegeben, weil ich dachte, wenn ich das jetzt auch noch mache, dann wird sie mich vielleicht lieben.«
Corinna war nicht in der Lage, sich ohne das Druckmittel Schwangerschaft und Kind von der Mutter zu lösen. Aber dieser Versuch scheiterte, weil ihr zuwenig Grundlagen für eigenes Selbstvertrauen und für eigene Selbständigkeit vermittelt worden waren. Sie blieb letztlich in der Abhängigkeit von der Mutter und mußte nun mit ihrem eigenen Kind nach Maßgabe der Mutter verfahren.
So erging es auch Ulrike, die ebenfalls unter Zwang der Eltern ihren Sohn zur Adoption freigab. »Meine Erziehung war so, daß ich mich immer anpassen mußte, daß ich keinen eigenen Willen entwickeln durfte. Ich war noch in der Ausbildung und bin eigentlich gewollt schwanger geworden, um mich weiter von meinen Eltern zu lösen. Das war mir damals nicht bewußt, ich sehe das heute aber so. Dieses Kind war für meine Eltern ein Ding der Unmöglichkeit. Im Grunde stand dahinter, daß meine Eltern mit dieser sogenannten Schande nicht leben wollten. Sie wollten nicht, daß die Leute über mich rede-

ten, weil ich geschieden war und ein Kind hatte. Mein Vater drohte: Wenn ich das Kind nicht weggäbe, würde er mich nach Amerika schicken, und dann sollte ich eben sehen, wo ich bliebe. Ich wußte, das konnte ich nicht. So selbständig war ich nicht. Das wäre mein Tod gewesen. Meine Mutter hat gesagt: ›Wenn dich jemand nach dem Kind fragt, weil der Bauch weg ist, sagst du, das Kind ist gestorben, ganz einfach.‹«

Ulrikes Mutter Elsa lebt noch. Wir hätten sie gerne gefragt, warum sie ihre Tochter damals so unter Druck gesetzt hat. Ulrike hat lange überlegt, ob sie uns die Telefonnummer ihrer Mutter geben solle, und hat sich dann doch dagegen entschieden. Der Grund: Sie hat heute nur noch sporadischen Kontakt zu ihrer Mutter, die – so sagt sie – mit ihrer Schuld lebe, indem sie die Verantwortung einfach ihrer Tochter zuschiebe: »Ich habe zwei- oder dreimal das Gespräch mit ihr gesucht, woraufhin sie einen hysterischen Anfall bekam. Sie hat einen Schwächeanfall vorgetäuscht und fragte mich, ob ich vergessen hätte, daß ich das gemacht hätte. Ich hätte das mit der Adoption doch so gewollt. Das hat mich nach dem ersten Gespräch völlig fertiggemacht. Das zweite Mal war mir schon klar, daß sie wahrscheinlich nicht anders damit leben kann, als daß sie sich das so hindreht. Und dann sagte sie mir noch, ich hätte sie – meine Eltern – traurig gemacht mit diesem Entschluß und ob ich schon mal daran gedacht hätte, wie sehr sie gelitten hätten.«

Gegen diese Darstellung sprechen alle Fakten. Ulrikes Mutter hat sich nie nach dem Enkelsohn erkundigt oder gefragt, wie es Ulrike nach der Adoption erging. Sie könne es nicht ertragen, wenn ihre Mutter ihre Version der Adoptionsfreigabe ausführlich ausbreite, hat Ulrike uns erklärt, dafür sei die Wunde immer noch zu groß.

Adoption – eine Alternative zur Abtreibung?

Als Corinna mit 16 Jahren schwanger wurde, da gab es für ihre Eltern nur eine Alternative: Abtreibung oder Adoption. Sie setzten ihre Tochter ins Auto und fuhren mit ihr vier Wochen lang durch die Schweiz, von einem Frauenarzt zum anderen. Doch überall wurden sie abgewiesen, am Ende des vierten Monats wollte kein Arzt mehr eine Abtreibung vornehmen. Schließlich wurde den Eltern eine kleine Privatklinik empfohlen, in der man sich nach der Geburt um die Adoption des Kindes kümmern würde. »Meinen Eltern kam nichts anderes in den Sinn. Abtreibung geht jetzt nicht mehr, Pech gehabt, jetzt müssen wir sehen, wie wir das Kind loswerden.«

Corinna hatte bei dieser Entscheidung nicht mitzureden. Sie hat alles mit sich machen lassen. Eigentlich wollte sie das Kind gerne behalten, sie war zwar ungewollt, aber nicht zufällig schwanger geworden. »Ich denke, daß ich mich nach etwas Persönlichem gesehnt habe, das mir gehört. Im nachhinein ist mir klar, daß ich meiner Mutter so lange nichts von der Schwangerschaft erzählt habe, bis keine Abtreibung mehr möglich war. Aber das war mir nicht bewußt.«

Hätte Corinna damals frei entscheiden können, wären ihr weder Abtreibung noch Adoption in den Sinn gekommen. Sie wollte das Kind austragen und behalten. Dementsprechend hat sie unter der Weggabe gelitten. Auf die Frage, ob sie in der Adoption eine Alternative zur Abtreibung sehen könne, entfährt ihr ein empörtes »Ach du lieber Gott! Nach meinen Erfahrungen kann sich die Frage nicht mehr stellen! Eine Abtreibung ist eine schlimme Sache. Ich habe selbst nie abgetrieben, ich weiß nicht, was man hinterher empfindet. Aber was man empfindet, wenn das Kind woanders aufwächst, das ist noch schlimmer. Das ist keine Alternative. Damals, als ich so jung war, wäre eine Abtreibung für mich mit Sicherheit besser gewesen, aber das geht natürlich nur ganz frühzeitig.«

Erstaunlicherweise spiele die Adoption in der Abtreibungsdebatte der neunziger Jahre nur eine untergeordnete Rolle, beschwert sich der Direktor des Kinderneurologischen Zentrums Rheinland-Pfalz, Johannes Pechstein, in einem Aufsatz mit dem Titel »Tötung Ungeborener durch Abtreibung oder Adoption nach Austragung?«[1] In der §-218-Debatte der siebziger Jahre sei die Adoption noch ernsthaft als Ausweg diskutiert worden, das verhindere nun die Erinnerung an die negativ besetzte Leihmutter-Debatte und eine gestärkte »aggressiv-feministische Front«.

Pechstein fordert einen Ausbau des Adoptionswesens, denn für den Fall, daß es gelänge, die Adoption als »humanitäre Alternative zur Abtreibung« im öffentlichen Bewußtsein zu verankern, rechnet er mindestens mit einer Verfünffachung der Vermittlungen. Er sieht die Adoption als »humanes Vermittlungsinstitut zwischen der ungewollt Schwangeren und einem Paar mit unerfülltem, dringendem Kinderwunsch«.

Diese Vorstellungen sind heute Wünsche eines Außenseiters, doch haben bedeutende Vertreter der Kirchen in den siebziger Jahren dieselben Ansichten vertreten. Die Kongregation für die Glaubenslehre der katholischen Kirche forderte 1974 eine »kluge Gesetzgebung für das uneheliche Kind und für die Adoption«, damit es immer eine »realisierbare und ehrenhafte Alternative« für den Schwangerschaftsabbruch gebe.[2] Die deutschen Bischöfe mahnten fünf Jahre später, die Öffentlichkeit müsse »mehr Verständnis dafür aufbringen, wenn eine Mutter oder wenn Eltern in einer belastenden Situation ihr Kind in eine Familie zur Adoption bringen«[3]. Und kurz darauf verkündete Mutter Teresa in ihrer Nobelpreisrede: »Wir bekämpfen Abtreibung mit Adoption!«

Solche Bekenntnisse sind den Kirchen nicht leichtgefallen, widerspricht doch die Weggabe eines Kindes zutiefst ihrem Familienbild und dem Ideal der treusorgenden, aufopferungsbereiten Mutter. Das mag dazu beigetragen haben, daß aus diesen Äußerungen weder in der katholischen noch in der evangelischen Kirche eine offizielle Position wurde. Aktuelle Formulierungen klingen wesentlich vorsichtiger. In einer gemeinsamen Erklärung stellen evangelische und katholische Kirche 1989 fest: »Im Blick auf die Adoption sind Überlegungen angestellt worden, wie durch Erleichterung und Förderung der Adoption unter Umständen zu einer Verminderung der Schwangerschaftsabbrüche beigetragen werden könnte... Es ist allerdings umstritten, ob in der Entscheidungsphase über Abbruch oder Austragen der Schwangerschaft derzeit ein Adoptionsangebot überhaupt greift.«[4] Und ein Jahr später heißt es in einer Dokumentation des Zentralkomitees der deutschen Katholiken: »Die Freigabe zur Adoption kann in besonderen Fällen eine verantwortliche Entscheidung sein, die am Lebensschutz und an den Zukunftschancen der Kinder orientiert ist.«[5]

Auch die Praxiserfahrungen der kirchlichen Adoptionsvermittlungsstellen haben wohl dazu beigetragen, daß die Adoption als Alternative zur Abtreibung keinen breiten Zuspruch finden konnte. Wenn Frauen in die Vermittlungsstellen kommen, dann haben sie die Dreimonatsfrist, innerhalb deren ein Abbruch möglich ist, fast immer überschritten. D. h., die Entscheidung ist – aus welchen Gründen auch immer – gefallen.[6]

Die Adoptionsstelle der Caritas Hildesheim hat ihre Klientinnen befragt, ob sie einen Schwangerschaftsabbruch in Erwägung gezogen haben oder nicht. Zwei Drittel der Frauen gaben an, daran gedacht zu haben. Aber die einen haben die Schwangerschaft zu spät wahrgenommen, die anderen konnten sich nicht so schnell zu einer Entscheidung durchringen, haben also die Zeit entscheiden lassen. Ein Drittel der Frauen hat einen Abbruch von vornherein abgelehnt, entweder aus ethischen oder religiösen Gründen oder weil sie bereits eine oder mehrere Abtreibungen hinter sich hatten. Die meisten Frauen kommen zwischen dem fünften und siebten Monat zur Adoptionsvermittlung der Caritas. Den Betreuerinnen fällt auf, daß ihre Klientinnen sich dann an die ersten drei Monate, in denen ein Abbruch noch möglich gewesen wäre, nur noch vage erinnern bzw. über diese nicht genutzte Möglichkeit nicht mehr sprechen wollen.

Die MitarbeiterInnen kirchlicher und kommunaler Adoptionsvermittlungen sind sich – von wenigen Ausnahmen abgesehen – einig, daß die Adoption keine Alternative zur Abtreibung bilden kann. Denn in den ersten drei Monaten lautet die reale Alternative zum Schwangerschaftsabbruch: Schwangerschaft und nicht Adoption.

Eine Frau, die zur Abtreibung entschlossen ist bzw. in diese Richtung tendiert, will damit nicht nur ein Kind, sondern auch die Schwangerschaft verhindern.
Bevor überhaupt der Gedanke an die Versorgung des Kindes aufkommt, stehen erst mal der Gedanke an den dicken Bauch und die Folgen im Vordergrund. Der nicht zu verbergende Zustand wird Eltern, Nachbarn, Kollegen und Partner wissen lassen, was vielleicht niemand erfahren sollte. Eine Abtreibung ermöglicht die heimliche Lösung des Schwangerschaftskonfliktes, während die Freigabe zur Adoption monatelange Rechtfertigungen vor sich selbst und der Umwelt erfordert. Das alles ist vor dem Hintergrund zu sehen, daß eine Frau, die ihr Kind weggibt, in dieser Gesellschaft mit Verachtung gestraft wird. Auch Frauen, die abtreiben, müssen mit Unverständnis rechnen, doch stoßen sie keineswegs auf eine derartig einheitliche Ablehnungsfront wie diese »Rabenmütter«, die Kinder in die Welt setzen und sich nicht um sie kümmern. »Ich habe abgetrieben«, haben Frauen bereits in den siebziger Jahren öffentlich bekannt, aber noch heute können Frauen oft nicht einmal ihren besten Freunden anvertrauen, daß sie ihr Kind zur Adoption freigegeben haben, ohne von ihnen im Stich gelassen oder schief angesehen zu werden. Susanne, die ihr drittes Kind zur Adoption freigegeben hat, glaubt, nach einer Abtreibung hätte sie mit mehr Verständnis rechnen können: »Wir wurden nach der Geburt von einer Bekannten gefragt, ob wir es denn tatsächlich geschafft hätten, unsere Tochter wegzugeben. Das haben wir bejaht und daraufhin von dieser Frau lange Zeit nichts gehört. Sie selber hatte schon zwei oder mehrere Abtreibungen hinter sich.«
Die Freigabe zur Adoption ist ein absolutes Tabu. Der Schwangerschaftsabbruch mag umstritten sein, doch wird er selbst in »hochmoralischen« katholischen Kreisen akzeptiert – wenn es denn sein muß. Gina zum Beispiel stammt aus einer erzkonservativen katholischen Kleinstadt. Sie freute sich auf ihr Kind und dachte weder an Abtreibung noch an Adoption. Doch da sie ledig und ohne eigenes Einkommen war, stieß sie damit auf wenig Verständnis. Warum sie denn nicht »diesen andern Weg« gehe, wurde sie von der Mutter ihres Partners gefragt. Der Arzt versicherte ihr sofort, das alles sei kein Problem, ein Krankenhausbett sei immer frei. »Das hat mich schockiert, daß mir

der Frauenarzt, der auch meine Mutter bei vier Geburten betreut hat, so etwas vorschlägt. Das Wort ›Abtreibung‹ wurde nie ausgesprochen, auch von der Mutter meines Partners nicht. Sie ist sehr katholisch. Es wurde immer von ›einer anderen Lösungsmöglichkeit‹ gesprochen. Das ist einfach verletzend, daß es nach außen immer heißt: Recht auf Leben, für Kinder muß gesorgt werden, wenn aber jemand in einer Situation ist, in der er alleine nicht sorgen kann, dann verreckt er in Deutschland ähnlich wie in Afrika.«

Gina hat sich erst am Ende ihrer Schwangerschaft entschlossen, ihr Kind zur Adoption freizugeben, d. h., Adoption oder Abtreibung, das war für sie nie die Frage. Sie bejahte die Schwangerschaft und das Kind zunächst, und erst später setzte sich die Sorge durch, sie allein könne mit der Erziehung nicht fertig werden. Ihr Fall zeigt, daß man im Grunde genommen von zwei Konfliktphasen während der Schwangerschaft ausgehen muß, wobei sich die Frage nach der Adoption erst in der zweiten Phase stellt.

Voraussetzung für die Adoption ist, daß die Frau das Kind und die Schwangerschaft mit all ihren gesundheitlichen und sozialen Folgen bejaht. Solange diese Entscheidung in den ersten drei Monaten noch aussteht, könnte der Vorschlag der Adoption sogar das Gegenteil von dem bewirken, was beabsichtigt war. Denn wie soll sich eine ungewollt Schwangere dazu durchringen, ihr Kind anzunehmen, wenn man ihr gleichzeitig den Gedanken an die Trennung direkt nach der Geburt nahelegt? Dieser Vorschlag wirkt so ungeheuerlich, daß SchwangerschaftskonfliktberaterInnen fürchten, damit die Vertrauensbasis zu zerstören. Bei der Hildesheimer Caritas hat man festgestellt, daß allein das Erwähnen des Themas ›Adoption‹ das sowieso schon schwierige Gespräch emotionalisiert und kompliziert. Die Frauen reagieren mit Abwehr und Wut: Sie sollen das Kind bekommen, um es gleich darauf abzuliefern? Denkbar, daß der Gedanke an eine Adoptionsfreigabe so erschreckend ist, daß er den Entschluß zum Abbruch forciert.

Die eine Trennungssituation (Adoption) könne nicht helfen, die andere (Abtreibung) zu bewältigen oder zu vermeiden, unterstreicht Anneliese Ullrich von der Bundeszentrale des Sozialdienstes Katholischer Frauen. Wenn sich Frauen im frühen Stadium der Schwangerschaft zu einer Trennung vom Kind entschließen, dann wählen sie den Weg, der den geringsten Schmerz verursacht, und das scheint für die meisten der Abbruch zu sein, ein einmaliger Eingriff, nach dem alles vorbei ist. Im Falle einer Adoption fürchten sie einen Dauerschmerz, ein Leben voller Auseinandersetzungen, Schuldgefühle und Reue, unter Umständen verbunden mit der ständigen Suche nach dem Kind. Darüber hinaus, so erfährt Anneliese Ullrich immer wieder, fürchten viele Schwangere, ihr innerer Zwiespalt könne bereits die seelische Entwicklung des Kindes hemmen. Sie haben auch Angst, sich nach neunmonatiger Bindung doch nicht mehr vom Kind trennen zu können.

Trotz all dieser Befürchtungen war für Susanne und ihren Mann die Entscheidung zur Adoption eine bewußte Alternative zur Abtreibung. »Die beiden ersten Kinder wollten wir zunächst abtreiben lassen. Das klingt jetzt wahnsinnig hart. In den Anfängen der Schwangerschaft haben wir uns bereits Termine für den Abbruch geben lassen. Doch dann hatten wir starke Bedenken, beim zweiten Kind noch mehr als beim ersten. Wir haben uns dann doch entschieden, die beiden großzuziehen, weil wir meinen, daß es eigenständige lebende Wesen sind, auch schon kurz nach der Zeugung. Beim dritten Kind war es für meinen Mann durchaus noch die Frage, es abtreiben zu lassen. Für mich stand aber fest, die Tochter auszutragen.«

Auf die Frage, ob sie sich heute noch einmal genauso entscheiden würde, antwortet Susanne ausweichend: »Die Adoption ist uns bestimmt nicht leichtgefallen. Letztendlich ist es vielleicht doch wie der Tod eines Menschen. Und dennoch ist es kein Tod. Die Entscheidung haben wir vor zwei Jahren getroffen, daran halten wir uns. Ich stelle mir jetzt nicht die Frage, ob es richtig war, unsere Tochter zur Adoption freizugeben. Wir haben damals viel darüber gesprochen und so entschieden.« Susanne und ihr Mann bilden die Ausnahme. Nur wenige Schwangere wählen so frühzeitig und bewußt diesen Weg.

»Adoption – eine mögliche Perspektive im Schwangerschaftskonflikt?« ist der Titel einer Studie, die das Bundesfamilienministerium in Auftrag gegeben hat. Der Abschlußbericht liegt seit 1992 vor, findet allerdings nur in Expertenkreisen Beachtung. Vielleicht liegt das am Ergebnis. Das Forschungsteam der Gesamthochschule Essen kommt nämlich zu dem Schluß, daß Adoption keine Alternative zur Abtreibung sein kann: »Während der Zeit des Schwangerschaftsabbruches im engeren Sinne war für die Befragten Adoption keine Perspektive. Wurde sie von anderen angesprochen, so wurde dies als unzumutbares Ansinnen interpretiert..., weil so bereits die Geburt zu einem Teil eine Ablieferungspflicht wird, die jener aus Leihmutterschaften gleicht.«[7]

Die Wissenschaftler betonen, daß sie vom Grundgedanken des Lebensschutzes ausgehen, daß es für sie keine Stufe des Lebens mit geringerer Schutzwürdigkeit gebe, d. h., sie haben selbst ein Interesse, Alternativen zum Schwangerschaftsabbruch zu finden. Die Adoption allerdings kann das ihrer umfassenden Untersuchung zufolge nicht sein. Sie weisen u. a. darauf hin, daß die Adoption als Perspektive nur behutsam aufgebaut werden könne, wozu aber in der Schwangerschaftskonfliktberatung wegen der vorgegebenen Frist die Zeit fehle. Da außerdem die Beratung Pflicht sei und somit als genehmigende Instanz empfunden werde, mache so der Vorschlag der Adoptionsfreigabe den Eindruck, das Kind solle weggenommen werden. Um zu vermeiden, daß die Schwangerschaftskonfliktberatung in den Geruch kommt, Beschaffungsstelle für die Adoptionsvermittlung zu sein, bestehen die Autoren der Untersuchung auf einer prinzipiellen Trennung beider Bereiche.

Frauen, die sowohl abgetrieben als auch ein Kind zur Adoption freigegeben haben, hatten wesentlich weniger Schwierigkeiten, den Abbruch zu verarbeiten. Gina zum Beispiel hat zweimal abgetrieben und ihre Tochter gleich nach der Geburt zur Adoption freigegeben. Sie steht nach wie vor zu diesem Entschluß, den sie in einer ausweglosen Lage getroffen hat, kommt aber trotzdem zu der Überzeugung: »Wenn ich in einer vergleichbaren Situation wieder schwanger werden würde, ich würde jetzt abtreiben! Diesen Schmerz könnte ich nicht noch ein zweites Mal verkraften. Sein eigenes Kind wegzugeben ist wirklich schwer. Adoption ist ein Horror, ein Trauma.«

Über die Abtreibung legt sich – wie über die meisten schlimmen Erfahrungen, die man im Leben macht – irgendwann der Schatten des Vergessens. Ein weggegebenes Kind bleibt immer ein Teil der Gegenwart. Es ist einfach da. Es läßt sich nicht vergessen, die Erinnerung und die Schuldgefühle lassen sich nicht abschütteln.

Anmerkungen

1 Johannes Pechstein, Tötung Ungeborener durch Abtreibung oder Adoption nach Austragung? (unveröffentlichter Aufsatz, Institut für Soziale Pädiatrie, Mainz).
2 Nachkonz. Dokumentation, Bd. 48, Trier 1975, S. 55.
3 Die deutschen Bischöfe zur Situation nach der Änderung des § 218, Dem Leben dienen, Bonn 1979, S. 13.
4 Gemeinsame Erklärung der Kirchen, Gott ist ein Freund des Lebens, 1989.
5 Erklärung des Zentralkomitees der deutschen Katholiken, Für den Schutz der ungeborenen Kinder in Deutschland, Bonn 23. 11. 1990.
6 Ein großer Teil der hier wiedergegebenen Erfahrungen und Argumente wurde im März 1993 auf einer Tagung der Katholischen Akademie Rabanus Maurus »Adoption in der Schwangerschaftskonfliktberatung« vorgetragen. Die Referate wurden publiziert in: W. Bechinger / B. Wacker, Adoption und Schwangerschaftskonflikt, Kath. Ak. Rabanus Maurus, Schriften 6, Idstein 1994.
7 Golomb / Geller, Adoptionen zwischen gesellschaftlicher Regelung und individueller Erfahrung, a. a. O.

Adoption und Zwangsadoption in der DDR

Der Fall Stefanie K. – Geschichte einer Zwangsadoption

Nach ihrer Entlassung aus dem Krankenhaus durfte Stefanie ihre Tochter nur einen Tag bei sich behalten. Dann standen zwei Jugendfürsorger vor der Tür, um das Baby abzuholen. Weil Stefanie einer Adoption nie zustimmen wollte, wurde ihre Einwilligung später gerichtlich ersetzt, die Tochter also gegen ihren Willen in eine Adoptivfamilie vermittelt. Der Grund: Stefanie war wegen sogenannter »Asozialität« verurteilt worden. Damals war sie 19 Jahre alt.

Stefanie ist im Heim groß geworden. Ihre Mutter konnte sich um Stefanie und ihre vier Geschwister nicht kümmern, weil sie an Krebs erkrankt war. Als ihre Mutter starb, war Stefanie neun Jahre alt.

Die Kinder waren in verschiedenen Heimen untergebracht – nur mit ihrer zwei Jahre jüngeren Schwester lebte sie eine Zeitlang im selben Kinderheim, dann trennten sich die Wege auch dieser beiden Geschwister. Per Zufall hat sie später erfahren, daß sich die älteste Schwester das Leben genommen hat. Andere Verwandte haben sich nie um die Kinder gekümmert.

Die Heimerziehung war überfürsorglich und entließ mit 18 Jahren eine lebensuntüchtige junge Frau. »Es war nicht alles schlecht, wir haben sehr schöne Stunden erlebt«, resümiert Stefanie, »bloß auf die Dinge, auf die es ankam, waren wir nicht vorbereitet. Es hat sich immer jemand um mich gekümmert, mir alle Steine aus dem Weg geräumt. Ich konnte nicht kochen, ich konnte nicht mit Geld umgehen, ich wußte überhaupt nicht, wie es in der Welt aussah. Wir wurden eingekleidet. Bis 9 Uhr abends war Ausgang. Ja, und mit 18 Jahren kriegte man dann irgendwo ein Zimmer in Untermiete zugewiesen. Und das war's dann.« Als sie das Heim verließ, hatte sie ihre Lehre als Gärtnerin beendet. Sie mochte diesen Beruf und war »bester Lehrling« im Betrieb, »etwas zum Vorzeigen«. Man fragte sie sogar, ob sie FDJ-Sekretär werden wolle, und Stefanie stimmte zu.

Doch dann entdeckte Stefanie das Leben. Sie konnte endlich das tun, was sie im Heim nie durfte: am Wochenende lange wegbleiben zum Beispiel. Da waren keine Erzieher mehr, die sie zur Rede stellten. Die 18jährige begann die ungewohnte Freiheit zu genießen. Sie fand Anschluß an eine Clique, die sich am Wochenende zusammen vergnügte. Oft wurde es spät, auch sonntags, so daß Stefanie am Montagmorgen regelmäßig den Wecker überhörte und zu spät zur Arbeit kam. Als FDJ-Sekretär sollte sie eigentlich Vorbild sein, ihr Verhalten wurde deshalb mit Argusaugen beobachtet. Trotz vieler »Rapports« und Ermahnungen von seiten der Betriebs- und Parteileitung kam Stefanie montags einfach nicht aus dem Bett. »Anfangs habe ich mich trotzdem noch in den Betrieb getraut, auch wenn ich zu spät war, doch dann wurde das immer peinlicher, und ich bin gar nicht mehr hingegangen. Ich hatte keine Mutter, die sechsmal ins Zimmer kam und sagte: ›Jetzt mußt du aber wirklich aufstehen, sonst kommst du zu spät.‹ Es war ja keiner da.« Stefanie verstrickte sich immer tiefer in diesen Teufelskreis. Vor lauter Scham erschien sie überhaupt nicht mehr im Betrieb. Irgendwann wurde sie dann wegen »Arbeitsbummelei und asozialen Verhaltens« angezeigt. Jetzt begann eine noch fatalere Spirale: Volkspolizisten holten sie zu Hause ab, brachten sie ins Untersuchungsgefängnis nach Halle. Dort wurde sie zu einer Haftstrafe verurteilt. Das war 1971.

Grundlage für diese Verurteilung war der § 249 des DDR-Strafgesetzbuches: die »Gefährdung der öffentlichen Ordnung und Sicherheit durch asoziales Verhalten«. Zu einer Freiheitsstrafe bis zu zwei Jahren konnte demnach verurteilt werden, wer sich einer geregelten Arbeit entzog, obwohl er arbeitsfähig war. Im Wiederholungsfalle konnte eine Freiheitsstrafe bis zu fünf Jahren verhängt werden. Mit diesem Gummiparagraphen kamen auch alleinerziehende Mütter in Konflikt, die es nicht schafften, Berufstätigkeit und Kinderbetreuung miteinander zu vereinbaren.[1] Sozialhilfe gab es in der DDR nicht, dagegen für jeden und jede einen Arbeitsplatz und insofern auch eine

Pflicht zur Arbeit. Wer dieser Pflicht nicht nachkam, konnte leicht kriminalisiert werden. Freilich – in den meisten Betrieben drückte man ein Auge zu und schleppte die »Arbeitsbummelanten« einfach mit. Eher selten scheint es – wie in Stefanies Fall – zu einer Anzeige gekommen zu sein.[2]

In der Haft feierte Stefanie ihren 19. Geburtstag. Ihre Schwangerschaft bemerkte sie bald nach der Inhaftierung. Der Vater des Kindes: ein kubanischer Student. Eine Verbindung, die für zusätzlichen Ärger sorgte. Intime Beziehungen zu Ausländern waren nicht gern gesehen, weil Ausländer in der DDR keine Familien gründen sollten. Außerdem wollte Stefanie ihren kubanischen Freund schützen, sie gab seinen Namen nicht preis. »Damit hatte ich noch einen Stempel weg. Obwohl die Freundschaft mit anderen Völkern ganz hochgehalten wurde, war man als Freundin eines Ausländers gleich der letzte Dreck. Er hätte sein Studium abbrechen müssen und wäre seines Lebens nicht mehr froh geworden, wenn wir die Vaterschaft richtig offiziell gemacht hätten.« Im sechsten Schwangerschaftsmonat wurde Stefanie aus der Haft entlassen. Bis zu ihrem Mutterschutzurlaub mußte sie wieder in ihrem alten Betrieb arbeiten. Ein Spießrutenlauf. Die Kolleginnen mieden sie, wagten es nicht, sich mit der »Arbeitsbummelantin« zum Essen an einen Tisch zu setzen. Wie eine Aussätzige habe sie sich gefühlt, sagt Stefanie. Sie mußte zur Jugendhilfe, wo man ihr vorschlug, das Kind zur Adoption freizugeben. Das aber wollte sie auf gar keinen Fall.

Am 21. Februar 1972 brachte Stefanie eine Tochter zur Welt. Weil sie Fieber bekam und das Baby kaum zunahm, blieb sie fast drei Wochen im Krankenhaus. Danach ging sie mit dem Kind nicht in ihr Zimmer, das sie zur Untermiete bewohnte – eine Auflage, die man ihr bei der Haftentlassung jedoch erteilt hatte. Stefanie suchte Familienanschluß. Sie zog mit dem Kind zu einer guten Bekannten, die selbst Kinder hatte und von der sie sich »alles zeigen lassen wollte«, denn von Säuglingspflege hatte sie keine Ahnung. Dieser Wunsch wurde ihr zum Verhängnis. Nur einen Tag wohnte sie mit dem Kind bei dieser Familie, dann tauchte die Jugendfürsorge auf und holte das Baby ab, um es im Kinderheim unterzubringen. Das war am 10. März 1972.

In den Akten der Jugendhilfe heißt es: »Es war vorgesehen, daß der

Verklagten die Chance eingeräumt wird, sich auch nach der Entbindung noch einige Zeit um ihr Kind zu kümmern. Nach der Entlassung aus dem Krankenhaus hat sich die Verklagte nicht, wie ihr auferlegt wurde, ordnungsgemäß in ihrem Zimmer aufgehalten ..., und dieses Zimmer befand sich in einem total verwüsteten Zustand, so daß eine ernsthafte Gefährdung des Kindes eingetreten ist und ein Katastrophenfall vorlag und durch mündlichen Beschluß die Einweisung erfolgte.«

Es scheint, als habe die Jugendhilfe eher einen Anlaß für die Heimunterbringung gesucht, denn Stefanie hatte sich auf das Kind vorbereitet, bei ihrer Bekannten war eine Wiege aufgestellt, und auch Wäsche lag für das Baby bereit. Daß die 19jährige dort vielleicht ganz gut untergebracht war, war für die Fürsorger kein Argument. Vielleicht war zu diesem Zeitpunkt schon klar, daß Stefanies Betrieb keine »Patenschaft« für seinen einst besten Lehrling übernehmen wollte. Mit einer »Patenschaft« wäre ihr der Rest der Haftstrafe erlassen worden, dann hätte sie das Kind vielleicht behalten dürfen. So stand fest, daß sie ihre Haft fortsetzen mußte, freilich erst Monate später, am 4. Juli 1972. Bis zum Antritt ihrer Haft brachte Stefanie immerhin jeden Tag ihre Muttermilch ins Kinderheim. Diese Fürsorge legte man jedoch später, als ihr das Erziehungsrecht entzogen wurde, nicht zu ihren Gunsten aus. Sie habe das Baby zwar »ordnungsgemäß besucht im Heim, aber auch nur deshalb, da sie täglich die Muttermilch abzuliefern hatte«, notierte die Jugendhilfe. »Die Heimerzieher hatten den Eindruck, daß diese Besuche mehr oder weniger formell stattfanden und von einer echten Bindung zu dem Kind durch die Verklagte nicht gesprochen werden kann.« Stefanie ist heute voller Wut über diese Feststellungen in den Akten. »Wie sollte eine Bindung auch entstehen? Ich frage mich, wann und wo ich eine Chance gehabt habe, mich nach der Entbindung um mein Kind zu kümmern. Im Krankenhaus bekam ich das Kind nur zu den festgelegten Stillzeiten. Danach kam meine Tochter sofort ins Heim. Man hatte mir wieder meine Pflichten und die Verantwortung abgenommen.« Im Kinderheim durfte sie das Baby nur zu den Besuchszeiten sehen und auch dann »nur hinter Glas«, erzählt sie, hinter einer Trennscheibe also. Obwohl sie täglich ihre Milch abgab, durfte sie die Tochter nie auf den Arm nehmen.

Nach dem Tod von Partei- und Staatschef Walter Ulbricht brachte eine Amnestie auch für Stefanie die Freiheit. Im Winter 1972 wurde sie entlassen. Sie besuchte das Kind sofort im Heim, durfte es jetzt zum erstenmal auf den Arm nehmen. Gegenüber der Erzieherin muß sie gesagt haben, daß sie für das Kind ja eine Fremde sei – eine Äußerung, die später beim Entzug des Erziehungsrechts gegen sie verwandt wurde.
Ihr Vermieter hatte unterdessen ihr damaliges Zimmer an seine Tochter vergeben und für Stefanie nur noch ein Zimmer ohne Heizung zur Verfügung. Worauf sie sich illegal bei ihrem kubanischen Freund im Internatszimmer einquartierte und damit wiederum gegen eine Auflage ihrer Haftentlassung verstieß. Als sie dann über Wochen mit einer Nierenbeckenentzündung im Bett lag und sich weder bei der Abteilung Innere Angelegenheiten meldete noch ihr Kind im Heim besuchte, wurde sie erneut verhaftet und jetzt als Wiederholungstäterin zu fünf Jahren Arbeitserziehung verurteilt. Eine Fürsorgerin wollte sie während dieser Haftzeit erneut überreden, das Kind zur Adoption freizugeben, was Stefanie wiederum ablehnte. Im Herbst 1973 wurde ihr dann per Gerichtsbeschluß das elterliche Erziehungsrecht entzogen. Sie habe es nicht verstanden, »durch gute und regelmäßige Arbeit für den Unterhalt des Kindes zu sorgen«, so das Gericht. »Aus diesem Verhalten war damals schon zu erkennen, daß die Verklagte auf das Erziehungsrecht für das Kind wenig Wert legte.« Durch ihre »Arbeitsbummelei« und »asoziale Lebensweise« habe sie ihre elementarste Pflicht zur Versorgung des Kindes verletzt, indem sie »nicht mal die Heimkosten für das Kind erstatten konnte«. So habe sie selbst die Chance verspielt, das Kind eines Tages zurückzubekommen.
Im Dezember 1973 wurde die Tochter Doris adoptiert. Stefanie erfuhr von der Adoption nur, weil sie von da an keinen Unterhalt mehr leisten mußte. Sie arbeitete in der Küche und wurde wegen guter Führung nach vier Jahren Haft vorzeitig entlassen.
Sie mußte nicht mehr zurück in ihren alten Lehrbetrieb, sondern bekam in einem anderen Betrieb eine Stelle zugewiesen. Dort fühlte sie sich wohler. Auch unterstützte die neue Chefin sie bei der Renovierung und Einrichtung ihrer Wohnung. Stefanie verheiratete sich mit einem früheren »Heimkameraden« und brachte 1977 einen Sohn zur

Welt. Sie beantragte mit ihrem Mann die Ausreise, aus Angst, wie sie sagt, daß ihr auch der Sohn weggenommen werde. Außerdem wollte sie das Beste für den Jungen. Sie glaubte, daß ihr Sohn »bei dieser Mutter« in der DDR keine Chancen gehabt hätte. 1982 siedelte die Familie in die Bundesrepublik über. Die Ehe zerbrach an den Startschwierigkeiten im Westen. Sie heiratete erneut und lebt heute mit ihrem zweiten Mann und ihrem Sohn in einem hübschen Reihenhaus in der Nähe von Köln.

Seit ihrer Ausreise in die BRD versuchte sie, ihre Tochter ausfindig zu machen. Doch die Nachforschungen über den Petitionsausschuß und über das Ministerium für innerdeutsche Beziehungen brachten keinerlei Ergebnis. Aber der Einigungsvertrag vom 31. August 1990 enthielt die Möglichkeit, Adoptionen in der DDR gerichtlich überprüfen zu lassen. Stefanie beantragte die Aufhebung der Adoption. Im Februar 1992 erfuhr sie dann, daß ihre Tochter jetzt Maria heißt und mit ihrer Mutter in Berlin lebt. Sie habe braune Augen, braune Haare und habe mit sechs Jahren schon gewußt, daß sie adoptiert wurde. Sie absolvierte eine Gärtnerlehre wie seinerzeit ihre Mutter Stefanie. Zu einem Treffen mit der leiblichen Mutter sei die Tochter allerdings nicht bereit, teilte ihr die zentrale Adoptionsvermittlungsstelle des Berliner Senats mit. Über diese Behörde erhielt Stefanie auch einen bösen, maschinengeschriebenen Brief. Darin teilt ihr die Tochter in barschem Ton mit, daß sie »keine Veranlassung« sehe, sich mit ihr in Verbindung zu setzen. »Was der Frau Stefanie Krug widerfahren ist, ist nicht erfreulich«, schreibt Maria. »Leider muß ich noch dazu sagen, daß es aber auch zum großen Teil die Schuld von Frau Krug war, die zu solchen Umständen führte... Wenn man wirklich Interesse an seinem Kind hat, findet man auch Mittel und Wege, für das Kind zu sorgen, selbst in fast aussichtslosen Fällen.« Diesen Brief hat Stefanie bis heute nicht verarbeitet, obwohl sie sicher ist, daß die Adoptivmutter ihn getippt und die Tochter nur unterschrieben hat.

Stefanie hat schließlich eine persönliche Begegnung mit der Tochter gerichtlich erzwungen. Sie wollte ihr die Umstände der Adoption genau erzählen: ihre Lebensuntüchtigkeit damals, ihre Arbeitsbummelei und daß sie – einmal in Haft – keine wirkliche Chance mehr bekam. »Wenn man einmal in der Mühle drin war, war da kein Rauskommen mehr. Mir hat sowieso keiner mehr was zugetraut. Schon gar nicht, ein Kind zu einem ordentlichen Staatsbürger zu erziehen.« Die Begegnung fand in den Räumen der Berliner Adoptionsvermittlungsstelle statt, die Tochter kam mit ihrer Adoptivmutter, Stefanie mit ihrem heutigen Ehemann. Die Adoptivmutter bestimmte mit ihren Vorwürfen die Atmosphäre des Treffens. Die Tochter sagte fast gar nichts.

Nach dem Treffen hat Stefanie auf ein Verfahren zur Aufhebung der Adoption verzichtet. Sie habe die Tochter einmal gesehen und einiges »richtigstellen« können: »Ich weiß jetzt, daß meine Tochter gut untergebracht war und von ihrer leiblichen Mutter nichts wissen möchte. Trotzdem kann ich seit dieser Begegnung besser mit der Adoption leben.« Denn »fertig geworden« ist sie eigentlich nie damit, bis heute nicht. »Ich habe mich gefügt. Ich hatte ja keine andere Wahl. Bis zu dem Zeitpunkt dieses Treffens vielleicht. Da habe ich angefangen, das zu verarbeiten.«

Monate später klingelt abends das Telefon. Eine Freundin der Tochter ist am Apparat, dann kommt die Tochter selbst ans Telefon, erzählt, sie würde Stefanie gerne wiedersehen, nur ihre Adoptivmutter dürfe davon nichts erfahren. Die beiden sind sich fremd, die Gespräche am Telefon kommen ihr belanglos vor. Einmal haben sie sich für drei Stunden an der Ostsee getroffen. Beide waren sehr befangen. Stefanie ist vorsichtig, überlegt immer wieder, ob sie sich auf eine intensivere Beziehung überhaupt einlassen soll. Sie glaubt, daß sie immer »das fünfte Rad am Wagen« sein wird, eine Art Anhängsel nur, und davor hat sie Angst.

Zwangsadoptionen in der ehemaligen DDR – ein Thema, das nach der Wende von den Medien begierig aufgegriffen wurde und für Schlagzeilen sorgte. Berichtet wurde über Kinder, die ihren Eltern wegen »Republikflucht«, »staatsfeindlicher Hetze« oder anderer politischer Delikte weggenommen wurden, ohne daß die Eltern ihre Fürsorgepflichten gegenüber dem Kind verletzt hätten.[3] Politische Zwangsadoptionen gab es ohne Zweifel in der DDR – nur nicht in dem Ausmaß, wie nach der Wende gemutmaßt wurde. Sieben Fälle politischer Zwangsadoptionen sind bekanntgeworden, sieben Fälle aus den Jahren 1969–1976, meist verbunden mit einem Ausreiseantrag der

Eltern. Nachdem der »Spiegel« im Jahre 1975 über Zwangsadoptionen in der DDR ausführlich berichtet hatte, gab es offenbar mündliche Anweisungen des Ministeriums für Volksbildung an die Referatsleiter der Jugendhilfe, zurückhaltend zu verfahren und die Kinder in die Bundesrepublik nachreisen zu lassen.
Die meisten Zwangsadoptionen hatten jedoch keinen explizit politischen Hintergrund, die Mütter waren nicht durch politisch mißliebige Äußerungen oder Ausreiseanträge aufgefallen. Oft wurde den Müttern das Erziehungsrecht wegen sogenannter »Asozialität« entzogen. Etwa 50 solcher Adoptionen sind im Berliner Raum bekanntgeworden. Allerdings sind auch hier Differenzierungen notwendig: In ca. 25 Fällen wären den Frauen auch nach den Gesetzen der Bundesrepublik mit großer Wahrscheinlichkeit die Kinder weggenommen worden.[4] Der Grund: Dem Entzug des Erziehungsrechts gingen schwere Mißhandlungen und extreme Vernachlässigung der Kinder voraus. »Ich habe einigen Eltern gesagt, daß man es auch in der Bundesrepublik nicht so gerne sieht, wenn Kinder mißhandelt oder schwer vernachlässigt werden«, bilanziert Elke Kannenberg, Leiterin der zentralen Adoptionsvermittlung in Berlin und zuständig für die Aufklärung der in den Ostberliner Stadtbezirken bekanntgewordenen Zwangsadoptionen. Sie betont, daß sie auch in diesen Fällen bemüht war, etwas über die Entwicklung der Kinder in Erfahrung zu bringen, um Ängste und Schuldgefühle der Mütter zu mindern.
Sogenannte »Ersetzungsverfahren« gibt es also auch in der Bundesrepublik: Eltern wird das Sorgerecht entzogen, damit die Kinder auch gegen ihren Willen zur Adoption freigegeben werden können. Das ist gesetzlich vorgesehen nach schweren Mißhandlungen und extremer Vernachlässung. In der Bundesrepublik wird bei etwa 4 Prozent aller Adoptionen im Jahr die elterliche Einwilligung gerichtlich ersetzt.
Freilich – eine Adoption gegen den Willen der Mutter wie im Falle von Stefanie wäre in der Bundesrepublik nicht denkbar gewesen. Von den 50 Ersetzungsverfahren im Berliner Raum, die in der DDR wegen sogenannter »Asozialität« eingeleitet wurden, sei den Müttern in 22 Fällen von den Jugendämtern »übel mitgespielt« worden, betont Elke Kannenberg. Durch von vornherein nicht erfüllbare Auflagen hätten die Referate der Jugendhilfe die meist sehr jungen Frauen ge-

zielt in eine Lage gebracht, die auf den Verlust des Erziehungsrechts hinauslaufen mußte. In einigen Fällen wurden Geschwister in unterschiedlichen Heimen und weit auseinanderliegenden Gegenden untergebracht. Es war dann schnell möglich, der Mutter nachzuweisen, daß sie ihre Kinder nicht regelmäßig besuchte und damit die Auflagen der Jugendhilfe verletzte. Meistens waren diese Frauen alleinerziehend und vorbestraft, wie Stefanie oft wegen »Asozialität« schon einmal verurteilt. Die durch diesen Strafrechtsparagraphen kriminalisierten Frauen waren nach der Haftentlassung meistens gar nicht in der Lage, den engen Auflagen der Jugendbehörde gerecht zu werden. Das Zusammenspiel zwischen Gericht und Jugendhilfe funktionierte reibungslos. Von einer echten Überprüfung des Handelns der Jugendhilfe durch das Gericht konnte keine Rede sein, so die Bilanz von Elke Kannenberg nach dem Studium der Akten.

Adoption im Vergleich

Natürlich gab es in der DDR nicht nur Zwangsadoptionen. Frauen haben auch freiwillig ihr Kind zur Adoption freigegeben. Die Motive der Frauen waren anders als in der Bundesrepublik: Wirtschaftliche Gründe spielten eigentlich keine Rolle. In der DDR hätten eher persönliche Probleme im Vordergrund gestanden, meint Christine Schnittger, zu DDR-Zeiten leitende Jugendfürsorgerin im Ostberliner Stadtbezirk Marzahn. 30 bis 40 Kinder hat sie pro Jahr in Adoptivfamilien vermittelt, wobei die meisten Vermittlungen aufgrund eines Sorgerechtsentzuges vonstatten gingen. Da Christine Schnittger heute in der zentralen Adoptionsvermittlung des Berliner Senats weiterarbeitet, hat sie gute Vergleichsmöglichkeiten. »Hier erlebe ich viele junge Mütter aus der sozialen Unterschicht. Viele kommen hierher aus einer materiellen Not heraus. In der DDR standen andere Zwänge dahinter. Da ging es eher um Konflikte, die die Frauen mit sich selber oder mit ihren Partnern hatten. Abgebende Mütter waren bei uns Frauen, die schon mehrere Kinder hatten und kein Kind mehr wollten, aber den Zeitpunkt für die Abtreibung verpaßt hatten. Oder es ging um ein Kind, das durch einen Fehltritt zustande kam. Das waren die Gründe für freiwillige Adoptionen.«

Die Freigabe zur Adoption war auch in der DDR sehr schlecht beleumdet. »Wer das freiwillig unterschrieben hat, war eben ganz schlecht angesehen bei uns. Das waren die absoluten Rabenmütter. Das war sehr ausgeprägt, ausgeprägter, als es in der Bundesrepublik heute ist«, so Christine Schnittger. »Jetzt weiß man eben mehr darüber. Über Adoption wurde in der DDR nie gesprochen. Es war wirklich das allerletzte, wenn man sich freiwillig vom Kind getrennt hat. Mit sozialer oder wirtschaftlicher Not konnte man nicht argumentieren, denn äußerlich war ja alles vorhanden. Die jungen Mütter wußten auf jeden Fall: Wenn alles schiefgeht, eine Wohnung habe ich und eine Arbeit auch.«

Auch in der DDR standen Adoptiveltern Schlange. Wenn Christine Schnittger ein Kind in eine Adoptivfamilie vermittelte, regelte sie auch alles andere: Sie besorgte die größere Wohnung, die der Familie dann zustand, und den Kindergartenplatz für das Kind.

Die Referate der Jugendhilfe besaßen größere Kompetenzen als die Jugendämter in der Bundesrepublik. Identitätsprobleme der adoptierten Kinder waren nie ein Thema. Es galt als völlig unproblematisch, ein Kind in eine neue Familie einzupflanzen, zumal die Adoptivfamilien ausgesucht waren und besser geeignet schienen, ein Kind zu einer »sozialistischen Persönlichkeit« zu erziehen.

Die Freigabe eines Kindes zur Adoption wurde sehr unbürokratisch gehandhabt. Im Referat Jugendhilfe unterschrieb die abgebende Mutter ihre Einwilligung zur Adoption auf einem einfachen Formblatt. Sie mußte nicht einmal zum Notar, um ihre Unterschrift dort beurkunden zu lassen. Der Unterschrift auf diesem Formblatt ging meistens nur ein Gespräch auf dem Amt voraus. Es war auch möglich, die Einwilligung zur Adoption des Kindes sofort nach der Geburt im Krankenhaus zu unterschreiben. In solchen Fällen hatten die Mütter keine Chance, sich die Entscheidung noch einmal zu überlegen. Diese gesetzliche Regelung war vor allem für Frauen nachteilig, die wegen sogenannter »Asozialität«, »Arbeitsbummelei« oder politischer Vergehen ins Blickfeld der Jugendhilfe geraten waren. »Heute kommen Frauen aus der ehemaligen DDR zu mir, die sagen: ›Ich hatte damals

gar keine andere Wahl. Ich bin vom Referat Jugendhilfe in der Klinik aufgesucht worden und sollte sofort unterschreiben, ich war in einer psychisch so schlechten Situation, und hinterher hat es mir leid getan‹«, berichtet Adoptionsvermittlerin Elke Kannenberg. Außerdem mußte die Einwilligung zur Adoption «blanko» gegeben werden. Die Frauen hatten keinerlei Mitspracherechte bei der Auswahl der Adoptivfamilie. Die Einwilligung zur Adoption galt für alle Zeiten, was bedeutete, daß ein Kind ins Heim kommen konnte, wenn die ursprünglich von der Jugendbehörde ausgesuchte Adoptivfamilie absagte. Nach bundesdeutschem Recht gilt die Einwilligung zur Adoption immer nur für eine bestimmte Familie. Kommt diese Adoption nicht zustande, so muß von der abgebenden Mutter eine neue Einwilligung für eine neue Adoptionsfamilie eingeholt werden.
Insgesamt war das Adoptionsrecht der DDR sehr stark auf die Bedürfnisse der Adoptiveltern zugeschnitten. Im Gegensatz zum BRD-Recht mußten die Adoptiveltern bei Säuglingsadoptionen nicht befürchten, das Kind nach Ablauf der 8-Wochen-Frist an die leibliche Mutter zurückgeben zu müssen. Adoptiveltern konnten das Kind zunächst in Pflege nehmen, den Zeitpunkt der Adoption hinausschieben und in dieser Zeit von der leiblichen Mutter Unterhaltsgeld verlangen. Für dieses Unterhaltsgeld mußte die leibliche Mutter so lange aufkommen, bis sich die Adoptiveltern zur Adoption entschlossen.
Das Kind mußte von den Adoptiveltern auch nie über seine Herkunft aufgeklärt werden. Bei der Hochzeit mußte nach DDR-Recht nur die Geburtsurkunde vorliegen, die nach der Adoption neu geschrieben wurde. Nach bundesdeutschem Recht muß bei der Heirat ein Stammbuch beigebracht werden – spätestens dann können Adoptiveltern die Adoption nicht mehr verheimlichen.
Wie die Frauen die Weggabe ihres Kindes verarbeitet haben, darüber gab es in der DDR keine Untersuchungen. Auch die ehemaligen JugendfürsorgerInnen konnten uns auf diese Frage keine Antwort geben. Sie hatten mit den Frauen im nachhinein keinerlei Kontakt mehr. Es war bis zur Wende nicht üblich, daß sich Frauen nach ihrem Kind erkundigten. Sie hätten auf dem Amt ohnehin keine Auskunft erhalten und versuchten es daher gar nicht erst. »Einige Frauen sind noch einmal gekommen und wollten wissen, ob das Kind jetzt in einer Adoptivfamilie lebt«, erzählt Christine Schnittger. Mehr fragten sie

meistens gar nicht, und mehr hätte sie ihnen auch nicht sagen dürfen. Ein Informations- und Auskunftsrecht sah das Adoptionsrecht der DDR genausowenig vor wie das der BRD. Allerdings wurde diese Bestimmung, anders als in der BRD, von den Jugendämtern in der DDR bis zur Wende sehr streng gehandhabt.

Nur einmal versuchte eine Mutter bei Christine Schnittger ihre Unterschrift rückgängig zu machen. Doch das ging auch in der DDR nicht – war das Formblatt des Referats Jugendhilfe einmal unterschrieben, galt die Einwilligung zur Adoption als unwiderruflich, selbst wenn das Kind noch im Heim und noch nicht in der neuen Familie lebte. Diese Vermittlung liegt Christine Schnittger noch heute schwer im Magen. Die junge Frau sei kurz nach der Wende zu ihr gekommen, weil sie ihr zweites Kind erwartete und panische Angst hatte, nach der Geburt ihren Arbeitsplatz zu verlieren. Die Vermittlerin schickte die Frau wieder weg, mit der Bitte, sich diese Entscheidung noch einmal genau zu überlegen. Doch sie kam wieder, noch immer voller Angst vor den neuen, unberechenbaren Verhältnissen, und unterschrieb schließlich das Formblatt. Nach der Geburt kam das Baby sofort in die Adoptivfamilie. Wochen später stand die Frau wieder bei Christine Schnittger im Büro, tränenüberströmt, und wollte alles rückgängig machen. Sie hätte es versucht, wenn das Kind nicht schon in einer Familie untergebracht gewesen wäre, beteuert die Vermittlerin. Doch es war zu spät. Kurze Zeit darauf stand die Adoptivfamilie in ihrem Zimmer, überglücklich mit dem Kind.

Übrigens ist diese Frau trotzdem arbeitslos geworden. Wir haben versucht, sie für ein Interview zu gewinnen. Doch sie wollte nicht darüber sprechen, nicht einmal anonym. Sie müsse alles vergessen, hat sie gesagt.

Anmerkungen

1 Drucksache 12/2599, Abgeordnetenhaus Berlin, 12. Wahlperiode, Aufarbeitung der von den ehemaligen DDR-Behörden veranlaßten Zwangsadoptionen in den östlichen Stadtbezirken.

2 vgl. dazu: Hans Weber, Aufdeckung »weißer Flecken« in der Strafrechtsentwicklung und Strafrechtsreform, in: Neue Justiz 5/90.
Buchholz, Erich, Zum Gesetzentwurf für eine Strafrechtsänderung, in: Neue Justiz 3/90.
Schroeder, Friedrich-Christian, Das Strafrecht des realen Sozialismus. Eine Einführung am Beispiel der DDR, Opladen 1983, S. 96–100 und 166–170.

3 Drucksache 12/2599, a. a. O.

4 ebenda.

Von der Kindesaussetzung zur Adoptionsfreigabe – Ein historischer Überblick

»Sargon bin ich, der mächtige Herr, der König von Akkad. Entum-Priesterin war meine Mutter, nicht kannt ich den Vater noch meines Vaters Brüder, die da die Berge durchstreifen. Azupiranu, so hieß meine Stadt am Euphratgestade. Als mich die Mutter empfangen, gebar sie mich im Geheimen, legte mich in ein Binsenkörbchen, verpichte den Deckel, setzte mich aus im Fluß, der so mich nicht überströmte.«[1]

Das Körbchen wird gefunden, das Findelkind – geboren in Mesopotamien im Jahre 2350 v. Chr. – wird von einer fremden Mutter großgezogen. Diese Geburtslegende des Akkader-Königs Sargon ist die früheste Überlieferung einer Kindesweggabe. Doch ist sie längst nicht so bekannt wie die Geschichte des kleinen Mose, der ebenfalls in einem Körbchen ausgesetzt wurde. Wie wir aus dem Zweiten Buch Mose wissen, suchte seine Mutter nach einem Weg, ihn zu retten, nachdem der Pharao dazu aufgerufen hatte, alle hebräischen Kinder zu töten.

»Als sie ihn aber nicht länger verbergen konnte, machte sie ein Kästlein von Rohr und verklebte es mit Erdharz und Pech und legte das Kind hinein und setzte das Kästlein in das Schilf am Ufer des Nils. Aber seine Schwester stand von ferne, um zu erfahren, wie es ihm ergehen würde. Und die Tochter des Pharao ging hinab und wollte baden im Nil, und ihre Gespielinnen gingen am Ufer hin und her. Und als sie das Kästlein im Schilf sah, sandte sie ihre Magd hin und ließ es holen. Und als sie es auftat, sah sie das Kind, und siehe, das Knäblein weinte. Da jammerte es sie, und sie sprach: Es ist eins von den hebräischen Kindlein. Da sprach seine Schwester zu der Tochter des Pharao: Soll ich hingehen und eine der hebräischen Frauen rufen, die da stillt, daß sie dir das Kindlein stille? Die Tochter des Pharao sprach zu ihr: Geh hin. Das Mädchen ging hin und rief die Mutter des

Kindes. Da sprach die Tochter des Pharao zu ihr: Nimm das Kindlein und stille es mir; ich will es dir lohnen. Die Frau nahm das Kind und stillte es. Und als das Kind groß war, brachte sie es der Tochter des Pharao, und es ward ihr Sohn, und sie nannte ihn Mose; denn sie sprach: ich habe ihn aus dem Wasser gezogen.«[2]

Adoption können wir das strenggenommen nicht nennen. Denn die Adoption als regelrechte Institution war zwar in der Antike bereits bekannt, hatte aber einen ganz anderen Charakter als heute: Wohlhabende Männer – kinderlos oder nur mit Töchtern gesegnet – adoptierten Söhne, um den Fortbestand der Familie und die Erbfolge zu sichern. Es geht also nicht – wie im Falle Moses – um Interessen und Schutz des Kindes, sondern um Besitz und Machtinteressen des Adoptierenden. Oft sind die neuen Söhne bereits im Erwachsenenalter. Immer wird der Vertrag zwischen zwei Vätern geschlossen, Frauen dürfen nicht adoptieren. Waisenkinder kommen nicht in Frage, sie werden meist von der Verwandtschaft großgezogen, eine formale Adoption ist dafür nicht nötig.

Für eine Mutter, die ihr Kind nicht behalten konnte oder wollte, blieb also der Weg der Kindesaussetzung, in der Antike nicht nur üblich, sondern geradezu alltäglich. Sorge um das Kind, wie bei der Mutter Moses, war dabei längst nicht immer das Motiv. Die Eltern bewerteten ihren Nachwuchs nach Nützlichkeit. »Wenn du, was ja gut möglich ist, ein Kind gebären solltest, und es ist ein Junge, so laß es am Leben; wenn es aber ein Mädchen ist, so setze es aus.« Diesen Befehl gibt ein Mann seiner Frau im 1. Jahrhundert v. Chr. Kinder wurden im unwegsamen Gebirge und in Wäldern ausgesetzt, wo sie ungeschützt dem Wetter und wilden Tieren ausgeliefert waren. Ihren fast sicheren Tod nahmen die Eltern dabei in Kauf, während andere ihre ungewollte Nachkommenschaft aktiv töteten. Sie warfen die Säuglinge in Flüsse, schleuderten sie in Jauchegruben oder sperrten sie in enge Gefäße, wo sie verhungerten. So entledigte man sich nicht nur überzähliger Mädchen, sondern auch kranker Neugeborener.

Ganz unbefangen diskutieren griechische und römische Philosophen die Frage, ob jedes Kind am Leben bleiben muß und wie man erkennt, welches Neugeborene »würdig« ist, großgezogen zu werden. Entschieden wurde letztendlich vom Vater, der die alleinige Verfügungsgewalt über das Kind hatte. Aber auch Mütter entschlossen sich, ihr

Kind auszusetzen, entweder aus Angst und Scham, weil es aus einer illegitimen Verbindung stammte, oder weil sie nicht wußten, wie sie es ernähren sollten.

Mit dem Einfluß des Christentums wuchsen allerdings die moralischen Bedenken. Im 4. Jahrhundert n. Chr. brachten die Kirchen besondere Becken an ihren Türen an. Dort konnten die Neugeborenen einigermaßen geschützt und anonym abgelegt werden. Das geschah so häufig, daß im 8. Jahrhundert das erste Findelhaus eingerichtet wurde. Je mehr solcher Häuser in Europa entstanden, desto mehr Säuglinge wurden dort abgeliefert. Im Laufe der Jahrhunderte wurde zunehmend Empörung laut über die »verruchten Mütter«, die ihre Kinder einfach »wegwarfen«. Doch noch im 18. Jahrhundert wirbt Jacob Grimm um Verständnis:

»Zur entschuldigung des aussetzens der kinder wäre folgendes anzumerken: einmal lag darin keine nothwendige tödtung, es wurde dem zufall überlaßen, ob sich ein anderer des fündlings erbarmen und ihn aufnehmen wollte... Dann, pflegten gründe nicht zu fehlen, welche damals für triftig galten; dergleichen waren: mißgeburt, uneheliche und verbrecherische, man hielt es für unrecht, mißgestaltete, krüppelhafte, schwächliche kinder oder solche aufzuziehen, die kein vorwurfsloses, freies leben führen durften; zwillinge und drillinge traf nach dem volkswahn verdacht ehbrecherischer zeugung. Ferner, wenn das kind an einem unglücklichen tag zur welt kam oder unheil von seiner geburt geweissagt worden war; endlich große armuth, wenn den eltern keine aussicht blieb, das Kind zu ernähren, während es sein finder wahrscheinlich aufbringen würde. Drittens hatte die aussetzung ihre schranken und mußte namentlich gleich nach der geburt vorgenommen werden..., ehe das kind noch ein recht auf das leben erworben hatte, sonst galt sie für mord.«[3]

Das Leben eines Kindes, zumal eines Neugeborenen, ist in den vergangenen Jahrhunderten nicht viel wert gewesen. Dennoch fiel es vielen armen Frauen nicht leicht, sich ihres Kindes zu entledigen. Das zeigen kleine Erkennungszeichen, die sie ihren ausgesetzten Babys mitgaben: Bänder, Figürchen, Medaillons oder Briefe wie die beiden folgenden:

»Ich wurde heute, am 7. Januar 1789, als Kind einer ehelichen Verbindung geboren. Meine in äußerster Armut lebenden Eltern sahen sich außerstande, mir die Taufe erteilen und alles zukommen zu lassen, was die Zartheit meiner Jugend von ihnen verlangt. Nur mit größtem Herzeleid und tiefempfundenem Schmerz setzen sie mich aus, in der Hoffnung, der Himmel werde sie eines Tages in den Stand versetzen, mich in den Schoß der Familie zurückzuholen.«[4]

Ein anderes Elternpaar schreibt: »Der in den Windeln befindliche Auszug aus dem Taufregister zeigt, um wessen Kind es sich handelt, und gibt die widrigen Umstände der Eltern wieder, deren Herz von Qual gepeinigt wird, da sie sich gezwungen sehen, auf kurze Zeit ihr Kind auszusetzen. Sie sind jedoch sicher, daß es dem Töchterchen wohlergehen wird und sie es, wie oben angegeben, eines Tages wieder zu sich holen können.«[5]

Es waren nicht ausschließlich notleidende Eltern, die ihre Kinder aussetzten. Auch Kleinbürger gaben ihre Kinder weg mit dem Vorsatz, sie eines Tages zurückzuholen. Doch das passierte in den seltensten Fällen. In der Regel überlegten sie es sich doch anders und versäumten, ihren Nachwuchs zurückzufordern. Vor allem aber stand dem entgegen, daß nur ein Zehntel der Kinder das zehnte Lebensjahr erreichte, weil sie in den Findelhäusern nur sehr notdürftig versorgt wurden.

Etwa 5800 Kinder im Jahr wurden um 1780 herum in Paris ausgesetzt – bei 20000 bis 25000 Geburten[6]. Ungefähr zwei Drittel der Findelkinder waren Schätzungen zufolge unehelich. Deshalb führte so mancher Zeitgenosse die drastische Zunahme der Kindesaussetzungen auf den »Verfall der Sitten« zurück. Während zu Beginn des 18. Jahrhunderts in Paris nur neun Prozent der Geburten unehelich waren, sind es rund 80 Jahre später schon 25 Prozent. Die Einstellung gegenüber unverheirateten Müttern veränderte sich allerdings nicht im selben Tempo. So versuchten die Frauen alles, um ihren sündhaften Fehltritt zu verbergen, gebaren heimlich und setzten das Kind aus.

Während der Französischen Revolution werden die Findelhäuser zunächst abgeschafft, müssen aber sehr bald wieder eröffnet werden, allerdings mit einem neuen Konzept: Die Kinder sollen möglichst schnell und gegen Bezahlung in Familien vermittelt werden. Nicht wenige Mütter sehen jetzt einen Ausweg aus ihrer Armut, indem sie ihr Kind erst abgeben und dann versuchen, es selbst wieder in Pflege zu nehmen. Das gelingt manchmal im Einvernehmen mit dem Boten, der die Kinder zu ihren Pflegestellen bringen soll.

Für alle deutschen Länder schafft das Bürgerliche Gesetzbuch 1896 eine einheitliche Regelung der Adoption, der »Annahme an Kindes Statt«. Dabei steht noch nicht das Interesse des Kindes im Vordergrund, sondern – ähnlich wie in der Antike – das Interesse kinderloser Ehepaare an eigenen Nachkommen und Erben. Es braucht noch einige Jahre und zahlreiche Gesetzesreformen, bis die Adoption zu einer Einrichtung wurde, die in erster Linie für Kinder da war, für elternlose und vor allem für unehelich geborene.

Im 19. Jahrhundert war die glückliche Kleinfamilie zu einem Lebensideal geworden, das keine Alternativen neben sich duldete, schon gar keine »gefallenen Mädchen«, die kleine »Bastarde« zur Welt brachten. Eine alleinstehende Mutter zählte zu den Aussätzigen der Gesellschaft. Noch bis zum Ersten Weltkrieg wurde ihr das Neugeborene häufig gleich nach der Geburt weggenommen, selbst wenn sie sich in der Lage sah, es selbst großzuziehen. Die elterliche Gewalt stand ihr nicht zu.

Doch auf die Dauer wurde dem Staat die bezahlte Unterbringung zu teuer. Außerdem zeigte eine alarmierend hohe Säuglingssterblichkeit, daß es den Babys in den Heimen und Pflegestellen nicht gut erging. Fast 34 Prozent der unehelichen Neugeborenen starben im Jahre 1901 bald nach der Geburt.[7] Vor diesem Hintergrund entwickelt sich nach und nach die Adoption zu einer Alternative.

Warum gaben Frauen in den ersten Jahrzehnten unseres Jahrhunderts ihre Kinder weg? Die Hamburger Wissenschaftlerin Ilse Gordon faßte 1930 die Ergebnisse mehrerer Untersuchungen zusammen: »Sie stellen alle übereinstimmend fest, daß die Kindesmütter sich in der Mehrzahl der Fälle in abhängiger sozialer Stellung befinden, daß sie wirtschaftlich schlecht gestellt sind, dazu oft sehr jung und unerfahren ... Es fehlt ihnen fast immer weniger an gutem Willen als an Mitteln dazu, das Kind zu ernähren ... Von ihren Eltern, die gesetzlich dazu verpflichtet wären, können die unehelichen Mütter nur selten Hilfe für ihr Kind erlangen; oftmals werden sie wegen ihrer Mutterschaft verstoßen. ... Ein Teil der unehelichen Mütter ist selbst unehelich geboren ...

Aus den unglücklichen wirtschaftlichen Verhältnisssen, aus der Not und Unmöglichkeit, ihr Kind zu erhalten, wozu auch heute noch der ›Makel der unehelichen Geburt‹ kommt, da sie doch nur Lasten und keine Freuden von ihrem Kinde erwarten kann, faßt manche uneheliche Mutter den Entschluß, ihr Kind für immer fortzugeben, um sich und dem Kinde zu helfen.«[8]

Zwar klingt manches, was da in den Anfängen unseres Jahrhunderts formuliert wurde, in unseren Ohren altmodisch, doch hat sich im Grunde soviel nicht geändert: Mütter, die heute ihre Kinder weggeben, haben ähnliche Motive und Probleme. 1928/29 meldeten 729 Mütter beim Deutschen Roten Kreuz in Berlin ein Kind zur Adoption: Davon waren 345 – fast die Hälfte – Hausangestellte, 152 ohne Beruf, 80 Arbeiterinnen und 7 Beamtinnen. Nur ungefähr ein Sechstel der Väter ließ sich zu Unterhaltszahlungen bewegen.[9]

Ilse Gordon beschreibt die Praxis der Behörden in den ersten Jahrzehnten unseres Jahrhunderts so: »Stets empfiehlt die Adoptionsvermittlungsstelle nur gesunde Kinder zur Adoption, die von gesunden, auch sittlich einwandfreien Eltern stammen.«[10] Darum wurde auch grundsätzlich verlangt, daß die abgebende Mutter den Vater bekanntmachte. Andernfalls weigerte sich die Adoptionsstelle zu vermitteln. Ebenso verfuhr sie in Fällen, in denen Ermittlungen ergaben, daß es sich nicht um einen »einmaligen Fehltritt« handelte, sondern um einen allgemeinen »haltlosen Lebenswandel« der leiblichen Mutter. Trotz dieser strengen Auswahlkriterien wollten die meisten potentiellen Adoptiveltern lieber Vollwaisen aus »ordentlichen Verhältnissen«.

Der Staat allerdings war an der Adoption als kostensparender Alternative zur Heimunterbringung höchst interessiert. Also mußten die Adoptivkinder attraktiver gemacht werden, d. h., auch das Image der ledigen Mutter mußte aufpoliert werden. Die veränderte Einstellung gegenüber den abgebenden Müttern spiegelt sich in der Arbeit der AdoptionsvermittlerInnen wider. Margarete zur Nieden zum Beispiel, Leiterin der Düsseldorfer Adoptionsstelle, gab die ablehnende Haltung gegenüber ledigen Schwangeren auf und empfahl ihren MitarbeiterInnen, sich intensiver mit »gefährdeten Mädchen« zu beschäftigen: »Man versteht dann, daß manche tiefgesunkene uneheliche Mutter nur durch äußere Umstände – leichtsinnige Altersgenossinnen, zu frühes Verlassen des Elternhauses, einseitige engherzige

Erziehung, ungünstige Wohnverhältnisse usw. – auf die schiefe Bahn gekommen ist und im übrigen gute Anlagen haben kann, so daß man nicht zu befürchten braucht, das Kind sei erblich belastet.«[11]
Ende der dreißiger Jahre finden ledige Mütter zweifelhafte Unterstützung durch die Nationalsozialisten, denn Hitler braucht Soldaten. Heinrich Himmler, Reichsführer der SS, kümmert sich persönlich um die Kinderzucht. »... eine deutsche Frau, die vielen Kindern das Leben gab und ein Leben lang als Mutter für ihre Kinder sorgte, ist uns eine heiligere Erscheinung als alle kinderlosen Nonnen, die aus unserem Volke hervorgingen«, heißt es in einem SS-Leitheft.[12] Die Lebensborn-Heime der SS nehmen schwangere Frauen und Mädchen auf, die hier heimlich, ohne daß ihre Eltern davon erfahren, entbinden können. Denn schließlich sind nicht alle Eltern so begeistert, daß ausgerechnet ihre Tochter dem Führer ein uneheliches Kind schenken will, wie jener Vater, der im Juli 1939 folgenden Brief an seine Tochter schreibt: »Wenn Du schreibst, es wäre eine große Schande, ein lediges Kind zur Welt zu bringen, so erinnere ich Dich... an folgendes: Meine Meinung und die des Reiches ist anders, klar und nicht lau. Es ist heute für eine Mutter keine Schande, ein Kind ledig zu gebären, sondern nur das größte Glück einer deutschen Mutter. Wer anderer Anschauung ist, hat mit unserer heutigen Zeit nichts gemein. Heil Hitler!«[13]
Im Lebensborn hatte die Mutter zwei Möglichkeiten: das Kind selbst aufzuziehen oder es der SS zur Adoptionsvermittlung zu überlassen. Wollte sie es bei sich behalten, so bekam sie eine kleine Rente, falls der Vater Unterhaltszahlungen verweigerte. Gab sie ihr Baby weg, verließ sie das Heim bald nach der Geburt und erhielt eine Entschädigung für postnatale Gymnastik und Schönheitspflege.
Im Juni 1940 unternimmt eine Gruppe von fünfzig Schwesternschülerinnen eine Studienfahrt in ein Lebensborn-Heim. Eine Teilnehmerin fertigt ein Protokoll der anschließenden Diskussion an: »Lebensborn – Problem ist wichtig für die Nation. Ansichten sind noch geteilt. Was Widerspruch herausfordert, braucht nicht immer schlecht zu sein. Siehe Kampfzeit! Beweis immer durch Leistung. Zwischen verheirateten und ledigen Frauen in der Mutterschaft kein Unterschied. Falsche Moral! Außereheliches Verhältnis wird geduldet, solange das Mädchen nicht schwanger wird. Schwangerschaft ist aber die natürliche Folge der Liebesverbindung ... Größter Aderlaß des Volkes

durch den Krieg – Ersatz von Menschen – Leistung ist wichtiger als Legalität! ... Jährliche Geburtenzahl = 1,2 Millionen, Zahl der Abtreibungen = 1/2 Million – Olympisches Stadion. Eheschließungen kommen häufig vor bei Müttern mit Kindern. Heiratsmöglichkeit der Frau richtet sich nicht in erster Linie nach bestehender Mutterschaft, sondern nach Angebot und Nachfrage. ... Heilig ist uns jede Mutter guten Blutes!«[14]

Die »reine arische« Abstammung war die Eintrittskarte in den Lebensborn. Nur »rassisch wertvolle« und »erbbiologisch gesunde« Mütter wurden hier aufgenommen. Rund die Hälfte der Schwangeren, die im Lebensborn e. V. Hilfe suchten, wurde abgewiesen, weil die Frauen diese Voraussetzungen nicht erfüllten. Von polnischen, französischen und tschechischen Müttern erhofften sich die Nationalsozialisten besseres Kanonenfutter; sie wurden gewaltsam von ihren Kindern getrennt, die im Lebensborn »eingedeutscht« und anschließend zur Adoption vermittelt wurden.

Die vom Lebensborn abgewiesenen Schwangeren konnten auch von anderer Stelle keine Unterstützung erwarten. Die Adoptionsvermittlung war zentralisiert worden; die freie Wohlfahrt durfte sich nicht mehr einschalten. Jede Adoption hatte sich jetzt nach den Rassengrundsätzen der Nazis zu richten, die Zahl der Vermittlungen ging stark zurück. Vielen Frauen, die ihr Kind nicht selber aufziehen wollten oder konnten, blieb nur noch die illegale Abtreibung, die mit Gefängnis, ab 1943 in besonderen Fällen sogar mit dem Tode bestraft wurde.

Die Nazipropaganda bewirkte keineswegs, daß sich die Haltung gegenüber unverheirateten Müttern und Frauen, die ihre Kinder zur Adoption freigaben, grundsätzlich veränderte. Diese moralische Kehrtwende vollzogen die Deutschen nicht im Gleichschritt. Nach dem Krieg nahmen die karitativen und kirchlichen Adoptionsvermittlungen ihre Arbeit wieder auf – mit derselben Einstellung wie zuvor, einer Mischung aus Verachtung und Mitleid: Einerseits soll die ledige Mutter für ihren Fehltritt bestraft werden, andererseits soll sie unbelastet von der Schande, also dem Kind, die Chance für einen neuen Anfang erhalten.

Der Amtsgerichtsrat Manfred Schnitzerling empfiehlt zwar 1960, einer alleinstehenden Mutter anders zu helfen, als ihr Kind kurzerhand zur Adoption zu vermitteln. Allerdings sollen für eine Unterstützung der ledigen Mutter und ihres Kindes von folgenden fünf Bedingungen mindestens vier erfüllt sein:

»a) Die Mutter muß eine ausgeglichene Persönlichkeit sein.
b) Sie muß ihren Problemen gegenüber eine realistische Einstellung haben.
c) Sie muß das Kind wirklich lieben und innerlich akzeptieren.
d) Sie muß eine positive Einstellung zum Vater haben.
e) Die Familie darf nicht auf Weggabe des Kindes drängen.«[15]

Die soziale Kontrolle der ledigen Mutter rechtfertigt man mit dem Hinweis auf das Wohl des Kindes. In diesem Sinne wird nun auch gefordert, die Adoptionsfreigabe ohne Einwilligung der Mutter zu ermöglichen. In den siebziger Jahren folgt ein weiterer Angriff auf die Rechte der Mütter: Vertreter der katholischen Kirche fordern die pränatale Adoption, d. h., die werdende Mutter soll bereits während der Schwangerschaft ihr schriftliches Einverständnis zur Adoption geben. Diese Vorstellung kann sich allerdings nicht durchsetzen, da viele AdoptionsvermittlerInnen aus der Praxis wissen, daß diese schwere Entscheidung häufig während der Schwangerschaft oder kurz nach der Geburt umgeworfen wird.

Der historische Vergleich zeigt, daß zwei der Motive für Frauen, sich von ihrem Kind zu trennen, über die Jahrhunderte hinweg dieselben geblieben sind: wirtschaftliche Not und Partnerschaftskonflikte. Bis heute sind die finanzielle Lage und die Beziehung zum Vater des Kindes ausschlaggebend für die Entscheidung zur Adoptionsfreigabe.

Anmerkungen

1 Hartmut Schmökel, Sargon von Akkad, in: Die Großen der Weltgeschichte, hrsg. von K. Fassmann, Zürich 1971, Band 1, S. 88.
2 zitiert nach: Volksbibel, Deutsche Bibelstiftung, Stuttgart 1972.
3 Jacob Grimm, Deutsche Rechtsaltherthümer, Leipzig 1922 Band 1, S. 629f.
4 J. Gélis/M. Laget/M.-F. Morel, Der Weg ins Leben, München 1980, S. 186.
5 ebenda, S. 180.

6 Elisabeth Badinter, Die Mutterliebe, Geschichte eines Gefühls vom 17. Jahrhundert bis heute, München/Zürich 1981, S. 109.
7 Anneke Napp-Peters, Adoption – Das alleinstehende Kind und seine Familien, Darmstadt 1978, S. 32.
8 Ilse Gordon, Adoptionen als soziologisches und fürsorgerisches Problem, in: Hamburger wirtschafts- und sozialwissenschaftliche Schriften, Rostock 1930, S. 37f.
9 ebenda, S. 49.
10 ebenda.
11 Margarete zur Nieden, Adoption und Adoptionsvermittlung, 3. bearb. und erw. Auflage, Köln/Berlin/Bonn/München 1963, S. 44.
12 Marc Hillel, Lebensborn e. V., Wien/Hamburg 1975, S. 60.
13 ebenda, S. 122.
14 ebenda, S. 154.
15 Manfred Schnitzerling, Die Adoption, ein Grundriß über die Annahme an Kindes Statt aus juristischer und fürsorgerischer Sicht, Berlin 1960, S. 8.

Mythos Mutterliebe: Die Erfindung eines Instinkts

Eine Mutter gibt ihr Kind weg. Das ist unnatürlich, es widerspricht der Mutterliebe, die wir gemeinhin für einen angeborenen Instinkt, für einen weiblichen Trieb halten. Männer hingegen, so glauben wir, hat die Natur mit diesem Gefühl verschont. So ist es denn nur selbstverständlich, recht und billig, wenn sich ein Vater von seinem Kind trennt, sei es allmorgendlich, um zur Arbeit zu gehen, sei es für immer, weil er seine Familie verläßt. Rabenväter gibt es nicht.

Eine Mutter hingegen, die sich nicht um das Kind kümmert, das sie in die Welt gesetzt hat, ist ein öffentliches Ärgernis, wobei ihr meist nicht vorgeworfen wird, sie handele wider die Regeln unserer Gesellschaft, sondern wider die Regeln der Natur. Dabei ist die Rabenmutter eine recht neue Erfindung. Daß Mütter ihre Kinder weggeben, kam in der Vergangenheit durchaus nicht ausschließlich in Notlagen vor. Vom Mittelalter bis zum 18. Jahrhundert war es üblich, daß wohlhabende Eltern ihre Kinder für die ersten vier, fünf Lebensjahre zu einer Säugamme schickten. Diese Sitte war vor allem in Frankreich verbreitet. Die Mutter trennte sich von ihrem Neugeborenen unmittelbar nach der Entbindung. Tat sie das nicht, stillte sie ihr Kind sogar, gestand sie damit ein, nicht zur besseren Gesellschaft zu gehören.

Im Paris des 18. Jahrhunderts gehörte eine Mutter, die ihren Nachwuchs selbst großzog, zu den seltenen Ausnahmen. Die meisten machten sich nicht einmal die Mühe, die Pflegemutter oder Amme sorgfältig auszusuchen. Meist waren es äußerst arme Frauen auf dem Lande, die diese Tätigkeit ausübten. Schon auf dem Weg zu ihrer Pflegestelle starben je nach Jahreszeit 5 bis 15 Prozent der Neugeborenen an den Strapazen der Reise. Die Pflegemütter nahmen, um sich und ihre eigene Familie durchzubringen, meist mehrere Babys auf

einmal an und leisteten zusätzlich schwerste Arbeit auf dem Feld. Vernachlässigt und schlecht ernährt überlebte nur ein Viertel der Kinder das erste Lebensjahr. Das war auch damals schon allgemein bekannt, doch scherten sich die Mütter und Väter nicht darum.
Ein Pflegevater aus Nantua schrieb im Jahre 1755 an die leiblichen Eltern: »Seit wir es haben, haben Sie nicht gefragt, wie es ihm geht. Gott sei Dank geht es ihm gut.«[1] Im selben Jahr klagte ein Zimmermeister über den schlechten Zustand, in dem er sein Kind zurückerhielt und bekam von den Pflegeeltern folgende Antwort: »Es ist nicht an uns, die Väter und Mütter zu benachrichtigen, sondern an ihnen, ihre Kinder zu besuchen.«[2] Das allerdings war den meisten Eltern schon zu mühselig.
Nach dem Abschied von der Amme blieb den Kindern häufig nur eine kurze Zeit, um Mutter und Vater kennenzulernen. Die Mädchen wurden im Alter von sieben Jahren einer Gouvernante und die Jungen einem Hauslehrer anvertraut. Später schickte man die einen auf die Klosterschule, die anderen ins Internat. Sie wuchsen heran, ohne den Eltern jemals lästig zu werden. Schließlich heirateten sie und bekamen selbst Kinder, die sie selbstverständlich auch weggaben.
Ein französicher Arzt, der das Elend der Kinder bei den Ammen kennengelernt hat, findet keine Entschuldigung für die Gleichgültigkeit und den Egoismus der Eltern: »Man tut es meistens nur, um sich ihrer zu entledigen ... Die Arbeit, die Geschäfte, der Beruf, der Hang zum Vergnügen, die Trägheit – das alles wird die Eltern immer wieder daran hindern, Stunden mit ihren Kindern zuzubringen, Stunden, die in ihren Augen ein Opfer zugunsten der Kinder wären.«[3]
Das alles soll hier nicht bewertet, für gut oder schlecht befunden werden, es macht nur eines deutlich: Das Verhältnis zwischen Mutter und Kind ist nicht ausschließlich von der Natur bestimmt, sondern zu einem bedeutenden Teil – vielleicht sogar hauptsächlich – durch Kultur und Gesellschaft. Die Mutterliebe ist kein angeborener Instinkt wie etwa der Selbsterhaltungstrieb. Sie wurde erst gegen Ende des 18. Jahrhunderts von Philosophen, Theologen und Staatsmännern erfunden, die angesichts der hohen Säuglingssterblichkeit um ihren Untertanenbestand fürchteten. Es erschien eine Flut von Publikationen, die die Frauen aufforderten, sich persönlich um ihren Nachwuchs zu kümmern und selbst zu stillen. Durch beharrliche Propa-

ganda, durch Drohungen und Lob der liebenden Mutter entwickelte sich die Idee vom Mutterinstinkt, der wir heute noch soviel Glauben schenken, daß uns die Trennung von Mutter und Kind schier unmöglich erscheint.

Das gilt auch für die am meisten verbreitete Form der Trennung, die wir heute kennen, die Adoptionsfreigabe, obwohl diese eine sehr viel verantwortungsbewußtere Entscheidung voraussetzt als ihre geschichtlichen Vorläufer. Immerhin dürfen abgebende Mütter, die ein schweres Schicksal vorzuweisen haben, heute zwar nicht unbedingt mit Verständnis, aber durchaus mit Mitleid rechnen. Für eine Frau, die selbst eine schlimme Kindheit hinter sich hat, finden wir eine Entschuldigung, wenn sie ihr Baby zur Adoption freigibt. Ebenso für eine alleinstehende Mutter, die einfach nicht weiß, wie sie sich gleichzeitig um Kind und Arbeit kümmern soll. Was aber halten wir von einer Frau, die weder mit einem Bein in der Psychiatrie steht noch am Rande der Armut lebt, die außerdem mit dem Kindsvater verheiratet ist und sich dennoch entschließt, ihr Kind zur Adoption freizugeben? Sie trifft ihre Entscheidung aus freien Stücken (verglichen mit anderen abgebenden Müttern), sie setzt einfach andere Prioritäten, als diese Gesellschaft es von ihr verlangt. Die folgende Geschichte von Susanne ist nicht typisch, aber könnte sie es nicht bald schon sein, in einer Zeit, in der Beruf und Karriere für Frauen zunehmend wichtiger werden?

Susanne: »Diese Frauenrolle kann ich mir nicht überstreifen«

Susanne und Klaus Heflin haben zwei Söhne, vier und sechs Jahre alt, die sie eigentlich nicht gewollt hatten, denn Klaus studierte damals noch, und Susanne plante, sich selbständig zu machen. Eine Abtreibung kam für sie nicht in Frage, auch nicht, als sich vor zwei Jahren das dritte Kind ankündigte. »Wir meinen, daß es eigenständige lebende Wesen sind, auch schon kurz nach der Zeugung.« (Vgl. das Kapitel »Adoption – eine Alternative zur Abtreibung?«.) Die Heflins, er damals 26, sie 30 Jahre alt, entschieden sich sehr schnell für den Weg der Adoption, nachdem sie die Schwanger-

schaft festgestellt hatten. Beide konnten sich nicht vorstellen, wie sie sich neben Beruf und Ausbildung noch einem dritten Kind widmen sollten.
Wir sind verwundert, als Susanne zu unserer Verabredung mit einem weißen Cabriolet vorfährt. Sie führt uns in ein ganz neues, schick eingerichtetes Büro. Am Telefon hatte sie erzählt, daß auch die wirtschaftliche Lage der Familie zur Adoptionsfreigabe geführt habe. Vor zwei Jahren sei es ihnen längst nicht so gutgegangen wie heute, erklärt sie uns. Die beiden Söhne gehen mittlerweile in den Kindergarten, zu Hause paßt ein Aupair-Junge auf sie auf.
Es war damals noch nicht absehbar, daß sie sich das eines Tages leisten könnten. Susanne stand noch am Anfang ihrer beruflichen Karriere und war die alleinige Ernährerin der Familie. Mit einem dritten Kind, glaubt sie, hätten sie es wohl nie soweit gebracht. Aber jetzt könne sie die Tochter schließlich nicht wieder ›herbeibetteln‹.
Susanne ist es nicht leichtgefallen, ihr Kind wegzugeben. Sie ist während des ganzen Gespräches den Tränen nahe und weint, als sie sich an den Notartermin erinnert. Von den Schwiegereltern hätten sie finanzielle Unterstützung bekommen können. Warum haben sie das Angebot nicht angenommen? »Wir wollten unabhängig werden von den Schwiegereltern und trotzdem nicht am Existenzminimum knabbern und nicht von Ämtern abhängig sein. Ich wollte selbständig arbeiten und gleichzeitig meinem Mann ermöglichen, einen guten Studienabschluß zu machen. Und so ist es jetzt auch gekommen.«
Die Hoffnung auf eine unabhängige Zukunft und die Arbeitsbelastung, sagt Susanne, seien die ausschlaggebenden Gründe gewesen. »Meine Wochenstundenzahl beträgt manchmal sechzig, siebzig Stunden. Ich bin in einem Bereich tätig, der es nicht zuläßt, weniger Zeit zu investieren. Ich muß dieses Pensum schaffen. Wenn ich weniger arbeite, kann ich mein Geschäft direkt fallen lassen. Außerdem arbeite ich sehr gern und möchte mich nicht nur um meine Kinder kümmern. Diese Frauenrolle kann ich mir nicht überstreifen.» Mindestens eines der Kinder wäre «auf der Strecke geblieben», meint Susanne, es hätte nicht genug Zuwendung bekommen.
Doch dann, einige Zeit später, als wir über die Geburt und das Krankenhaus sprechen, stellt sie die Entscheidungssituation noch etwas anders dar: »Ich muß das jetzt mal so ausdrücken, daß ich sie nicht

behalten konnte, da mein Mann von vornherein gegen dieses dritte Kind war. Ich habe mich, um die Familienstruktur zu wahren, dem Entschluß meines Mannes gebeugt.« Der Erfolg ist ein zweifelhafter. Zwar leben Susanne und Klaus wegen der Kinder noch zusammen, doch haben beide einen neuen Partner bzw. eine neue Partnerin. Ihre Ehe hat nicht zuletzt unter den Folgen der Adoptionsfreigabe gelitten.

Wie konnte es ihr passieren, dreimal ungewollt schwanger zu werden? Susanne lacht schallend. »Diese Frage stellen wir uns auch. Die ersten beiden Kinder waren Verhüterli-Unfälle. Unsere Tochter kam, nachdem ich unseren jüngsten Sohn abgestillt hatte. Mir – als studierter Frau – war es nicht bekannt, daß sich nach der Stillzeit der Termin des Eisprungs verschieben kann, und so habe ich nicht damit gerechnet, schwanger zu werden, besser gesagt, wir haben nicht damit gerechnet, denn mein Mann ist ja auch für die Verhütung zuständig.«

In der Zeit der dritten Schwangerschaft mußte Susanne sehr viel arbeiten, achtete dabei aber bewußt auf ihre Gesundheit und ihre Ernährung und rauchte nicht. Sie wollte ein gesundes Kind zur Welt bringen. Während sie das erzählt, schaut sie immer wieder auf ein Foto, das ihre zweijährige Tochter vor einem Geburtstagskuchen zeigt. Eigentlich will sie nicht darüber sprechen, was ihr durch den Kopf geht, wenn sie dieses Bild betrachtet. »Ich sehe Ähnlichkeit zu unseren beiden Jungen«, sagt sie dann doch. »Sie kommt aus unserer Familie, das ist unbestreitbar. Wir haben ihr das Leben ermöglicht, andere Eltern werden sie erziehen, werden sie ein Stück ihres Lebens begleiten. Wir hoffen, so wie wir unsere Tochter hier auf dem Bild sehen, daß sie ein ausgeglichenes Wesen hat und sich sehr wohl fühlt in der Familie, in der sie jetzt aufwächst.«

Susanne und Klaus mußten regelrecht um dieses Foto kämpfen. Sie haben immer wieder beim Jugendamt nachgefragt, keinerlei Rückmeldung erhalten, obwohl man ihnen vor der Adoption versprochen hatte, sie regelmäßig über das Wohlergehen ihrer Tochter zu unterrichten. Wiederholt mußten sie erklären, warum sie unbedingt ein Bild haben wollten. Schließlich hat es dann doch geklappt, weil sie hartnäckig genug waren. »So ist unsere Tochter kein Phänomen, kein Phantom, es gibt sie. Wir haben es so gewollt, sie lebt. Ich habe sie im

Bauch gehabt und sie gespürt. Ich halte es für menschlich, sie immer noch, mein Leben lang wahrscheinlich, zu spüren und mich immer wieder zu fragen, wie es ihr geht.«
Die beiden Söhne wissen von ihrer kleinen Schwester und fragen, ob sie nicht mit ihr spielen könnten. Zum Glück sind sie nicht sehr ausdauernd mit ihren Fragen. »Wir haben unseren Jungen erzählt, daß die Tochter in einem anderen Haushalt, bei anderen Eltern aufwächst und daß wir hoffen, sie eines Tages kennenzulernen. Im Moment genügt diese Antwort.« Susanne lacht etwas zu fröhlich, als sie sehr selbstbewußt erklärt, ihr sei das Risiko völlig klar, daß ihre Söhne später einmal vielleicht überhaupt kein Verständnis für die Adoptionsfreigabe aufbringen werden.
Sie hofft, daß sie es ihnen erklären kann und daß auch die Tochter Verständnis aufbringen wird. Deshalb wollte sie auch gerne mit den Adoptiveltern sprechen, deren Adresse sie zufällig erfahren hatte. Nach langen Überlegungen hat sie sie einige Monate nach der Geburt angerufen. »Mir war es sehr wichtig, sie wissen zu lassen, warum wir diesen Weg gegangen sind, um letztendlich nicht als sogenannte Rabeneltern dazustehen und nicht diesen gängigen Vorurteilen ausgesetzt zu sein, die ich bei dem Adoptivvater schon in gewisser Weise gespürt habe. Sehr stark war er an meinen Beweggründen aber nicht interessiert.«
Susanne will sich jetzt die Frage gar nicht stellen, ob es richtig war, die Tochter zur Adoption freizugeben. Sie hat vor zwei Jahren eine gut überlegte Entscheidung getroffen, die jetzt nicht mehr rückgängig zu machen ist. Punkt. Sie versucht während des Gespräches die Fassung zu wahren, was ihr sichtlich schwerfällt. Sie gibt sich wesentlich gleichmütiger, als sie tatsächlich ist. Sie weiß, daß sich ihr Körper dafür rächt. Ein halbes Jahr nach der Geburt wurde sie schwer krank. Sie bekam einen Abzeß im Rachenraum, hatte erst das Gefühl, nicht mehr sprechen zu können, und wurde dann mit akuter Atemnot ins Krankenhaus eingeliefert. Die Ärzte haben keine Ursache für diese Krankheit finden können.
Susanne selbst führt sie auf die Sprachlosigkeit zurück, zu der sie verurteilt war. Weder bei Freunden noch bei ihrer Mutter fand sie Verständnis. Ihre Hilferufe bei Behörden blieben unbeantwortet. Keiner konnte ihr sagen, an wen sich eine abgebende Mutter wenden

kann. »Ich bekam nur bissige Kommentare zu hören.« Eine Mutter, die leidet, weil sie ihr Kind weggegeben hat, so die landläufige Ansicht, ist schließlich selber schuld. Sie hätte es behalten können, das wäre nur natürlich gewesen, dann ginge es ihr jetzt besser. Je freiwilliger die Entscheidung einer abgebenden Mutter ist, desto weniger kann sie mit Verständnis rechnen.

Anmerkungen

1 Elisabeth Badinter, a. a. O., S. 98.
2 ebenda.
3 ebenda, S. 104.

Nachwort

Eine Frau, die ihr Kind zur Adoption freigibt, muß auch heute noch damit rechnen, von Freunden, Bekannten und Verwandten geschnitten zu werden. »Rabenmütter« werden diese Frauen genannt – ähnlich den Rabenvögeln aus dem Grimmschen Märchen, die ihre Jungen aus dem Nest warfen und sich nicht mehr um sie kümmerten. Natürlich haben adoptierte Kinder auch Väter, aber die Rabenväter bleiben lieber im Hintergrund: Männer lassen abgeben, wie die Adoptionsgeschichten in diesem Buch zeigen.
Die meisten Frauen, die hier zu Wort kamen, haben ihre Kinder nicht einfach »aus dem Nest geworfen«. Die Entscheidung zur Adoptionsfreigabe war oft eine Verzweiflungstat, weil es keinen anderen Ausweg mehr zu geben schien. Fast alle suchten zunächst nach einer Möglichkeit, ihr Kind zu behalten. In den Gesprächen über diese Entscheidung begegnete uns manchmal ein merkwürdig anmutender Pragmatismus, der wie Gefühlskälte wirkte. Doch bald stellte sich heraus, daß diese pragmatische Sachlichkeit nur der Abwehr großer Verlust- und Schuldgefühle dient. Ständig beteuerten die Frauen, das Beste für ihr Kind gewollt und getan zu haben. Damit versuchen sie dem Leid, das sie sich selbst zufügten, nachträglich einen Sinn zu geben. Noch Jahre nach der »Freigabe« wirkt dieses Ereignis bei den meisten Frauen wie ein Schock, wie ein Trauma, das sie nicht mehr losläßt.
Es mag Situationen geben, in denen es schwerfällt, Verständnis für die abgebende Mutter aufzubringen, Fälle, in denen die Frauen ihren Kindern schweren Schaden zufügten. Wir haben versucht, die Umstände zu beschreiben, die Frauen zwingen, ihre Kinder für immer wegzugeben: eine schwer zu analysierende Mischung aus selbstgerechter Moral, psychischer Not und gefühlloser Bürokratie. Junge,

kaum erwachsene Frauen wurden von ihren Eltern zur Weggabe gezwungen, weil die Schande eines unehelichen Enkelkindes unerträglich schien. Häufig fühlten sich die abgebenden Mütter mit der Kindererziehung psychisch überfordert, weil sie selbst aus psychisch belasteten Familienverhältnissen stammen und mit Ängsten, Selbstzweifeln und Beziehungsproblemen zu kämpfen hatten. Nicht selten kamen Geldsorgen dazu.
In den meisten Fällen hätte den Müttern durch ausreichende seelische und materielle Unterstützung geholfen werden können, ihre Kinder selbst großzuziehen. Doch Jugendämter und Adoptionsvermittlungsstellen suchten oft viel zu schnell nach einem technokratischen Ausweg und brachten die Adoption ins Spiel. Wir haben uns oft gefragt, warum so viel Energie darauf verwandt wurde, ein Kind in eine neue Familie zu verpflanzen, statt die mit dem Kind in der Tat überforderten Frauen zu unterstützen. Sie seien ja noch jung, könnten noch andere Kinder bekommen und eine Familie gründen, versuchten die VermittlerInnen die Frauen zu trösten. Die Einstellung vieler AdoptionsvermittlerInnen hat sich in den letzten Jahren verändert. Trotzdem hatten wir den Eindruck, als müßten einige von ihnen noch immer aufgefordert werden, die Frauen eingehender zu beraten und Hilfen anzubieten, ehe sie das Kind zur Adoption in eine neue Familie vermitteln. Auf den Ämtern scheint noch immer die Illusion vorzuherrschen, ein Kind könne, wenn es nur frühzeitig genug adoptiert werde und möglichst wenig von der leiblichen Mutter erfahre, unter normalen Bedingungen heranwachsen – als könnten die Adoptiveltern einfach vergessen, daß es sich nicht um ihr eigenes Kind handelt, als ließe sich die Existenz der leiblichen Mutter auslöschen.
Es ist die Art ihrer Arbeit, die die VermittlerInnen auf den Ämtern zu einer gewissen Berufsblindheit verleitet. Wer ständig mit dem Elend psychisch überforderter, oft noch jugendlicher, durch Eltern oder Partner tyrannisierter Mütter konfrontiert ist, ohne wirklich helfen zu können, flüchtet schnell in die Illusion, durch administrative Maßnahmen zumindest das Kind retten zu können. So werden die abgebenden Mütter und ihre Kinder zu Opfern eines Familien- und Jugendhilfesystems, das noch immer vorgibt, die Kinder von ihren »gefallenen« Müttern schützen zu müssen, und scheinbar einfache Lösungen bevorzugt, statt den Frauen durch finanzielle, persönliche

und psychotherapeutische Unterstützung ein Leben mit ihren Kindern zu ermöglichen.
Die in Deutschland geltende Inkognito-Adoption ist Ausdruck dieses bürokratischen Systems. Die abgebenden Mütter erfahren normalerweise nicht, wer die Annehmenden ihrer Kinder sind, und verwirken alle Rechte, sogar das Recht, über den Lebensweg der Kinder etwas in Erfahrung zu bringen. Offenere Adoptionsformen, bei denen Adoptivfamilie und abgebende Mutter in irgendeiner Form Kontakt halten, sind nach übereinstimmenden Untersuchungen für alle Beteiligten weniger belastend. Insbesondere die adoptierten Kinder scheinen mit weniger Identitätskonflikten und mit einem besseren Selbstwertgefühl heranzuwachsen. Trotzdem setzt sich die offene Adoption nur langsam durch und scheitert vor allem am Widerstand der Adoptiveltern und deren Wunsch, als »normale« Familie zu gelten. Wir möchten die Leistung der Adoptiveltern nicht schmälern, glauben aber, daß das Adoptionsrecht dringend geändert werden sollte. Inkognito-Adoptionen sollten künftig nur in Ausnahmefällen möglich sein und vor dem Vormundschaftsgericht begründet werden müssen. Die Mütter sollten das Recht haben, sich zumindest über das Jugendamt jederzeit nach der Entwicklung ihres Kindes erkundigen zu können.

Literatur

Ariès, Philippe, Geschichte der Kindheit, München 1978.

Badinter, Elisabeth, Die Mutterliebe. Geschichte eines Gefühls vom 17. Jahrhundert bis heute, München/Zürich 1981.

Bechinger, Walter/Wacker, Bernd, Adoption und Schwangerschaftskonflikt, Kath. Ak. Rabanus Maurus, Schriften 6, Idstein 1994.

Bechinger, Walter/Gerber, Uwe (Hg.), Die vergessene Seite der Adoption, Erfahrungsberichte und Beiträge zur Situation »Abgebende Mütter – Adoptiveltern«, Lahr 1993.

Bott, Regula, Adoptierte suchen ihre Herkunft, Göttingen/Zürich 1995.

Gélis, Jaques/Laget, Mireille/Morel, Marie-France, Der Weg ins Leben. Geburt und Kindheit in früherer Zeit, München 1980.

Geller, Helmut, Zur gesellschaftlichen Akzeptanz von Adoption, Essen 1989.

Geller, Helmut, Frauen in existentiellen Konflikten. Entscheidungsprozesse um die Adoptionsfreigabe von Kindern, Essen 1992.

Golomb, Egon/Geller, Helmut, Adoptionen zwischen gesellschaftlicher Regelung und individuellen Erfahrungen, Essen 1990.

Gordon, Ilse, Adoptionen als soziologisches und fürsorgerisches Problem, in: Hamburger wirtschafts- und sozialwissenschaftliche Schriften, Rostock 1930.

Hillegaart, Peter (Hg.), Adoption: Kindeswohl und Kindeswunsch Diakonisches Werk der Evangelischen Kirche Deutschlands, Stuttgart 1990.

Hillel, Marc, Lebensborn e. V., Wien/Hamburg 1975.

Hoffmann-Riem, Christa, Das adoptierte Kind. Familienleben mit doppelter Elternschaft, München 1984.

Leyrer, Katja, Rabenmutter. Na und?, Frankfurt a. M. 1987.
Mause, Lloyd de, Hört Ihr die Kinder weinen. Eine psychogenetische Geschichte der Kindheit, Frankfurt a. M. 1977.
Napp-Peters, Anneke, Adoption – Das alleinstehende Kind und seine Familien, Darmstadt 1978.
Nieden, Margarete zur, Adoption und Adoptionsvermittlung, 3. bearb. und erw. Aufl., Köln / Berlin / Bonn / München 1963.
Sailer, Monika, Die sogenannte Freigabe zur Adoption, in: Broschüre der Gemeinsamen Zentralen Adoptionsstelle (GZA), Hamburg 1987.
Schnitzerling, Manfred, Die Adoption. Ein Grundriß über die Annahme an Kindes Statt aus juristischer und fürsorgerischer Sicht, Berlin 1960.
Swientek, Christine, Die »abgebende Mutter« im Adoptionsverfahren, Bielefeld 1986.
Swientek, Christine, Ich habe mein Kind fortgegeben. Die dunkle Seite der Adoption, Reinbek 1982.
Swientek, Christine, Wer sagt mir, wessen Kind ich bin? Von der Adoption Betroffene auf der Suche, Freiburg 1993.
Szypkowski, Beate, ». . . also im Moment möchte ich dann lieber in anderen Gebieten fruchtbar sein, ne«. Zur Situation von Frauen, die ihre Kinder zur Adoption freigeben, Deutsche Krankenpflege-Zeitschrift 12, Stuttgart 1992.
Wiemann, Irmela, Ratgeber Adoptivkinder. Erfahrungen, Hilfen, Perspektiven, Reinbek 1994.
Wiemann, Irmela, Pflege- und Adoptivkinder. Fallbeispiele, Informationen, Konfliktlösungen, Reinbek 1992.
Wittland-Mittag, Angelika, Adoption und Adoptionsvermittlung: Selbstverständnis von Adoptionsvermittlern und -vermittlerinnen, Essen 1992.
Wolters, Franziska, Abenteuer Adoption. Leben mit verletzten Kindern, Frankfurt a. M. 1989.

Die Frau in der Gesellschaft

Sigrid Arnade
Weder Küsse noch Karriere
Erfahrungen behinderter Frauen
Band 10624

K. Bareiter
Depression – Rückzug aus dem Leben
Band 10571

Marion Beckerle
Depression: Leben mit dem Gesicht zur Wand
Band 4726

Dagmar Bielstein
Von verückten Frauen. Band 10261

D. Cameron/ Elizabeth Frazer
Lust am Töten
Eine feministische Analyse von Sexualmorden
Band 11136

Dietrich Gronau/ Anita Jagota
Ich bin Stadtstreicherin
Über das Leben obdachloser Frauen
Band 11277
Über alle Grenzen verliebt
Beziehungen zwischen deutschen Frauen und Ausländern
Band 10148

Ulrike Helwerth/ Gislinde Schwarz
Von Muttis und Emanzen
Feministinnen in Ost- und Westdeutschland
Band 12595

Judith Jannberg
Ich bin ich
Band 3735
Leben lieben - Liebe leben
Band 11386

H. Jansen (Hg.)
Freundschaft über sieben Jahrzehnte
Band 10635

H. Klostermann
Alter als Herausforderung
Band 3751

Maja Langsdorff
Kleiner Eingriff – großes Trauma?
Schwangerschaftskonflikte, Abtreibung und die seelischen Folgen
Band 12839

Fischer Taschenbuch Verlag

fi 404 / 19 a

Die Frau in der Gesellschaft

E. Moltmann-Wendel (Hg.)
Frau und Religion: Gotteserfahrungen im Patriarchat
Band 3738

Kristel Neidhart
Er ist jünger – na und?
Protokolle
Band 4741

K. Oguntoye/ M. Opitz/ D. Schultz (Hg.)
Farbe bekennen
Band 11023

Claudia Pinl
Vom kleinen zum großen Unterschied
Band 12320

Susi Piroué
Vom Vergnügen, mit sich selbst zu reisen
Band 10632

Lydia Potts (Hg.)
Aufbruch und Abenteuer
Frauen – Reisen um die Welt ab 1785
Band 12317

Sabine Rohlfs
Frauen und Krebs
Band 11792

K. Rohnstock (Hg.)
Stiefschwestern
Was Ost-Frauen und West-Frauen voneinander denken
Band 12221

Birgit Sasse
Ganz normale Mütter
Lesbische Frauen und ihre Kinder
Band 12417

Eva Schindele
Pfusch an der Frau
Krankmachende Normen – Überflüssige Operationen – Lukrative Geschäfte
Band 12679

Ursel Sieber/ Sabine Stamer
Rabenmütter?
Von Frauen, die ihr Kind weggeben
Band 12415

Celeste West
Lesben-Knigge
Band 10614

Dorit Zinn
Mein Sohn liebt Männer
Band 11260

Fischer Taschenbuch Verlag

fi 404 / 13 b

Die Frau in der Gesellschaft

Bonnie S. Anderson/
Judith P. Zinsser
Eine eigene Geschichte
Frauen in Europa
Band 1: Verschüttete Spuren
Frühgeschichte bis 18. Jahrhundert
Band 12049
Band 2: Aufbruch
Vom Absolutismus zur Gegenwart
Band 12050

Elisabeth Beck-Gernsheim
Das halbierte Leben
Männerwelt Beruf – Frauenwelt Familie
Band 3713

Jessica Benjamin
Die Fesseln der Liebe
Psychoanalyse, Feminismus und das Problem der Macht
Band 11087

Susan Brownmiller
Gegen unseren Willen
Vergewaltigung und Männerherrschaft
Band 3712
Weiblichkeit
Band 4703

Roswitha Burgard
Mut zur Wut
Befreiung aus Gewaltbeziehungen
Band 12222

Anne Campbell
Zornige Frauen, wütende Männer
Geschlecht und Aggression
Band 12381

Andrea Dworkin
Pornographie
Männer beherrschen Frauen
Band 4730

Sylvia Fraser
Meines Vaters Haus
Geschichte eines Inzests
Band 4751

Nancy Friday
Wie meine Mutter
My Mother my self
Band 3726

Fischer Taschenbuch Verlag

fi 14 / 22 a

Die Frau in der Gesellschaft

Marina Pino
Im Dienst der ›Familie‹
Weibliche Drogenkuriere der Mafia
Band 12697

Ulla Roberts
Starke Mütter – ferne Väter
Töchter reflektieren ihre Kindheit im Nationalsozialismus und in der Nachkriegszeit
Band 11075

Helke Sander/
Barbara Johr
BeFreier und Befreite
Krieg, Vergewaltigung, Kinder
Band 12644

Penelope Shuttle/
Peter Redgrove
Die weise Wunde Menstruation
Band 3728

Ingrid Strobl
»Sag nie, du gehst den letzten Weg«
Frauen im bewaffneten Widerstand gegen den Faschismus
Band 4752

Gerda Szepansky
»Blitzmädel«, »Heldenmutter«, »Kriegerwitwe«
Frauenleben im Zweiten Weltkrieg
Band 3700
Frauen leisten Widerstand: 1933 - 1945
Band 3741

Gerda Szepansky
Die stille Emanzipation
Frauen in der DDR
Band 12075

Jutta Szostak/
Suleman Taufiq
Der wahre Schleier ist das Schweigen
Arabische Autorinnen melden sich zu Wort
Band 12422

Mariana Valverde
Sex, Macht und Lust
Band 12223

Jule Wolf
Tochterfrau, nannte er mich
Geschichte eines Mißbrauchs
Band 11868

Fischer Taschenbuch Verlag

fi 14 / 3 d

Die Frau in der Gesellschaft

Mechtild Cordes
Die ungelöste Frauenfrage
Eine Einführung in die feministische Theorie
Band 12134

Carla Corso/
Sandra Landi
Porträt in grellen Farben
Leben und Ansichten einer politischen Hure
Band 11385

Colette Dowling
Der Cinderella-Komplex
Band 3068
Perfekte Frauen
Band 11190

Uta Enders-Dragässer/
Claudia Fuchs (Hg.)
Frauensache Schule
Band 4733

M. Grabrucker
»Typisch Mädchen...«
Band 3770
Vater Staat hat keine Muttersprache
Band 11677
Vom Abenteuer der Geburt
Band 4746

Michaela Huber
Multiple Persönlichkeiten
Überlebende extremer Gewalt
Ein Handbuch
Band 12160

Michaela Huber/
Inge Rehling
Dein ist mein halbes Herz
Band 4727

H. Patricia Hynes
Als es Frühling war
Von Rachel Carson zur feministischen Ökologie
Band 11024

Nicole Kramer/
Birgit Menzel/
Birgit Möller/
A. Standhartinger
Sei wie das Veilchen im Moose...
Band 11946

Katja Leyrer
Hilfe! Mein Sohn wird ein Macker
Band 10872

Fischer Taschenbuch Verlag

fi 15 / 19 a

Die Frau in der Gesellschaft

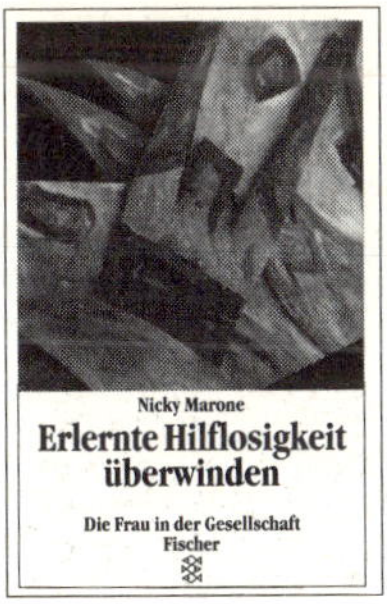

Nicky Marone
Erlernte Hilflosigkeit überwinden
Band 11590

Sigrid Müller/
Claudia Fuchs
Handbuch zur nichtsexistischen Sprachverwendung in öffentlichen Texten
Band 11944

R. Sadrozinski (Hg.)
Grenzverletzungen
Sexuelle Belästigung im Arbeitsalltag
Band 11521

Ursula Scheu
Wir werden nicht als Mädchen geboren – wir werden dazu gemacht
Band 1857

Alice Schwarzer
Der »kleine« Unterschied und seine großen Folgen
Band 1805
Von Liebe + Haß
Band 11583
Warum gerade sie?
Band 10838

A. Schwarzer (Hg.)
Krieg – Was Männerwahn anrichtet und wie Frauen Widerstand leisten
Band 11135

B. Sichtermann/
Marie Sichtermann/
Brigitte Siegel
Den Laden schmeißen
Ein Handbuch für Frauen, die sich selbständig machen wollen
Band 12277

Monique R. Siegel
Weibliche Führungskunst
Band 11117

Ruth Simsa (Hg.)
Kein Herr im Haus
Band 12079

Senta Trömel-Plötz
Frauensprache - Sprache der Veränderung
Band 3725

S. Trömel-Plötz (Hg.)
Gewalt durch Sprache
Band 3745

Hedi Wyss
Das rosarote Mädchenbuch
Band 1763

Fischer Taschenbuch Verlag

fi 15 / 13 b

Helga Häsing und Ingeborg Mues (Hg.)

Du gehst fort, und ich bleib da

Gedichte und Geschichten von Abschied und Trennung

Band 4722

Sich trennen zu müssen gehört zu den Grunderfahrungen des Menschen, den schmerzlichen und prägenden Momenten in unserem Leben. Trennungen sind notwendig für uns und unumgänglich, bewahren uns davor, stehenzubleiben, zu erstarren, bewirken Veränderungen und geben den Weg frei für neue Entwicklungen. Trennungen wecken aber auch Angst, Angst vor Verlassenheit. Das Wissen um einen bevorstehenden Abschied verändert den Blick, die Gedanken, die Worte. Plötzlich erscheinen die Menschen, die uns begleitet, der Ort, an dem wir gelebt haben, in einem neuen Licht. Das Gewohnte wird brüchig. Fragen drängen sich auf: Haben wir alle Möglichkeiten ausgeschöpft, alles getan, was wir hatten tun wollen? Zorn und Enttäuschung quälen uns, Selbstzweifel und Schuldgefühle. Oft können wir unsere Wut, unseren Schmerz nicht ertragen, wollen die Kränkung vergessen, sprechen nicht mehr über das, was wir verloren haben, und sind unfähig zu trauern. Von Abschied und Trennung erzählen die Texte dieser Anthologie: vom Abschied von der Kindheit, den Eltern, den eigenen Kindern, der Jugend und Lebendigkeit, vom Ende einer Liebe, von der Trennung durch den Tod, dem Abschied von Menschen und Orten, die vertraut waren und Geborgenheit versprachen und Träumen, die nicht zu verwirklichen sind.

Fischer Taschenbuch Verlag

fi 713 / 3